悦达纺织产业学院协同办学双主体育人的研究与探索

瞿才新／编著

YUEDA FANGZHI CHANYE XUEYUAN XIETONG BANXUE SHUANGZHUTI YUREN DE YANJIU YU TANSUO

中国纺织出版社有限公司

内容提要

本书紧紧围绕产教深度融合的教育理念，基于盐城工业职业技术学院纺织服装学院与悦达纺织集团协同办学实践经验，从人才培养、专业建设、课程建设、实训基地、师资队伍、社会服务、学生素养、质量保障八个方面展开研究，探索高等教育职业院校的办学模式改革及专业技能型人才培养方式转变的规律，以期为我国高职院校的进一步发展提供参考。

本书适合高职院校从事教学管理、专业建设、课程改革的广大教师、管理人员及职业教育研究人员阅读。

图书在版编目（CIP）数据

悦达纺织产业学院协同办学双主体育人的研究与探索 / 瞿才新编著. -- 北京 : 中国纺织出版社有限公司, 2021.6

ISBN 978-7-5180-8627-6

Ⅰ. ①悦… Ⅱ. ①瞿… Ⅲ. ①纺织工业 – 人才培养 – 研究 – 中国 Ⅳ. ① TS1-4

中国版本图书馆 CIP 数据核字（2021）第 108262 号

策划编辑：孔会云　　责任编辑：朱利锋
责任校对：高　涵　　责任印制：何　建

中国纺织出版社有限公司出版发行
地址：北京市朝阳区百子湾东里A407号楼　邮政编码：100124
销售电话：010—67004422　传真：010—87155801
http：//www.c-textilep.com
E-mail：faxing@c-textilep.com
中国纺织出版社天猫旗舰店
官方微博 http：//weibo.com/2119887771
三河市宏盛印务有限公司印刷　各地新华书店经销
2021年6月第1版第1次印刷
开本：787×1092　1/16　印张：16
字数：302千字　定价：88.00元

前言

2021年全国职业教育大会指出，在全面建设社会主义现代化国家新征程中，职业教育前途广阔、大有可为。要坚持立德树人，优化职业教育类型定位，深化产教融合、校企合作，深入推进育人方式、办学模式、管理体制、保障机制改革。加快构建现代职业教育体系，培养更多高素质技术技能人才、能工巧匠、大国工匠。同时，李克强总理指出，职业教育是培养技术技能人才、促进就业创业创新、推动中国制造和服务水平的重要基础。探索中国特色学徒制，注重学生工匠精神和精益求精习惯的养成，努力培养数以亿计的高素质技术技能人才，为全面建设社会主义现代化国家提供坚实的支撑。

面对当前公办高职院校试点混合所有制利益分配存在瓶颈，企业参与内生动力不强、学校人才供给与企业需求存在脱节，人才培养适岗率不高，教师社会服务能力偏弱，科研反哺教学成效不明显等问题，高职院校亟待进一步加强办学模式创新变革，探索符合当前国家提出的关于职业技能型人才培养的规律与方法。

盐城工业职业技术学院（原盐城纺织职业技术学院）紧紧围绕国家发展要求、地方经济发展需求，充分践行“校企合作”发展理念，发挥行业企业的作用。自21世纪初，便与筹建伊始的江苏悦达纺织集团有限公司携手合作，逐步建设省纺织实训基地，组建纺织实训基地教学团队，共建悦达纺织产业学院，运行产业学院协同办学双主体育人模式。12年的实践探索表明，专业链对接产业链，悦达产业学院协同办学双主体育人模式成功促进了人才供需两端双向发力，实现了产教融合“理念→制度→实施”的落地生根。现代纺织技术专业群成为江苏省高水平专业群，专业总体水平2020年武书连学科排名全国第三。

为进一步提升高职院校建设水平和影响力，组织编写了《悦达纺织产业学院协同办学双主体育人的研究与探索》。本书立足于“如何建立稳定的产业学院、如何培养高素质人才、如何提升教师团队能力”等关键点，基于校本实践，从人才培养、专业建设、课程建设、实训基地、师资队伍、社会服务、学生素养、质量保障八个方面系统地总结盐城工业职业技术学院的办学育人的创新机制体制和经验，具有一定的适用性和示范性。

整体来说，产业学院协同办学双主体育人模式的创新点如下：

（1）首创了利益内循环的合作机制。建立了“双主体办学、五融合运行”的产业学院运行新模式，构建了“校企双方共同投入，按比例占股，办学收益全部投入产业学院建设中”的产业学院利益驱动新机制。在国内较早研究与探索了产教融合的长效机制，做深工学结合、做强校企合作和做透产教融合。

（2）重构模块化课程体系，创新课程学徒制。紧贴产业升级和企业岗位人才动态变化，校企协同重构主动适应需求变化的模块化课程体系，结合长流程生产特点，对接岗位工作内容和职业资格标准，实施教学内容项目化、教学组织阶段化和岗位训练轮转化，编制融入新技术、新工艺、新产品的教学资源，支持学徒制人才培养。

（3）创新性地构建了高水平社会服务工作机制。全过程科研工作机制（SSPRT）与“以学出研，以研促产，以产助学，以产养研”的教学机制，发挥科技创新促进产业发展和反哺教学的双重作用。

办学机制与育人模式改革要顺应国家发展态势和人才培养规律，结合地方经济和学生需求，打破传统思维，从整体出发，动态化完善。学校“双育人模式”的成功运行，可为高职院校的改革与发展提供思路。

本书的编撰工作得到了盐城工业职业技术学院王曙东、姜为青、刘华、周彬、赵菊梅、周红涛、王前文、徐帅、陈贵翠、邓先宝、谷元慧等同志的大力支持，盐城工业职业技术学院纺织服装学院相关部门的负责同志对本书的编撰出版也给予了大力支持，并提出了宝贵建议。在此，谨向所有为本书编写出版做出贡献，以及关心支持学校事业发展的各界人士表示诚挚的谢意。

瞿才新

2021年6月20日

目录

第一篇

人才培养

产业学院双主体办学背景下高职高端纺织人才培养探索

摘　要：纺织产业向高端集群转型升级带来人才培养规格变化，产业学院将强势产业资源与资深教育资源结合，为高职人才培养带来新的生机，从根本上解决高职人才培养与产业需求脱节的问题。文章以盐城工业职业技术学院悦达纺织产业学院为例，讨论明晰校企权责分配，建立办学收益内循环机制，从而突破体制藩篱，真正意义上实现校企利益共同体。并在此基础上探索了“一横两纵，三聚焦六对接”复合型人才培养模式，提出重构“一平台、五模块、多方向”结构化课程体系、建设互动型虚拟仿真实训平台、打造校企混编结构化高水平教师团队等系列举措，以期全面提升高职纺织人才培养质量，服务高端纺织集群升级。

关键词：产业学院；双主体；人才培养；高职；高端纺织

积极推进产教融合，促进校企协同发展是解决社会经济发展的新常态下，高效教育与社会需求发生偏差这一矛盾而提出的。党的十八大对我国教育提出了新的要求：“办人民满意的教育”“产业发展与教育融合”；《中共中央关于全面深化改革若干重大问题的决定》中也明确提出：“加快现代职业教育体系建设，深化产教融合、校企合作，培养高素质劳动者和技能型人才。”当前，我国正处于纺织服装产业集群向高端智能化转型升级的关键时期，信息技术加快了工业4.0的步伐，各级地方政府正努力积极谋划和落实产业政策，江苏省“十四五”规划中明确指出：全面推进智能制造，推动纺织、机械等优势传统产业高端化、智能化、绿色化发展。产业转型升级人才需求侧发生重大变化，专业技术技能人才的类型、规格、可持续发展能力与高职院校供给侧明显脱节，迫切要求高职院校人才培养模式的转型。

依托高职院校现有专业教育技术和育人资源，借力地方龙头企业高端设备、先进技术、职业岗位规范标准、企业管理思想、企业文化转化为优质教育资源组建产业学院，立足地方区域行业发展，以市场需求、职业岗位标准为导向，紧密对接产业发展现状，准确定位高职院校人才培养目标，全面提升人才培养质量，为服务江苏地方纺织产业转型升级提供强大的人才支撑。文章以盐城工业职业技术学院悦达纺织产业学院为例，讨论产业学院如何突破体制藩篱，建立办学收益内循环机制，真正意义上实现校企利益共同体，并在此基础上探索了产业学院高职高端纺织人才培养的系列举措，以期对同类院校提供发展经验和参考。

一、校企双主体办学的现实困境

当前高职院校与行业企业的产教融合仍然处于探索发展阶段，由于校企体制和价值导向冲突，办学效益分配不均，企业办学热情维系难，导致双主体办学，单主体管理，企业优势教育资源未能得到恰当配置和管理。

（1）高职办学投入产出效率低，与企业资本运营法则及价值追求背道而驰，很难调动企方积极性。高职院校以人才培养质量的提升为价值追求，以教育公益性为价值取向，运营多以政府拨款为主，在教学设施、课程建设、实训基地、科学研究、教师培养等方面耗资巨大，且无法在短期内产出显著效益；而企业面临激烈的市场竞争，具有生存紧迫感，以资本产出效率为目标，企业运营管理和技术研发均以短期产出为评价标准，企业作为办学主体，办学效益远远不抵教学投入资金，导致企业参与办学的积极性受挫。

（2）校企双主体办学管理机制难以突破双方体制藩篱，如何界定多方产权仍处于模糊阶段，企业主体资金投入与高职院校有形资本、无形资本等产权管理混乱，校企双方在产业学院的管理中扮演的实质性角色不明确，导致权责分配不清晰，由于企方参与管理自带弱势，理事会管理模式下的院长负责制最终失去理事会的存在价值，成为学校领导的院长负责制。

（3）以1对1形式合作的产业学院，合作企业获得的收益难以持续发展。企业在产业学院的教学投入是期望得到快速回报的，而单个企业人才需求有限，企业能够从产业学院获得的员工技能培训、学历提升需求快速饱和，如果不能拓宽产业学院的办学效益来源，有效提高企业办学效益，终会导致双主体办学名存实亡。

（4）产业学院借力企业高端设备、先进技术、管理思想和企业文化等优质资源转化为教育资源，而企业这方面的资源恰恰与其市场竞争优势重叠，如果产业学院培养的人才最终未能在合作企业入职，就造成了企业竞争资源的流失。为了实现人才培养与产业需求无缝对接，在开展学徒制培养的过程中，由于学生操作不熟练、缺乏经验等问题，在一定程度上影响了生产的管理和产品质量管控，给企业带来无形的压力。

（5）企业兼职教师团队融入产业学院企方对教育教学管理工作不擅长，难以参与决策，导致校方管理一头热。企业实践专家熟悉职业岗位职责和标准，对行业人才需求定位准确，但其不熟悉高职教育教学规律，对于人才培养的路径和方法等实际操作层面的问题并不擅长。此外，兼职教师不善编撰教学资料，教学设计和教学方法有待改进，难以达成预期教学效果。

二、产业学院管理体制的构建

1. 明晰校企权责分配

悦达纺织产业学院由盐城工业职业技术学院和产业集聚区政府（纺织工业协会）共同倡议，学校和悦达纺织集团共同投入资金或设备形成多元投资主体；签订校企合作协议，以契约精神形成协同育人机制；通过政校行企共同构建理事会管理模式下的产业学院院长负责制，理事会行使决策权，明确合作办学的共建内容与方式、资金投入和权益划分，学校（现代学徒制）建在企业，企业（产业技术研究院）建在学校，明确产业学院合作各方在人事、财务、资产等方面的管理权限。通过外部政策保障、内生动力驱动，形成产权清晰、权责明确、管理科学的现代管理制度，以企业需求为主导确定专业群人才培养目标，以学校实施为主体共施专业人才培养，创建“专业群+产业群”“教学+研发”“工作化学习+学习化工作”“就业+创业”一体化协作共同体，深化“校企共育”培养机制、“利益共享”双赢机制，“过程共管”监控机制、“互聘共用”管理机制、“多元参与”评价机制，推进校企协同创新发展。

2. ***构建办学收益内循环机制***

全面探索和试点混合所有制，发挥混合所有制市场经济产物的优势，在悦达纺织产业学院建立市场化运行机制，以市场为导向，紧跟国家纺织服装产业政策和市场供需变化，通过市场配置产业学院的资源，在满足教育教学的前提下，通过市场向社会要效益，减轻教育教学职能和生产性职能的共同负担，解决了高职院校校企混合所有制产业学院持续运行造成的成本过高问题。突破校企双主体办学的利益制衡瓶颈，构建办学收益内循环，如图1所示，以产业学院建有的“绿色智慧纺织服装云”产教深度融合实训平台为载体试点混合所有制。目前，校内资产中，学校占股70%，投资700万元，企业占股30%，投资300万元，企业全真型的生产设备投入1200万元，产业学院在“四技”服务、对外培训等方面获益1000余万元，全部收益均投入平台的软硬件教学条件建设和人员绩效奖励中，形成收益共享、平台内循环，持续发展的良好局面。产业学院对合作企业的利益回报还包括可以优先从学院获得发展需要的技能型人才、利用学院资源进行多层次的员工培训和继续教育、科技攻关等。同时，政府对积极参与产学研合作的企业给予“金融+财政+土地+信用”的组合式激励，并按规定落实相关税收政策。

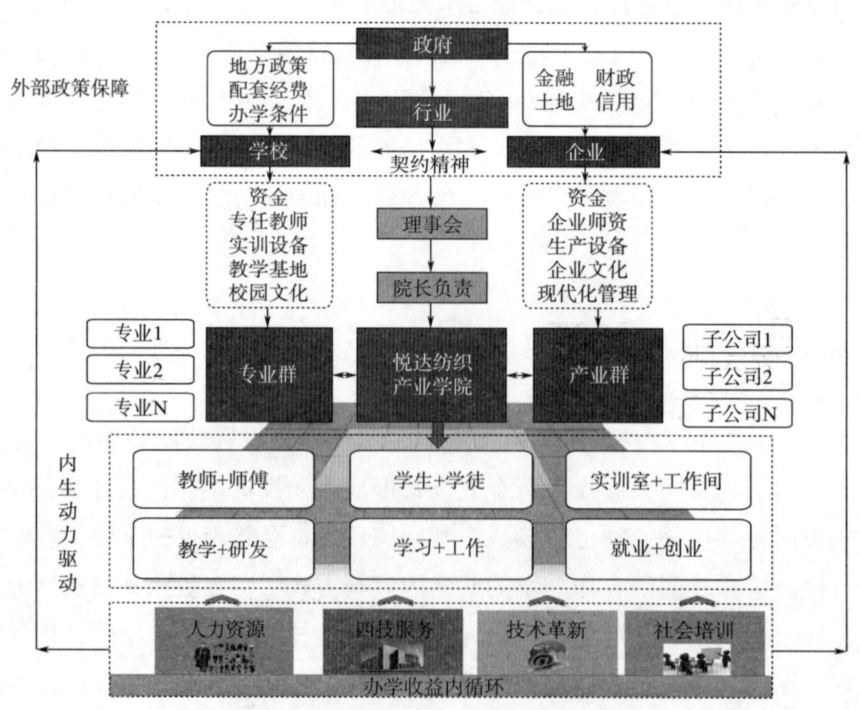

图1 产业学院架构及内循环模式

三、产业学院人才培养举措的探索

1. 双主体协同创新，构建“一横两纵，三聚焦六对接”复合型人才培养模式

以“悦达纺织产业学院”双主体育人为载体，以产教深度融合为途径，以培养创新型、发展型、复合型纺织服装技术技能人才为目标，构建基于校企协同创新的新型现代学徒制“一横两纵，三聚焦六对接”复合型人才培养模式（图2）。

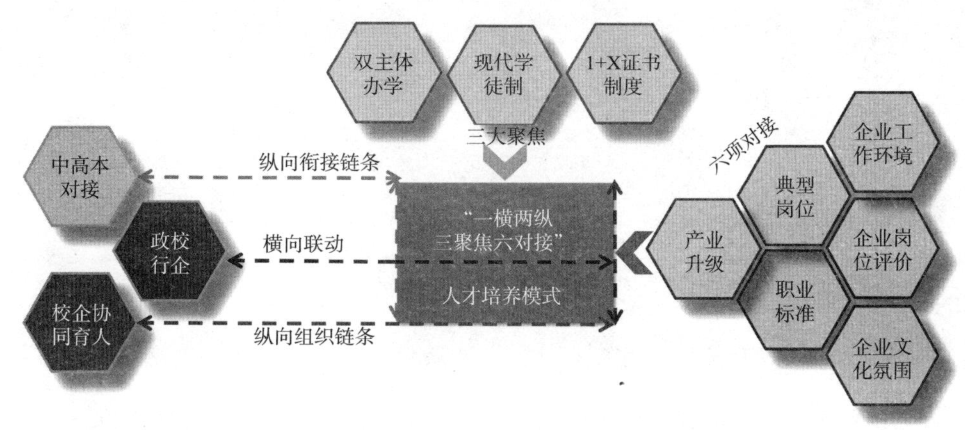

图2 “一横两纵，三聚焦六对接”复合型人才培养模式

“一横两纵，三聚焦六对接”即创新升级“悦达纺织产业学院”育人体制，将政、校、行、企横向联动平台与中高本人才培养纵向链条、校企协同育人纵向组织链条互链互融，形成“一横两纵”互链互融的产学深度融合人才培养机制。牵手名企，引进大国工匠，在合作企业共建新型现代学徒制试点班，落实“双主体”责任，明确学徒“双身份”制订人才培养方案，通过“双主体办学、现代学徒制和1+X证书试点”三聚焦精准施策。对接产业转型升级调整人才培养目标、对接企业典型工作岗位构建课程体系、对接职业标准开发课程资源、对接企业真实工作环境建设虚实结合的绿色智慧纺织服装集成实训基地、对接企业岗位评价标准完善人才培养评价体系，对接企业文化打造专业特色文化，“六对接”高效赋能学生可持续发展。

2. 产业群对接专业群，重构“一平台、五模块、多方向”结构化课程体系

在认真分析产业学院服务域和各专业共性与差异性的基础上，围绕产业群人才需求和职业岗位标准，对接专业群人才培养目标，构建“一底层基础平台、五中层专业模块、多高层拓展方向”递进式专业群课程模块结构化设计，如图3所示，底层基础课程采用思政课程，中层专业模块课程融入产业先进元素，高层打造技能提升、创新能力提升专业拓展课程。全面完成“课证融通、专创融通、德技融通”的专业核心课程改造升级。提炼纺织产业链上的典型产品、典型设备、典型工艺，打造共享型平台金课。

3. 虚实结合，建设互动型虚拟仿真实训平台

以产教融合集成平台为基础，校企双方共建共享线上资源。运用虚拟现实技术，打造现

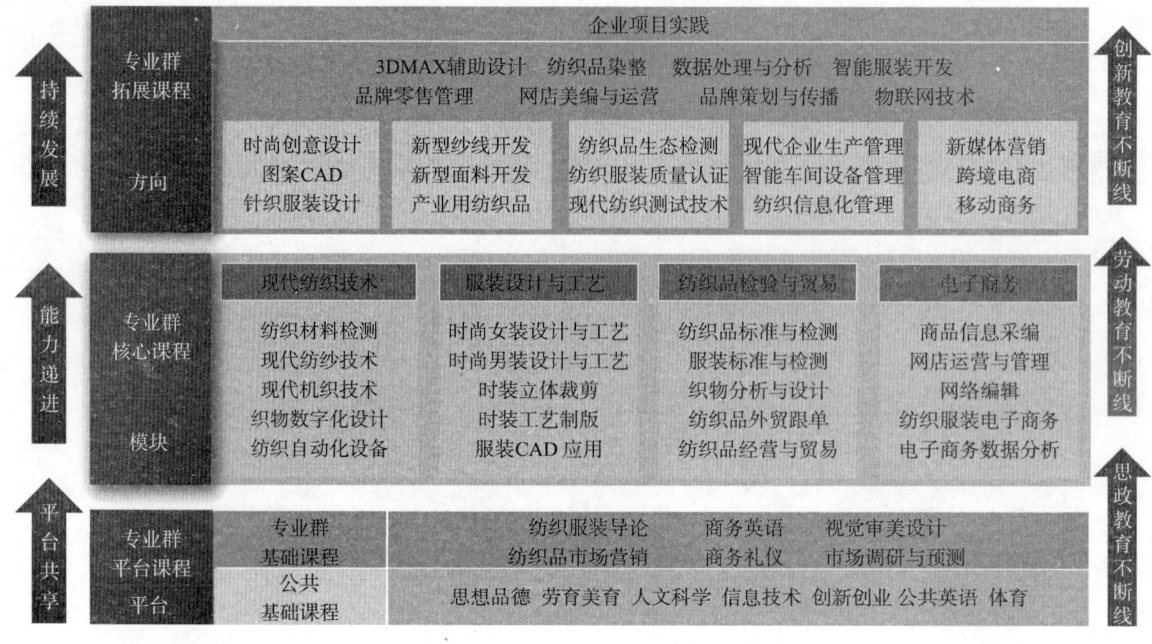

图3 基于典型岗位的“一平台、五模块、多方向”的专业群结构化课程体系

代纺织全流程生产虚拟仿真实训基地，紧密对接先进纺织制造业发展方向，对接智能化纺织生产需求，依托合作企业，围绕现代纺织产业链岗位群的职业标准，采用VR技术和企业生产现场远程共享，构建虚实结合的实训教学体系和资源库，弥补教学实践中生产过程看不到、企业生产场所进不去、先进设备跟不上等局限，消除了合作企业承担人才培养重任的顾虑。

4. **实施团队活力激发工程，打造校企混编结构化高水平教师团队**

校内专任教师拜师产业教授，实施“四个一”行动计划，提升双师双能素质。专任教师每人拜师一位产业教授或工匠名师，学习专业技术，传承工匠精神，落实教师全员企业轮转制度，完成“四个一”任务，即“解决一项生产问题，练熟练透一项技能，完成一项横向课题，转化一个产品（案例）。

企业派遣兼职教师实施“四项任务”，培育提升教育教学能力。发挥产业教授在企业的人力资源优势，建立完善兼职教师产业教授推荐派遣制，推荐能工巧匠作为兼职教师，建设数量充足、结构合理的兼职教师库。实施兼职教师“四项任务”，即“主持开发一个岗位，学习一个教学理论，参与一门教材开发，上好一门课程”，实现承担的专业课程学时比例达到45%以上。

当前，我国纺织业发展正在面临转折，产业人才需求快速变化，高职院校人才培养定位、培养规格也正随之改变，产业学院是时代的选择，也是产业发展的必然趋势，高职院校如何抓住机遇，突破体制机制藩篱，构建校企利益共同体，充分调动企业参与办学的积极性，保障其办学的主体地位，将企业优势资源转化为教育资源，建设校企混编高水平结构化教学团队，重构基于职业岗位的课程体系，建设信息化课程资源和虚拟仿真实训基地，改革教材教法，落实现代学徒制人才培养，实现人才产出与产业需求无缝对接，是当前迫切需要解决的问题。

参考文献

［1］李飞燕，盖东民. BIM+产教融合下应用型高校土建人才培养研究［J］. 教育与职，2021（1）：107-111.

［2］王方平. 产教融合培养中高端装备制造业高技能人才策略研究［J］. 现代职业教育，2021（1）：226-227.

［3］孙宏，朱红，庄三舵，等. 产教深度融合的纺织服装产业学院构建路径分析与思考［J］. 轻工科技，2020（12）：175-177.

［4］潘浩，董铸荣. 基于产教深度融合的特色产业学院建设实践探索［J］. 现代职业教育，2020（12）：196-197.

［5］刘菊. 关于构建校企利益共同体，促进产教深度融合的实践与探讨［J］. 现代职业教育，2021（2）：114-115.

［6］赵风申. 混合所有制校企合作的问题反思及再认识［J］. 现代职业教育，2020（12）：66-67.

［7］汪慧琳. 产教融合背景下高职院校产业学院建设的实践探索［J］. 科技风，2021（2）：69-70.

［8］王神虎. 产业学院运行模式探索与实践研究［J］. 产业学院运行模式探索与实践研究，2020（11）：102-103.

“双平台、三融合、五递进”纺织专业德技双优、工学结合育人模式探讨与实践

摘　要：盐城工业职业技术学院省重点专业群现代纺织技术专业在育人过程中存在校企合作不够深入、人才培养目标定位不够明确、课程体系不能满足德技并修等问题。从科学定位办学体制机制、明确人才培养路径、优化课程体系等方面进行育人模式改革实践，探索“双平台三融合五递进”纺织专业德技双优、工学结合育人模式，培养具有良好的职业素质、技术技能和创新创业意识，具有职业技能等级资格证书的高素质技术技能型人才。

关键词：现代纺织技术专业；工学结合；人才培养；德技双优

《国家职业教育改革实施方案》是我国新时代职业教育改革发展的行动纲领，方案明确提出健全德技并修、工学结合的育人机制，体现了国家关于新时代职业教育的功能新定位、形势新判断、工作新部署。德技并修是指德育育人为先，技艺成才为要，两者要融会贯通，同向发力。工学结合是指做中学、学中做，深化人才培养模式改革过程坚持工学结合、知行合一。

盐城工业职业技术学院现代纺织技术专业对毕业生的反馈显示，在育人过程中存在校企合作不够深入、目标定位不够准确、课程设置没有满足岗位需求等问题。针对这些问题，学校积极培养具有良好职业素质、技术技能和创新创业意识的纺织专业人才。研究从精准定位办学体制机制、明确人才培养目标、优化课程体系、推进教学改革等方面进行育人模式改革实践，探索“双平台三融合五递进”纺织专业“德技双优、工学结合”育人模式。

一、育人模式建设思路

育德、修技是人才培养质量的“双引擎”，其内涵是将人文素养、职业精神和职业技能融为一体。盐城工业职业技术学院纺织服装学院从办学实践出发，研究遵循高职人才培养规律和思想政治工作规律，重构课程体系，坚持思政课程和课程思政结合，创新课程和专业课程结合，“1+X”证书课程和专业课程结合，在课程建设中融合育人、育才目标，开展形式多样的德育素质活动，强化立德树人。对接市场需求和产业发展趋势，秉持纺织产业链对接专业链原则，联合政府、纺织产业园、纺织行业协会、学校、国家级检测机构、企业等多元主体，聚力各方人才、技术、平台等要素资源，探索工学结合人才培养路径，形成“双平台三融合五递进”纺织专业德技双优、工学结合育人模式。

二、育人模式建设实践

盐城工业职业技术学院纺织服装学院全面整合政府、企业、学校、学会和园区五方资

源，构建“双平台三融合五递进”纺织专业德技双优、工学结合育人模式，践行德技双优、工学结合育人机制的互补衔接，使得人才培养施工蓝图落地有声。

1．**构建政企校会园“命运共同体”，健全五方协同育人机制**

盐城工业职业技术学院纺织服装学院充分发挥地方政府的主导作用，联动中国纺织服装教育学会，推进与江苏悦达纺织集团有限公司的深度合作，校企共建混合所有制悦达纺织学院。通过校企共建混合所有制产业学院，形成政企校会园共同规划、共构组织、共同建设、共同管理、共享成果、共担风险的办学体制机制，对接地方纺织行业确立纺织专业人才培养目标，对接纺织服装教学学会确立课程标准，对接纺织企业典型工作岗位设立课程体系，贴近纺织服装企业调研凝练人才培养素质目标，贴近学情分析实施教学方法和教学组织改革，贴近企业真实产品开发课程教学典型案例，优化人才培养过程、激励机制和评价机制，打造政企校会园“命运共同体”，营造五方协同的德技双优、工学结合育人体制机制（图1）。

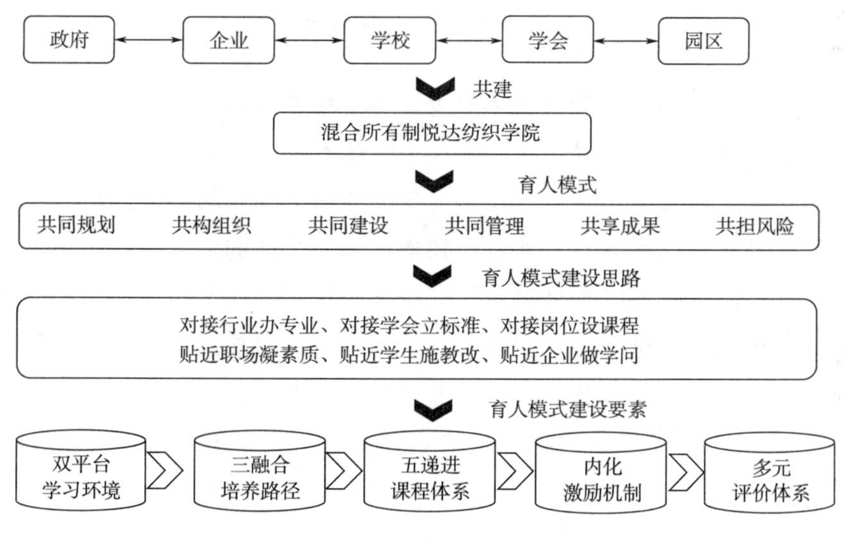

图1　德技双优、工学结合育人体制机制

2．**校企共建、区域共享，搭建育人实践“双平台”**

盐城工业职业技术学院现代纺织服装学院充分依托国家级纺织服装实训基地、江苏省新型纺织机电实训基地、江苏省生态工程技术研发中心、江苏省技术转移中心等一批优质资源条件，积极推进产教深度融合，有效的融入云技术，整合教学科研平台，打造了共享型融德育实践、专业实践、创新创业实践、文化实践于一体的绿色智慧纺织云平台和绿色智慧纺织服装集成平台。平台包含云检测中心、云设计中心、云加工中心、云营销中心、云培训中心。自建设以来，平台以现代纺织服装产业为主线，集纺织服装产品设计、加工、检测、营销及人才培训鉴定于一体，实行企业化管理，有效提升了人才培养和社会服务能力，完善了有利于德技双优、工学结合的线上线下学习环境（图2）。

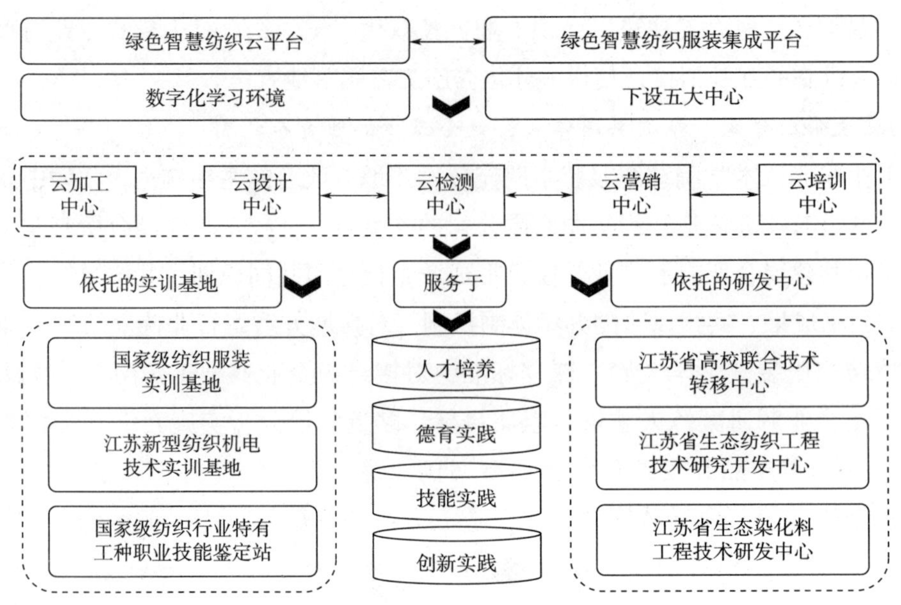

图2 校企共建云平台架构图

3. 紧扣“1+X”证书制度，激活“三融合”人才培养模式

以“1+X”证书制度设计为指导，创新人才培养体系，即在获得学历证书的同时，引导学生积极取得分级职业技能等级证书，建立对接职业技能证书的标准体系，开展纺织服装专业学分银行试点，建成融学历教育和非学历技术培训为一体的育训体系，实施分类分层教学和弹性学制。从模式层面探索“课证融合”共生共长培养模式，对X 证书进行改造，融入课程开发与重构，构建职业技能鉴定项目课程，例如学生通过技能鉴定项目课程的学习可以获得纺纱初级工、纺纱中级工和纺纱高级工职业证书。打造思政课堂，在党建和学生工作中融入丰富多彩的实践育人活动形式。在人才培养方案中，一年级强化思政课程在育人中的作用，设置思政课和“我爱校园”劳动课，理实结合，奠定科学世界观理论基础，树立社会主义核心价值观。二年级设立“纺织视觉审美设计”课程，引入中国传统美学文化作为教学案例，将社会主义文明和谐的理念融入课程教学。推行课程融入思政元素，提高教书与育人融合度，在纺织导论课中，将中国纺织发展史作为重点章节讲授，提升学生的文化自信和专业认同感；三年级“纺织品设计”课程中，将爱国元素融入教学内容，进行作品设计，形成鲜明的德技融合人才培养体系。在大学一年级将创新创业能力培养融入专业技能课程，采用独立设计创新创业课程结合专业课程设立创新创业能力课程，二年级学习《新型纺纱产品开发》，三年级开设“新型面料设计”，构建专创融合人才培养体系，从实施过程强化德技双优、工学结合的“三融合”人才培养施工蓝图（图3）。

4. 德技双优，探索“五递进”人才培养路径

人才培养路径细分为“夯基础—强技能—考证书—熟岗位—入企业”五段递进，各个阶段的职业道德熏陶与专业技能培养逐步深入，德育体系实施内容见表1。

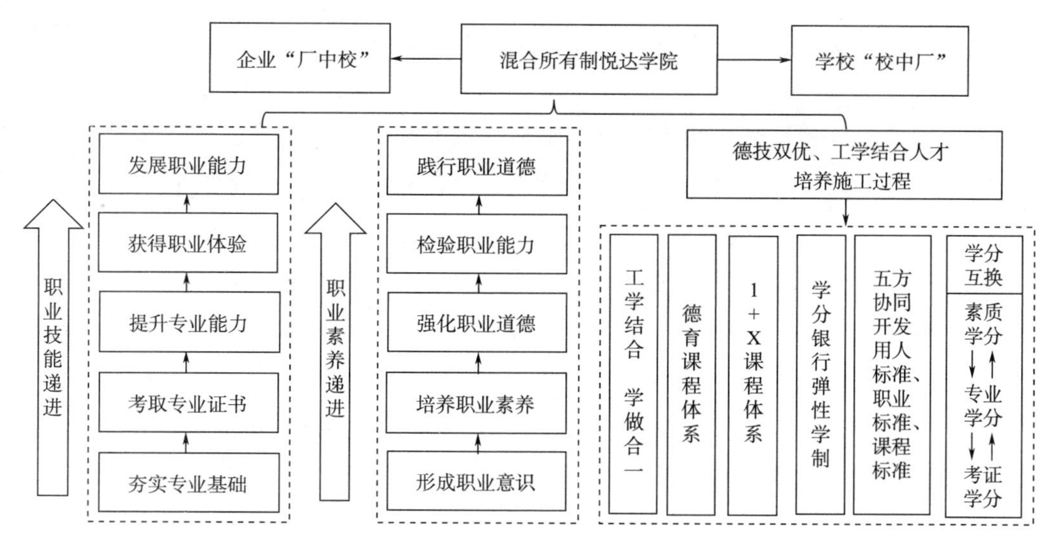

图3　人才培养施工蓝图

表1　德育体系“五段递进”实施内容

五段递进路径	学期	德育内容
第一阶段夯基础	第1学期	入学教育，职业意识培养，集体主义教育，文明礼貌教育，德育养成教育，法制与安全教育
	第2学期	职业素养培养，职业理想熏陶，爱国主义教育，情感教育，心理健康教育，公民意识、环保意识教育，良好习惯养成教育，法制与安全教育
第二阶段强技能	第3学期	职业素养培养，职业道德教育，挫折教育，爱国主义教育，专业自信教育，环保教育，交流与沟通能力、创新创业能力培养，法制教育
	第4学期	职业素养、职业能力培养，职业理想确定，爱国主义教育，心理健康教育，就业指导，创新创业教育
第三阶段考证书	第5学期	综合能力提高，就业指导，创业培训、创新教育，法制与安全教育，就业指导
第四阶段熟岗位		
第五阶段入企业	第6学期	就业服务、跟踪指导、反馈工作，毕业典礼

（1）第一阶段，夯基础，集中在第一学年，主要学习文化基础知识和专业基本理论，培养专业基本技能，形成职业意识，夯实专业基础。第1学期开展的德育活动有军训，军事理论教育，优秀毕业生成才典型讲座，主题班会，企业调研活动，纺织职业教育，“我爱现代纺织技术专业”主题讲座及手抄版，德育课专题教学，“晒晒纺织文化墙”展示活动，自主体验活动，“向老师问好”文明体验活动等。第2学期开展的德育活动有职业技能大赛获奖分享会，历史上纺织优秀产品调研，纺织服装周创意大赛，清明节到烈士陵园扫墓，“感恩父母”教育分享会，疫情期间纺织人的贡献主题演讲，“文明礼貌”系列活动，演讲比赛，辩

论赛，专业安全教育，专业基础知识竞答，“法制安全教育”活动月，“6·26”国际禁毒日等教育活动。

（2）第二阶段，强技能，集中在第二学年，针对流行的纺织产品工艺设计和质量控制进行实操训练，提高学生的产品设计、质量检测、设备操作能力，强化职业道德。第3学期开展的德育活动有合作能力、沟通与交流能力培养，“我爱纺织”专题活动，诚信主题教育，职业教育德育课，成小事靠才能、成大事靠品德板报设计大赛，纺织服装周创意作品设计大赛，机遇与挫折并存板报设计大赛，职业拓展体验活动，“弘扬中华美德、争做文明学生”主题班会，“我为纺织专业自豪”手抄报比赛，“爱我中华”朗读比赛，“国庆节，纺织元素”探秘活动，团队协作调研流行纱线产品、流行纺织品设计，团队分工进行纱线、织物创新设计、动手试制，法制知识讲座，“上网学法”分享活动。第4学期开展的德育活动有“传统活动、感动你我”感悟活动，江苏悦达纺织集团有限公司等典型纺织企业案例教育，职业理想班会，纺织专业职业生涯规划大赛，全校大学生“文明风采”大赛，“手拉手、献爱心”活动，“争做合格纺织传承人”知识竞赛，心理健康教育讲座，就业心理测试，纺织企业人事部门负责人做面试讲座，模拟招聘会，盐城地方纺织企业用人条件社会调查活动，创业培训、创业实践活动，优秀毕业生创业成功案例分享。

（3）第三阶段，考证书，集中在第三学年第5学期，以获取纺织专业技能等级证书纺纱工等为学习任务，提高专业技能，强化职业道德，树立职业理想，培养专业能力。

（4）第四阶段，熟岗位，集中在第三学年第 5 学期，安排学生到各校企合作实习基地进行为期 1~2 个月的校外实习，让学生获得职业体验，内化职业道德，并检验其职业能力。第5学期开展的德育活动有学生的合作、沟通、交际能力及合作态度体验活动，创业指导讲座，指导学生填写就业推荐表，就业心理活动日，创业实践活动，“财富故事”观影分享会，纺织创新创业课程，盐城大数据产业园参观学习，盐城产业园参观学习，专业方面专利的撰写指导，参加专业技能大赛，吃苦耐劳品质纺织人手抄报，观看法制视频，开展法制讲座。

（5）第五阶段，入企业，集中在第三学年第 6 学期，通过顶岗实习了解企业的管理制度、生产经营流程、企业文化及岗位工作要求，巩固和提升专业知识和专业技能，进一步内化职业道德，发展职业能力，为就业打下坚实的基础。第 6 学期开展的德育活动有实习教育动员会，学生联系单位顶岗实习，就业推荐工作，劳务市场招聘会，就业跟踪调研，根据毕业生跟踪调查的信息反馈、及时修正、完善德育管理体系，顶岗实习学生与大一、大二学生对话，现场指导就业时的心态。

5. 丰富德技双优育人培养载体，培养学生自信的自信心

充分利用学校和企业的优势资源，强化素质教育与创新创业教育的融合，丰富育人培养载体，培养学生的自信心。通过职业资格证书的分级获得，紧跟行业发展趋势，及时更新育人载体，培养学生尚德、包容、进取、创新等崇高美德，体现职业教育的社会价值。

6. 探索多元监督路径，构建可持续发展的评价机制

在1+X 证书制度背景下，发挥政企校会园多元主体的监督及评价作用，评价内容涵盖培养目标、课程教学、实施路径及组织管理。采用过程评价与最终评价相结合、客观理论成绩与主观素养成绩相结合的方式，打通实施环节，畅通与德技双优、全面发展的目标相一致的学生职业发展路径，构建可持续发展的评价机制，建立人才培养质量监控体系，关注学生可持续发展。

三、结语

经过实践探索，盐城工业职业技术学院纺织服装学院现代纺织技术专业德技双优、工学结合育人模式成效显著，学生在创新创业技能竞赛中成绩斐然，申报专利数在同类院校中位列全省第一，荣获2018 年“挑战杯·彩虹人生” 全国职业学校创新创效创业全国总决赛特等奖1项，2018年第十六届“挑战杯 ”大学生课外学术科技作品竞赛江苏省决赛一等奖1项，2019年江苏省大学生职业生涯规划大赛一等奖1项。根据毕业生用人单位满意度调查显示，企业对盐城工业职业技术学院现代纺织技术专业2018 届毕业生满意度达到 94%，就业率达100%，专业对口率超过80%，专业品牌效应赢得广泛认可。学生就业有出路，创业有基础，为地方经济发展和纺织产业的转型升级做出了积极贡献。为现代纺织产业发展提供人才支撑和技术服务，为同类院校提供育人模式示范引领。

参考文献

[1] 叶华. 德技并修、工学结合的教育思想渊源与育人机制［J］. 齐齐哈尔大学学报，2020（3）：175–178.

[2] 刘惠芹，王晓红. 德技并修、工学结合育人机制构建［J］. 中国高等教育，2019（21）：58–59.

“岗位引领、学做合一”模式的理论与实践

摘　要：高职教育的核心是以“就业为导向，市场需求为目标”，现代纺织技术专业人才培养应以纺织行业典型职业岗位群为引领，确定专业核心能力及培养目标，根据培养目标设置课程，形成“岗位引领、学做合一”的人才培养模式，加强专业建设，实现专业教学与企业岗位技能需求的无缝对接，保证专业人才培养的质量。

关键词：高职教育；现代纺织技术；专业岗位；引领；学做合一

一、引言

人才培养模式是指在一定的教育思想和理念指导下，以人才培养活动为本体，为实现培养目标所设计的某种标准构造样式和运行方式。在人才培养过程中，人才培养模式是决定人才培养质量的关键因素之一。人才培养模式受社会的经济、政治、文化所制约，不同的时代，有着不同的人才培养模式。随着产业升级和转型的严峻挑战，高技能、创新人才的短缺已经成为制约我国产业发展的主要瓶颈。社会发展改变人才需求，高职教育面临新的挑战，以往结出累累硕果的传统人才培养模式在新形势下出现种种问题，主要表现在：一是专业特色不鲜明。反映在专业方向设置上，专业方向设置与地区、行业相脱离，专业方向与就业岗位出现偏离，未能以市场、行业的需求为导向，造成了人才培养与市场需求不适应。二是课程设置不合理。未能从职业岗位所需知识、能力、素质要求出发设置相关课程，课程设置缺乏针对性；课程结构不合理，往往是重理论，轻实践，理论与实践知识的融合不够；课程内容的选择不合理，往往按学科的逻辑推理安排教学内容，并非按照职业岗位对知识、能力、素质的需求安排教学内容，最终导致学生学非所用。三是教学的组织形式、方法手段单一。教师习惯于课堂讲解，学生习惯死记硬背，教与学没有针对性，学业、就业教育分离不成体系，学生就业不能上岗。四是教学资源缺乏或整合不到位，未能形成有效的公共教学资源平台，资源不能共享，造成不同专业方向实践训练不足而知识驾驭能力欠佳，专业素质和创新素质发展不协调等。因此，创新高职人才培养模式是高职院校办出自身特色，培养有效人才，取得市场信誉，提高办学水平的当务之急。

高职培养应用型高技能人才的内涵在于培养既有较高的综合理论水平与良好的职业素养，又有较高的岗位操作技能的人才，是中国目前最紧缺的人才类型。以“市场需求为目标，就业为导向”是高职现代纺织技术专业的办学核心与根本任务，一方面，要考虑学生现在就业与未来可持续发展的需要；另一方面，也要考虑纺织岗位群与用人单位对人才的实际要求。其中围绕企业对纺织类人才的要求来制订合理的人才培养模式和相应的课程体系，实施有效的教学是实现这一根本任务的重要前提。

经过多年的探索与实践，盐城工业职业技术学院根据自身所处的地域和周边产业条件的特点逐步形成了“双链对接、双教融合、双证融通、双元互动”的“四双”人才培养模式，即：专业群中的主干专业链与地方支柱产业链对接、辅助专业与职业岗位群对接、专业方向与职业岗位对接的专业设置模式；专业核心课程与职业岗位课程相结合、理论与实践相融合的课程体系；学历教育与职业资格考核相结合的考核评价方式；学院文化与企业文化的互动与融合的文化建设形式。盐城工业职业技术学院现代纺织技术专业依照学院“四双”的人才培养模式，依托广泛、系统的行业与企业调研、专家研讨和不断地实践，构建了“岗位引领、学做合一”的专业人才培养模式。

二、“岗位引领、学做合一”人才培养模式研究

1. 以陶行知教育思想为理论基础构建“岗位引领、学做合一”人才培养模式

陶行知认为，教育贵在革新和创造，他提出了“行是知之始，知是行之成，知行合一”和“教、学、做合一”的教育新思想。高职教育是以服务学生充分就业为导向，以高素质高技能创新型人才培养为目标，就必须首先面对职业岗位工作的需要，在做中学、在学中做，边做边学，教、学、做合一，达到知行合一，提高学生的综合职业能力，即本文所提出的“岗位引领、学做合一”的人才培养模式。所谓“岗位引领、学做合一”就是在人才培养上以学生未来就业的纺织企业典型职业岗位能力培养为引领，按照学做合一的方法实现高技能人才培养。

2. “岗位引领、学做合一”人才培养模式的构建

（1）市场调研就业岗位，岗位引领设置专业方向。依据岗位（群）对人才的需求，盐城工业职业技术学院对盐城及苏北、苏中地区大中型50家纺织企业纺织类高技能人才近5年使用和需求情况对纺织行业背景和现代纺织技术专业人才需求作了市场调研，同时结合专业建设委员会意见和近3年该专业毕业生就业岗位调查汇总情况，确定该专业毕业岗位需求主要为纺织行业的材料检测、运转操作、设备维护、工艺设计、产品设计、基层管理和计划调度，这为该专业培养方向和人才培养目标的制订提供了重要的参考依据。根据岗位调研情况而围绕企业对纺织类人才的要求来合理地设置专业方向，分设纺织工艺设计与生产、纺织设备与维护、产业用纺织品、纺织生产管理、纺织信息化五个专业方向，体现“宽面就业、精通岗位”的人才培养特点。经过不断深入地进行岗位调研，制订出切合实际的现代纺织技术专业及其各方向人才培养模式，为培养符合企业岗位需求的人才奠定坚实的基础。

（2）专家提炼职业岗位典型工作任务，转化成学习任务。高职教育的课程应该坚持职业性、应用性、实践性，以培养技术应用能力为主线，构建具有高职教育特色的课程体系，以培养学生的职业能力为中心，从职业岗位分析入手，以能力目标分解为主要手段，构建现代纺织技术专业学习领域课程。现代纺织技术专业基于纺织行业典型工作岗位，遵照“共平台、多方向、强技能”的原则，构建包含人文素质与工程素质课程和专业核心课程的公共平

台课程，为促进学生充分就业，开设多个方向拓展的专业学习领域，构建“基于典型职业岗位关键能力”的项目化课程体系。基于岗位调研，邀请纺织行业实践专家参与分析生产实践中职业岗位的工作过程，职业教育目的是培养学生的综合职业能力，对于职业教育学习领域课程的开发需要实践专家的介入，通过组织召开纺织行业实践专家研讨会，从30个代表性工作任务中归纳出“原料、半制品及成品检验，运转操作，生产组织，设备维修，工艺设计与实施，仿制、设计与开发”等6个典型工作任务；通过召开教学研讨会，按照“BAG法”，组织专业教师对典型工作任务进行归类、整合，按照学习规律将其转化为“纺织材料及检测”“纺纱工艺设计与试纺”等13门学习领域课程，再根据认知及职业成长规律，按照由简单到复杂的顺序，构建本专业课程体系，并形成本专业学习领域课程方案。

（3）依据岗位知识能力结构设置专业核心课程。基于以上课程开发思路的基础上构建本专业核心课程，为了提高学生的岗位适应性，本专业核心学习领域课程标准、教学内容和建设方案均由以企业为主体的课程开发团队制订，在对纺织企业关键岗位典型工作任务分析的基础上，按照企业技术与生产标准，结合岗位群应具有的核心职业能力和职业素养要求，选取、序化教学内容，开发课程标准，共同开发建设工学结合的专业核心课程，教学内容设计依据岗位要求，根据典型工作任务选择项目载体，设计学习情境，让学生在真实的工作过程中掌握知识，形成能力。改革教学方法、教学手段和评价方式，构成任务驱动、项目导向的优质专业核心课程，并在应用的过程中通过反馈不断优化，由校企团队确认优质核心课程，并有效实施。

（4）依照岗位工作任务组织教学，实现学做合一。工作过程系统化的学习领域课程的教学实施，需要不断地变换教学组织形式和采用多种形式的教学方法，以实现教学目标。教学内容以企业中岗位的真实工作任务为基础，以学生乐学和教师乐教为目标，探索实施“223”教学模式（第一个“2”是指建立行业和专业两级平台；第二个“2”是指实现技能证书和学历证书的双证融通；“3”是指实施阶段化、项目化和理论实践一体的教学方式），按照典型职业岗位工作过程，设计教学方案，坚持将“教学做一体”融入每一次教学活动中，尝试学案导学法、引导文学习法、张贴板法等具体的教学方法，实现做中学，做中教，学做一体。实施中，坚持以学生主体，教师为主导，做到训练让学生做、思路让学生想、疑难让学生议、错误让学生析。合理的梯度设计、典型的岗位过程、真实的岗位项目、一体化的教学方法，达到学生乐学、学会和学好，同时，实现教师乐教、教好。

三、实施“岗位引领、学做合一”人才培养模式的保障

1. 基于岗位能力编写项目化的“教学做一体化”教材

在“基于典型职业岗位关键能力”的项目化课程体系和一体化教学理念、模式和方法的基础上，组织骨干教师和企业工程技术人员合作开发和编写具有高职特色的工学结合课程系列纺织类特色教材，教材内容项目设计合理、体例新颖、力求以图代文，图文并茂，并与课

件配套使用，充分体现了“教、学、做”一体化的教学思想，旨在服务于学生自主学习，提高学生的岗位工作技能。

2. 校企合作共建符合人才培养需求的学做一体的实训基地

实施“岗位引领、学做合一”人才培养模式，离不开完备的实训条件，而因校内实训条件的制约，必须加强与纺织特色产业基地相关企业的沟通与联系。按照技能培养从新手到专家渐进培养岗位人才的规律，满足服务训练、教学和科研一体的要求，依托国家级纺织服装实训基地的建设，与悦达纺织共建共享国内一流“校中所”“校中厂”“厂中校”，形成一个设备先进、项目载体、情境真实的服务于全体师生和企业员工的国内一流的现代纺织技术专业技能训练平台，同时，密切联系纺织特色中小企业，扩建校外实训基地。打造校内、校外实训基地及江苏省生态纺织研发中心和纺织行业特有工种技能鉴定站的技能训练平台。

3. 培养能胜任岗位和一体化教学工作的师资队伍

坚持“优化结构、稳定骨干、造就名师”的方针，采取坚持引进与培养相结合的方式，着力培养能胜任岗位工作和一体化教学要求的师资队伍。按照身份互认、角色互换的原则，以提高专兼职教师能力为重点，坚持教师“服务一个企业，研究一个项目，贡献一项成果，教好一门课程，带好一批学生，联系一个师傅”，加强访问交流，培养专业带头人；实施“青蓝工程”，培养骨干教师；通过加强现有教师进修、培训工作，适度引进高素质人才，鼓励教师积极开展教研、科研工作，合理配置教师资源，优化教师队伍，提升教师业务能力，建立一支稳定的、高水平的“双师素质”和兼职教师结合的师资队伍。建设人生导师、学法指导老师和技能训练工程师的“三师型”队伍，建设一支现代纺织技术专业优秀教学团队。

四、“岗位引领、学做合一”人才培养模式实施效果

通过基于岗位引领的专业方向设置、课程体系建构、专业核心课程设置、一体化教材的编写和学做合一的教学组织的理论探讨和实施，盐城工业职业技术学院现代纺织技术专业学生双证获取率达到95%以上，毕业生就业率连续四年稳居全省同类院校第一名；学生职业技能训练与比赛常规化，在全国高职高专纺织类院校学生技能大赛中屡获殊荣；校企合作，共同开发和编写具有高职特色的工学结合课程系列纺织类特色教材3本，建成3部省级优秀精品教材，主持或参编了20多本教材，其中5部获“十二五”部委级规划教材立项；不断深化教育教学改革，教育教学改革成果显著，取得省、市级教研成果近15项，院级教育教学成果奖4项；依托省级纺织实训基地和生态纺织研发中心，推进产学研一体，积极开展项目研究、技术推广和社会培训工作，取得显著成效，为地方经济社会发展做出了重要贡献；该专业初步建成一支稳定的、高水平的“双师素质”和兼职教师结合的师资队伍，纺织实训中心教学团队被评为2008年“江苏省优秀教学团队”，2010年顺利通过江苏省特色专业验收，2011年被江苏省教育厅批准为省级示范高职院校重点建设专业。

人才培养模式是学校实现人才培养目标和质量规格要求的运行方式。高职人才培养模式的改革是遵循高职教育规律，有效提高学生就业、创业能力的根本举措，作为省级示范高职建设院校，盐城工业职业技术学院把创新人才培养模式作为深化教育教学改革的重要组成部分，积极探索，大胆实践，努力为社会提供高素质、高技能的纺织类专业服务人才。

参考文献

[1] 阎学儒. 陶行知教育思想和实践的现实意义 [J]. 西北师大学报（社会科学版），1992（1）：90-92.

[2] 瞿才新，刘华，等. “双教合一”教学模式的探索与实践 [J]. 教育与职业，2011（3）：103.

“双教合一”教学模式的探索与实践

摘　要： 文章介绍了盐城工业职业技术学院“双链对接、双教合一、双证融通和双元互动”的“四双”人才培养模式中“双教合一”教学模式的探索与实践。通过采用“行业+专业方向”的二级平台，实施学历证书与职业资格证书制度双证融通的方式，以阶段化、项目化、理论实践一体化为抓手，着力解决教师观念、架势的双师结构、教学条件保障、一体化教材等问题，从真正意义上解决了理论与实践教学分离的问题。

关键词： 二级平台；双证融通；双教合一；教学模式

一、理论实践教学分离的弊端

传统职业教育中的“三阶段”课程模式，人为割裂了理论和实践，容易造成理论和实践脱节，导致学生学习兴趣的下降，不利于学生综合职业能力的提高和全面发展，不能满足现代生产企业对人才的质量需求。

二、理论实践教学“双教合一”的理论依据

“双教合一”教学模式是指理论和实践教学合一的教学模式。实践是认识的来源，是认识发展的动力，是检验理论的唯一标准，正确的认识和科学的理论对实践又有指导作用，这是马克思主义认识论的基本观点。行是知之始，知是行之成，知行合一。在教育中，只有理论与实践相结合才能更好地促进学生的发展，而训练与养成是职业技能培养的根本方法。职业教育必须面对职业岗位工作的需要，在做中学，在学中做，边做边学，做到理论与实践融会贯通，才能养成和练就对职业岗位的适应能力及解决实际问题的能力。“双教合一”教学模式正式基于这样的思想构建和开展的。

三、理论实践教学“双教合一”教学模式的解析

为了解决过去学校教学与学生工作知识与能力要求相脱节的矛盾，盐城工业职业技术学院按照学生就业岗位知识能力要求，设计培养方案，使学生在学校练习的设备就是工作操作的设备，真正实现学校培养与岗位需要的无缝对接。为了实现这个目标，采用了“223”教学模式。

1. “223”模式

第一个“2”是指构建以行业和专业方向的二级平台，即在人才培养目标上，以行业的发展方向和企业对人才的岗位设置需求为平台，同时结合专业方向采用一体化教学模式。

第二个“2”是指在人才培养模式上实施“双证融通”制度，即毕业生应取得学历和技术等级或职业资格两种证书的制度。

"3"是指实行课程教学的阶段化、项目化、理论和实践一体化的课程教学。

2. 取消阶段实习环节

在教学组织上打破原来的"三段式"课程体系，取消了阶段实习环节，而采用由基本素质模块、专业技能模块和专业拓展模块三个模块组成的教学体系，第一阶段为一年时间，主要学习三个专业方向公共平台的内容。第二阶段为一年半时间，主要学习专业技术和技能模块以及专业拓展知识的模块内容，进行针对性的专业内容学习和技能培训，使学生既具备专业基础理论，又掌握一定的职业岗位基本能力，学会岗位实践操作，适应企业生产一线的实际工作。第三阶段集中半年时间，让学生到企业进行岗位实习，努力达到毕业生就业零适应。

3. 主干课程理论实践比例

理论实践一体化教学模式打破多年来重理论、轻技能培养的传统，树立了专业理论知识教学为技能训练教学服务，为职业能力培养服务的新观念。加大技能教学内容比重，对于理论知识强干弱枝，以必需、够用为度，学生在操作技能训练中体验印证理论知识，使理论知识易于理解和吸收；注重理论知识对实际操作技能训练发挥指导作用。实施理论与实践一体化教学模式改革之后，使主干课程的总理论学时与实践学时比例达到了1：1.25，很大程度上增加了实践学时的比例，注重了对学生实践操作职业技能的训练。

4. 课堂组织

理论与实践一体化课程的教学程序按项目驱动合作学习来组织课堂教学，课堂教学组织主要包括五个基本环节。

（1）引出项目，明确任务。这一环节的目的是让学生知道"做什么"，即明确学习目标和任务，通过设置合理的教学情境来引出项目。设置的教学情境要与教学内容相关，与学生的学习、生活经历和职业要求相关。创设情境的素材可以是一个故事、一件实物、一只元器件、一组数据、一项实验或一张图表，可以是文本的也可以是视频的，可以由教师口述也可以由媒体播出。引出项目后应适时以恰当的形式告之学生具体而明确的学习目标和任务。

（2）制订方案，明确步骤。这一环节的目的是让学生知道"怎么做"，即明确完成项目的操作步骤。通过学生思考和讨论后确定完成项目的方案和步骤。这就是一个在教师的引导下学生运用已有的知识、技能、方法去探究新知识、了解新技能、寻求新方法、培养新能力的分析问题的过程。通过学生自主制订和不断完善一套或几套解决方案，使学生对完成项目的操作步骤和注意事项做到胸有成竹。

（3）小组合作，实施方案。这一环节的目的是让学生在"做中学"，即让学生在实际操作中获取知识、习得技能、提高能力。这既是一个实施方案的过程也是一个验证方案的过程，是学生运用新知识、新技能、新方法去解决问题的过程。在这过程中要让学生有收获、有体会、有感悟，感受知识、技能、方法的力量，体会劳动的艰辛、成功的愉悦和合作的乐趣。这一环节要以小组合作的形式开展，要以"同组异质，异组同质"的原则分组，要注意组内成员的角色轮换，要加强合作意识和能力的指导。

（4）检查评价，完善方案。这一环节的目的是优化学生所得，即通过小组内、小组间的相互检查和评价，来优化完成项目的方案，达到优化学生所掌握的新知识、新技能、新方法的目的。在这环节教师要引导学生对各个操作步骤进行讨论和检查，对态度和方法、过程和结果进行反思和评价，以其发掘优点、发现缺点、查漏补缺，不断完善完成项目的方案，更加明确各个操作步骤的要求。

（5）巩固训练，总结提高。这一环节的目的是促进知识和技能的迁移，即通过相似项目或同一项目的重复训练，对整个项目实施情况的总结和评价，使学生能梳理知识结构，切实掌握技能和方法，灵活地运用新知识、新技能、新方法解决同类问题。在这一过程中要让学生自主选择薄弱环节进行巩固训练，并在学生自我总结的基础上由教师进行总结性评价。评价要注重激励性，注重过程和态度。要通过展示好方案、好方法、好作品，让学生感受成功的喜悦，使学生的学习兴趣内化为学习动机。

5. 主干课程考证

为提高学生的实践应用能力，促进学生就业，盐城工业职业技术学院将主干课程与考证课程融通，以将考证内容融入专业课堂。首先，主干课程任课教师要能够很好地把握课程，采用教学做合一的教学方法来充分调动学生的学习兴趣和考证积极性；其次，学院、任课教师和班主任三方面要共同营造良好的学习和考证氛围，积极推进学生的考证热情；最后，要循序渐进地摸索和改善考证课程，首先从一两门主干课程试运行，然后扩展至所有主干课程。

四、“双教合一”教学模式需要解决的问题

1. 企业文化和企业理念的熏陶

学校要大力开展企业文化和企业理念渗透，用先进科学的管理理念规范学生的思想和行为，教育和引导学生按照企业的价值观、发展目标和发展战略，紧密结合自己的学习实际创造性地开展学习实践。采用以“企业文化为底蕴，创设职业认知风格”的学习模式，通过用环境来熏陶和影响学生，提高学生的职业适应力和创造力。

2. 实践专家介入

职业教育目的是培养学生的综合职业能力，对于职业教育学习领域课程的开发需要实践专家的介入，分析职业中的典型工作任务，进而开发出相关课程。通过实践专家访谈会，专家首先描述出相应的典型工作任务，然后根据这些典型的工作任务开发成学习任务，再将这些学习任务按照一定的程序排列起来，编写成相应的教材。最后在教学实施的过程中，将这种学习领域课程理念融入课程中去。

3. 情境激发

理论与实践一体化教学重在学生职业能力的培养和职业实践经验的积累，所以教学中要特别注重教学情境的创设。教师要为学生创设灵活的课堂教学情境。灵活的教学情景通常由

活跃的课堂气氛和灵活的教学环境（即课堂环境）组成，能使学生轻松愉快地进行学习。这种灵活的教学情境的创设，有利于激发学生的学习兴趣，提高教学效果。

4．一体化课程和教材

（1）一体化课程设置。理论与实践一体化课程属于实践导向课程模式，主要通过整合知识、技能、情感态度这三维目标，使理论与实践在课程目标上融为一体；通过整合专业基础课和专业技能课，使理论和实践在课程内容上融为一体；通过整合教学环节，使理论和实践在时间上融为一体；通过把教室学习和车间实习合二为一，使理论和实践在空间上融为一体；通过改变教学方式，使学生在“做中学”，知行合一，使理论和实践在学习结果中融为一体。

（2）编写一体化配套教材。在理论与实践一体化教学理念、模式和方法的基础上，要结合学院的实际情况，着重对特色、品牌和重点专业的核心课程的结构、体系、内容和教学方法进行改革，组织骨干教师编写理论与实践一体化教材。编写时，应突破传统教材重视理论的全面性和系统性的课程体系，着力以技能为重点，以实践为主线，对课程内容进行创新整合。教材应根据企业用人需求和学校的培养目标、硬件设施，并结合学生的个性发展需要，降低专业理论的重心，突出与实践技能相关的必备专业知识，对教材内容进行必要的取舍与组合，对内容的深度和广度进行适当的调整。教材还要充分体现了“教、学、做一体化”的教学思想，满足教学需要。

5．师资培养

建设一支既能胜任理论教学又能指导实习操作的“双师型”师资队伍是落实理论与实践一体化教学理念的关键。要实施一体化教学，不仅要求教师具有扎实的专业理论功底，也要具有熟练的实践技能，更要有理论与实践相结合的教材分析及过程组合的能力。可以采用以下两个建设渠道：一是通过对现有的专业教师进行有计划、有目的的下企业挂职顶岗实习锻炼，参加技能培训等，既可以提升其专业实践技能，同时也为教师接触生产实际和了解科技进步的发展动向创造条件；二是向社会公开招聘各种有实践经验的中高级工程技术人员、能工巧匠等，让他们取得教师资格以后，以专职或兼职形式担任教育教学工作。

6．技能培养设备条件的建设

理论实践一体化教学要有与专业和规模相适应的硬件设备和学习环境。由于一体化教学方法强调空间和时间的统一，所以，必须具有“一体化”的教学场所，这就要求教学场所有足够的操作机位，必需的教学环境（黑板、桌凳、多媒体教学设备），更多经济费用投入，亦需更多的人员投入到教学秩序管理和仪器设备的保养维修及管理中去，才能使一体化教学模式有序高效实施，提高教学效果。

五、“双教合一”教学模式的成效

1．促进了教师的教学观的转变

在研究和实施“双教合一”教学模式过程中，教师们的教学观、学生观会发生很大的变化。他们将原来的知识、技能本位的教学观转变为职业能力本位的教学观。同时，他们对学生的认识亦在逐渐改变，觉得只要教学方法得当，高职学生同样能培养成高素质高技能型人才。

2. 对其他专业产生教学改革推动作用，加快系部和学院其他专业建设的步伐

现代纺织技术专业实施理论和实践一体化教学模式带来的变化，在纺织服装学院以及整个盐城工业职业技术学院产生了积极的影响。推动了其他专业的教学改革的步伐，使全体教师积极投身教学改革。各个专业针对本专业的实际情况，运用一体化的教学理念，将逐步调整和制订符合本专业实际的一体化教学计划和教学工作计划，为实施“双教合一”教学模式创造了条件。

3. 建设了一支“一体化”师资队伍，有效地促进了师资队伍建设

“双教合一”教学模式的实施，使得专业教师从原来的专业理论课或生产实习、实训课教师向“一体化”教师转变。目前，纺织服装学院70%的专业教师基本上可以独立完成“一体化”教学任务。此外，专业教师的教学业务水平在一体化教学实践中也在不断提高。学院和系部将继续从校外企业引进高级工程师，并送青年教师进企业挂职锻炼培训，不断提高“双师”素质的比例和专业教师的一体化教学能力。

4. 教学效果显著提高

“双教合一”教学模式可使技能操作训练与专业理论高度统一，紧密衔接，这一教学模式受到学生的普遍欢迎。“双教合一”教学模式转变了学生的学习态度，增强了学生的学习兴趣，提高了学生学习的积极性和主动性，职业能力得到显著增强，职业技能考级通过率也显著提高。

六、存在的问题及改进建议

1. 部分教师一体化教学水平有待提高

按“双教合一”教学的要求，教师必须严格要求自己，不断提高自身综合素质。教师不仅要精通理论，还必须是职业技能实操能手。由于纺织服装学院实施一体化教学时间不长，部分教师有些不适应这一教学模式，难以走进车间和实训工厂进行一体化教学。因此必须加大教师的培训力度，为教师尽快转型创造良好的客观条件，同时积极开展一体化公开课、示范课，引导教师积极探索和实践一体化教学。

2. 已开发的教材需要进一步完善，有待开发更多的一体化教材

虽然纺织服装学院已编写和出版了几门专业核心课程的一体化教材和讲义，但由于编写时间仓促，教材中有许多待完善之处，因此建议任课教师平时注意教材使用中出现的问题，供修订时参考。同时，由于迫切需要开发和编写更多的适应一体化教学的讲义和教材，专业教师需要积极投入一体化的教学实践中去，平时及时总结教学经验，编写和修改一体化教学讲义，以便于日后完善，正式出版更多优秀的高职规划教材。

参考文献

[1] 欧盟Asia-Link项目“关于课程开发的课程设计”课题组. 学习领域课程开发手册［M］. 北京：高等教育出版社，2007.

[2] 张传燧. 解读中国古代教育思想［M］. 广州：广东教育出版社，2009.

[3] 姜大源. 职业教育学研究新论［M］. 北京：教育科学出版社，2007.

“行知和谐，双证融通”的高职人才培养模式探索与实践

摘　要：通过对“教学做合一”的溯源，揭示这一模式培养行知和谐人才的本质，并结合高职教育人才培养特点，提出“双证融通”的人才培养要求。从人才培养模式、课程体系、教材建设等方面探索“行知和谐，双证融通”的纺织应用型人才培养新模式。

关键词：行知和谐；双证融通；高职教育；人才培养

建设和谐社会需要和谐教育。陶行知先生主张“行是知之始，知是行之成”，提倡在“劳力上劳心”，培养“手脑双挥，脑体结合”的行知和谐之人。高职教育承担着培养而向生产、建设、管理等一线的应用型高技能人才的任务，它不仅要传授劳动知识和技能。更要培养学生的综合职业能力。过去“以结果为导向”的教学方法显然无法适应目前的教学改革需要，为此，盐城工业职业技术学院（以下简称“盐院”）积极探索“以过程为导向”的“工学结合”教学模式，着力构建“行知和谐，双证融通”的人才培养模式，培养和谐发展的高技能应用型人才。

一、陶行知先生的职教理念

20世纪30年代，陶行知先生提出“行是知之始，知是行之成”，坚持“教学做合一”，提倡“劳力上劳心”“生活即教育”，培养“手脑双挥，脑体结合”的行知和谐之人。这从认识论上解决了职业教育人才培养规格定位的合理性与重要性。

之后，陶行知先生更是积极探求职业教育的真谛，他指出，职业教育是“生活所需之教育”在《生利主义之职业教育》一文中，他指出职业教育的本质是生利主义，也就是“生有利之物”与“生有利之事”，即生产出有利于社会与人群的物质财富，培养出服务于社会与人群的技术本领。凡养成生利人物之教育，皆得谓之职业教育。这是职业教育的宗旨与关键。

生利主义之职业教育要求教师具备“生利之经验”，从事职业的实际本领，即“做中教”的能力；同时必须具备“生利之常识”，即职业教育的专业知识；还需实施“生利之教学法”“教学做一体”“奏事半功倍之效”。这也从理论上提出了职业教育的师资要求。

“无农器不可以教农，无工器不可以教工。医家之教必赖刀圭，画家之教必赖丹青。”这实际上指出了实践环节的重要性。而坚持“按事施教”，强调了课程安排应以培养学生的“生利”能力为标准。执行自易至难、从简入繁原则，学成一事，再学一事，并将理论与实践“联络无间”地结合起来。学生应选择最能发挥自己才能，同时也是自己最喜欢的职业为专业。学校要办社会所需之专业，培养社会所需之人才。“故能选最适之业而学之，生大利

不难，岂仅生利哉！”，这些质朴的职业教育理论与今天建设和谐社会的根本要求相一致。

1991年，国务院关于大力发展职业技术教育的决定，提出了“产教结合、工学结合”的教育模式。教高〔2006〕16号文件明确要求实施工学结合、校企合作的人才培养模式。学院在教学改革实践中，贯彻执行中央文件精神，从成熟的教育理论中汲取营养，探索实践了“行知和谐，双证融通”的人才培养模式。

二、“行知和谐，双证融通”的探索与实践

1. 建立新型人才培养体系

“行知和谐”是高职教育人才培养的最高目标。实践中，学院打破传统的理论与实践分离的状况，积极推行基于工学结合的理论与实践综合化教学模式，贯彻“教学做一体”和“学成一事，再学一事”的思想建设新型的人才培养体系，将培养内容分成专业技能、专业素质及专业素质拓展三个模块。在人才培养过程中，坚持“教学做是一件事，不是三件事，教与学之所以能统一就是统一在‘做’上，只有在做上教的才是老师，在做上学的才是学生。老师拿做来教，乃是真教；学生拿做来学，方是真学”的思想。

例如，在“纺纱技术”“机织技术”等专业核心课程教学中，强调“生活即教育”，按车间认识与课堂概述，车间生产与课堂理论讲解，车间设备维修与课堂设备理论及故障分析，车间工艺认识与课堂工艺介绍，车间工艺上机、疵点认识与课堂工艺分析及疵点分析等几个阶段，实现理论教学与实践教学一体化，真正做到在做中教、做中学，突出以“做”为中心。

在实施工学结合教学模式中，积极贯彻“行知和谐”的人才培养理念，学习的内容是工作，通过工作实现学习。按照项目实施的完整过程确定人才培养标准，坚持学校与企业，学生在校学习与参加企业工作，专业知识学习、技能操作训练与企业岗位对人才的要求，学生的培养目标与企业的用人标准四结合，培养“手脑双挥，行知和谐”应用型人才。

2. 构建新型课程体系

按照工作过程编排课程体系，按照工作岗位确定一门或几门课程内容，建立由基本素质与工程素质、专业技能与专业素质和专业素质拓展三大模块组成的一体化课程体系。课程体系分为三个阶段，第一阶段为期一年，主要学习由基本素质与工程素质模块组成的公共平台内容；第二阶段为期一年半，在学生根据社会需求确定专业方向后，学习专业技能和专业素质以及专业素质拓展模块的内容，进行针对性专业知识学习和技能培训，完成上岗前的知识和能力准备，达到本专业方向“精”、其他专业方向的“通”的要求；第三阶段集中半年时间，让学生到企业顶岗实习，实现毕业生就业与企业上岗的无缝对接。这样不仅能满足社会需求，主动适应地区产业结构调整，而且有利于解决专业口径的“宽”与“窄”的问题，拓宽学生的就业适应面。

为贯彻“行知和谐”的人才培养理念，在课程改革中，学院按照工作过程编排课程顺

序，按照典型工作岗位确定教学内容，按照“教学做一体”实施教学。将专业核心知识与职业岗位核心技能相结合，阶段化组织教学，即先在校内（或校外）实训中心实习，再进教室教学，或直接在实训中心组织“做中教、做中学”。使学生既具备岗位实践能力，又掌握专业理论知识，真正体现“行是知之始，知是行之成”，实现人才培养的“行知和谐”统一。

3. 建设一体化教材

教材建设是人才培养模式改革的重点和难点。“教学做合一的理论不是不要书，它用书的数目比现在的教科书要多得多。只是不要纯粹以文字为中心的教科书，做什么事用什么书。”这是高职院校教材建设的基本思想，学院以纺织产品为龙头，体现生活化、实用化，以典型产品为分析对象，根据产品风格的特征及生产过程的技术要素，来分解、梳理相关的专业知识点，对教学内容进行大幅度增删，改革教学体系，整合教材内容。学院自编讲义，将职业技能考核标准融入课程，服务“双证融通”。在讲义中，以项目为主线，构建理论和实践一体化教材。经过一段时间的教学探索与实践，不断改进教学内容，并正式出版教材，《纺织实用技术》等一批教材的出版保证了教学效果。

4. 培养应用型人才

高职教育人才培养的基本标准是中、高级职业资格证书的获取。“双证融通”是在教学环节上实现理论教学与中（高）级职业技能鉴定的“应知”相融合，实践教学与职业技能鉴定的“应会”相一致。把一个或几个职业资格课程的内容有效地融合在人才培养体系的各门课程之中，有利于学生在毕业前后参加考证并获得有关证书。这是实施“双证融通”的主要目标，也是保证教学质量的重要抓手，利用国家人力资源和社会保障部在学院设立的“国家纺织行业技能鉴定站”和江苏省财政资助建设的“纺织实训中心”二个平台，为学生提供技能训练，开展职业技能鉴定，实施“双证融通”的人才培养。目前，学院现代纺织技术专业各个方向的学生高级工考证通过率达98%以上。

三、实践效果及存在的问题

1. 实践效果

“行知和谐，双证融通”人才培养模式解决了目前困扰我国高职教育的两大难题，即学生被动学习及综合职业能力差，提高了育人质量。经过三年的实践，取得了良好的效果，用人单位对学院毕业生的评价较好。

2. 存在问题

（1）教学组织及进程控制难。“行知和谐，双证融通”人才培养模式主要以学生们“做”为主。一是教学组织难，传统的编班学生数常多达四五十人，一批批“做”，时间不允许，一起“做”，教学质量又无法保证；二是进程控制难，每位学生“做”的进度不一致，“做”的过程中还会出现各种不可控情况，教师又不能中途停止学生工作，常会使规定时间内的教学任务无法完成。目前我们一是利用课余时间让学生继续完成课内未完成的工作任务；二是实施阶段教学，即一段时间学习一门课程。

（2）教师素质一时难以达到要求。“双师型”师资队伍建设是保证高职教育质量的关键，但培养“双师型”教师并不是一朝一夕的事，如完全掌握纺织企业的设备岗位技能通常需要5～6年的时间，即使在企业工作十几年的老师傅，也难以独自承担某一设备维护或组织

产品生产任务，完成每个项目任务都涉及较多专业理论知识和专业技能。此外，从企业寻找到适合教学的真实项目任务也是一个难题。学院的做法是，一名教师和一名外聘师傅负责一道工序，一个项目由课程组的多名教师共同完成，此做法只是一种应急之举。

（3）教材开发困难。一本适合“工学结合”的教材开发，需要具有丰富实践经验的企业生产、管理专家与高职教育专家及专业教师共同完成，而这在许多学校是难以办到的。我们目前正加强与兄弟院校的协作，加快教材建设的进度，保证教学实施。

（4）实验实训条件的制约。教学项目的实施对仪器设备的投入要求经常超过高职院校的承受能力，动辄上千万的投入使得一些学校捉襟见肘。目前学院从学校周边的企业中选择合适的合作企业，通过学校与行业协会、校园与工业园合作开展教学，满足学生“做”的要求。

我们认为，推进“行知和谐，双证融通”的人才培养模式改革的方向是正确的，但实施中的问题也不容小觑，应作为迫切需要解决的课题开展研究。

参考文献

[1] 沈德鑫. 陶行知教育思想读本［M］. 兰州：甘肃文化出版社，2001.

[2] 张传隧. 解读中国古代教育思想：中西教育思想解读书系［M］. 广州：广东教育出版社，2009.

[3] 胡国枢. 生活教育理论［M］. 杭州：浙江教育出版社，1991.

[4] 姜大源. 职业教育学研究新论［M］. 北京：教育科学出版社，2007.

教学、管理、科研三个一体化模式探析

摘　要：文章探讨了通过建立高职院校二级院系教学、管理、科研三个一体化的办学模式来培养高素质技能型人才。实施基于理论实践一体化的“223”模式：构建以行业和专业方向的二级平台，实施学历和技术等级或职业资格两种证书的“双证融通”制度，实行课程教学的阶段化、项目化、理论和实践一体化的课程教学。将党组织建设、教学教研和学生培养与管理工作结合在一起，教研室按专业设置，支部建立在教研室实体上，支部管理班级。生产、教学、科研相互渗透、相互促进、相互包容，做到“以学出研，以研促产，以产助学，以产养研”。

关键词：高职院校；教学；管理；科研；一体化；办学模式

高职院培养面向生产一线的高素质技能型人才，探索行之有效的办学模式是关系到人才培养质量的摆在我们面前的极为迫切的问题。经过几年的实践，盐城工业职业技术学院（以下简称“学院”）建立了高职院校二级院系基于理论实践一体化的教学一体化，将党组织建设、教学教研和学生培养与管理工作结合在一起，教研室按专业设置，支部建立在教研室实体上，支部管理班级的管理一体化和生产、教学、科研相互渗透、相互促进、相互包容，做到“以学出研，以研促产，以产助学，以产养研”的科研一体化的办学模式。

一、教学做一体化

所谓教学做一体化，就是理论实践相结合，教中学，学中做，教学做一体化的教学模式。它具有两大特点，一是突出职业技能训练的主导地位。学院根据技能训练要求，设计理论教学内容，设置教学环节，理论教学服从于技能训练。二是理论教学与技能训练相互融合。在教学过程中，可先讲理论内容，用理论知识指导技能训练，也可从生产训练开始，接受感性知识，再在理论层面上分析、归纳、总结，也可以就现场遇到的实际问题，从理论上进行分析指导，从而解决问题。教学做一体化教学模式解决了理论教学和实践教学脱节的问题，减少了理论课与实操课之间知识的重复，增强教学直观性，充分体现学生主体作用，有助于高技能人才的培养和教学质量的提高。

1. 实施基于理论实践一体化的“223”模式

“223”模式中，第一个“2”是指构建以行业和专业方向的二级平台，即在课程体系上，纺织类各专业共用一个公共平台，包含素质课程和纺织类平台课程。这样，各专业学生都掌握纺织大类平台知识和技能，扩大了就业的适应面，同时为建立纺织类各专业共享实训平台打下基础。第二个“2”是指在人才培养模式上实施“双证融通”制度，即毕业生应取得学历和技术等级或职业资格两种证书的制度。“3”是指实行课程教学的阶段化、项目化、理论和实践一体化。课程教学的阶段化是指对某门课程在某一阶段集中完成教学任务，再实施下一阶段的课程教学；项目化教学就是组织学生参加特定项目的设计和实施，让学生从亲身经历中获得经验和技能，为了达到教学目标而共同努力；理论和实践一体化教学是指在理论学习后随即对理论学习的内容进行有针对性的实际操作训练，或者是以实践教学的形式学习理论知识，是将理论知识的学习和实践操作二者有机地结合起来。

2. 取消阶段实习环节

在教学组织上打破原来的“三段式”课程体系，取消了阶段实习环节。对于专业核心课程，将之与专业职业岗位核心技能训练相结合，通过采用理论和实践一体化教学模式，既可采用一段时间内讲授完某部分专业知识理论之后，便立即进行与所学知识相联系的实验、实训，纺织生产、管理过程中的工艺设计、工艺上机、半制品或成品检测、设备维护等核心技能的强化训练，也可以采用先实习后讲解理论或一边讲解理论一边实习的方式进行教学，使学生适应企业生产一线的实际工作。

3. 调整核心课程理论实践比例

理实一体化教学模式采用“行业平台+专业方向+顶岗实习”的教学体系，加大技能教学内容比重，理论知识强干弱枝，以必需、够用为度，专业核心课程的理论课时与实践课时比例在1：1.25，增加了实践课时的比例，增强了对学生实践操作职业技能的训练。

4. 主干课程考证

为提高学生的实践应用能力，促进就业，提高他们在社会上的竞争力，将主干课程与考证相结合，做到课证相通。通过教学一体化的实施，解决了教师重课堂轻实践，重理论轻技能的观念问题，通过组织教师下厂锻炼，提高教师的动手能力，编写适合一体化教学的教材，建设满足一体化教学的全真型的生产实训设施，体现了高等职业院校的教学特色。

二、教管学一体化

所谓教管学一体化，就是在高职院二级院系，将党组织建设、教学教研和学生培养与管理工作结合在一起，以实现“降低管理重心、加强教师主人翁意识、提高人才培养质量”。

1. 教研室按专业设置

教研室负责本专业的专业建设、教学文件的制订、教学组织与管理、教学评价和校企合作。由于教研室里教师的专业相同，研究方向相同，教师在教学、管理和科研方面可以互相借鉴、互相学习、互相促进、彼此合作、共同提高。

2. 支部建立在教研室这个实体上

改变过去党支部按党员对象划分的做法（教师党支部和学生党支部），以专业相同的教师党员和本专业的学生党员组成党支部，破除支部只单纯开展思想政治工作的单打一局面，而将本单位（教研室）教学工作和学生管理作为支部工作成效的两个方面综合考核，赋予党支部更多的职能，使高等职业技术学院二级院系管理的重心下移，目标更加细化。能够减

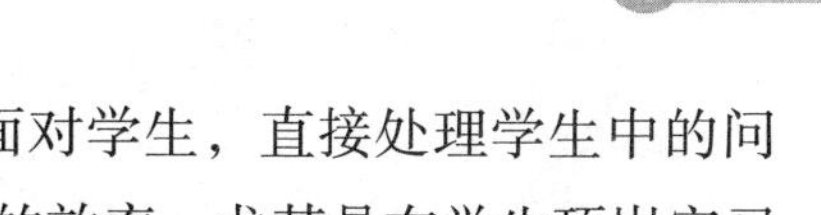

少中间环节，提高管理效率。由于管理重心在基层，直接面对学生，直接处理学生中的问题，党支部、教研室和辅导员有机融合在一起，保证了管理的效率。尤其是在学生顶岗实习过程中流动党员的管理和专业教研室教师指导学生实习和毕业设计有机地结合起来，共同检查、指导与考核。

3. 支部管理班级

教研室负责教学与专业建设，支部负责本专业班级学生的管理。学生活动是专业建设的直接载体，各党支部根据各专业教学需要开展一些学生活动，如赴企业开展对口专业团员联谊活动，赴纺织品市场开展社会调查，以支部为单位开展学生专业技能大赛等，也可参与到教研室教师的科研项目和社会服务中，大大提高了人才培养质量。

4. 辅导员按专业归属于各教研支部和教研室

将辅导员归属于教研室和党支部后，辅导员工作更加具体、明确，与学生的接触更加密切，缩小了管理的跨度。

实施一体化管理，整合了资源，党建、教研和学工形成合力，保证工作有序推进。通过管理一体化的实施，解决了教学工作和日常学生管理工作相脱节的问题；解决了学生管理仅仅依靠系部学生管理少部分人，导致工作不深入、浮于表面的问题；解决了教师主动、自发组织学生介入专业实践问题。实施一体化教学以后，教师及时老师又是师傅，学院不再配备专职实验、实习指导老师。实施管理一体化后，各党支部选拔一些素质好、业务精的优秀学生参与到专业教室和实训中心的管理当中，弥补了管理人员的不足，也为学生提供了动手机会。

三、教产研一体化

所谓教产研一体化，就是生产、教学、科研相互渗透、相互促进、相互包容，做到“以学出研，以研促产，以产助学，以产养研”，实现教师作为科研人员的优势互补、资源共享，充分发挥产学研合作的综合优势，形成更强的核心竞争力。

1. 教学过程中捕捉课题

教学是教师的基本任务。在长期的教学过程中，教师要运用专业基本原理分析生产实际问题，并从理论上总结提高，再去指导生产实践。“稀密路、纬缩疵点成因分析”就是在教学过程中总结的课题，通过建立数学模型，帮助学生在学习过程中分析疵点的形成原因，同时解决生产中处理这一问题缺乏清晰思路的问题。在一体化的教学课堂上，通过学生的做，教师的做，出现学生的疑惑或产品的缺陷等一系列问题，教师收集、整理，成为今后研究的课题。

2. 实训中心中论证课题

环保型整浆机就是在实训中心建设中解决学校不方便输送蒸气以供烘筒烘燥的技术难题，GA747剑杆织机计长装置、无梭织机废边纱的循环利用就是在课堂中发现，课后在实训中心革新改造后实现的。通过在实训中心的设备上面不断摸索和论证最终确定改造方案，保证其今后作为课题深入研究的基础。

3. 项目化教学中模拟课题

项目化教学的课堂中，老师可以将市场上的新型原料提供给学生，学生在课堂完成项目模拟的同时，也体会到一种新产品的开发工作过程，掌握了产品开发的基本方法；同时，将这些纱线、面料提供给纺材课程教学的老师，又可以在纺材课程的检测项目中得到这些面料的性能指标，提升了学生的检测能力。

4. 毕业设计中研究课题

工作中，老师们将自己的在研课题或者拟研究课题中的部分内容提取出来供毕业生进行选题。这种毕业设计一方面可以使设计项目贴近生产；另一方面可以让学生参与教师的科研项目，服务教师的科研工作，提升专业素质。

5. 校企合作中突破课题

一个好的项目最终能够在企业中完成转化、指导企业的实际生产或者被企业采用，方能实现课题的最终研究价值。老师们前期提出课题、模拟课题、研究课题，这些都为整个课题的研究和最终的成果转化奠定了坚实的基础。在这些前期工作的基础上，学院根据不同企业的实际需求，主动跟进，与企业洽谈合作，整合校内专业教师、企业的技术力量合理攻关，完成整个课题的突破。

6. 日积月累中支撑课题

课题的研究重在平时的积累，不是一朝一夕的事。一是通过定期组织召开教师科研座谈会，交流一段时期内的在研项目的进展、需解决的问题，拟研究项目的国内外研究现状，项目应用前景分析等；二是建设教师研究平台，将实验、实训场地重新进行功能划分，按课题研究需要和项目化教学的需要组织资源，打造可供研究的专业平台和一体化教学的项目平台；三是教师企业锻炼制度。努力创造条件，组织青年教师到企业进行顶岗锻炼，为更好地开展课题研究和校企合作提供了保障。四是引导教师及时将研究的成果总结，通过申报专利和发表文章，为以后争取上级科研项目打下基础。

7. 项目申报中争取课题

每年年初都是江苏省省级课题申报的集中时期，为了提高课题申报的成功率，学院组织创新团队，一是对接县市科技报务部门，争取支持和帮助；二是利用紧密型合作企业，推销具有一定研究基础的项目；三是成立项目材料组。为了保证申报项目的创新性和实用性，需要做大量的文献检索、查新和材料的规范工作；通过科研一体化的实施，学院解决了教师没有渠道搞科研，导致科研无从下手的问题；教师没有可搞的项目课题，导致“无米下锅”的问题；教师有了好的载体，有了项目，而没有办法去完成，导致无力可为问题。

经过五年的教学、管理、科研三位一体的改革，教师的双师素质得到了进一步加强，教学条件得到了进一步完善，社会服务能力得到了进一步的提升，学生就业后社会满意度得到了进一步加强。

参考文献

[1] 姜大源. 职业教育学研究新论［M］. 北京：教育科学出版社，2007.

[2] 瞿才新，刘华，王前文. “双教合一”教学模式的探索与实践［J］. 教育与职业，2011（3）:103–105.

[3] 王建德. 职业技术院校系部二级管理初探［J］. 职教论坛，2006（8）:8–10.

[4] 林元宏，瞿才新. 高职院校系部实施党建、教研、学工一体化管理的实践与思考［J］. 教育与职业，2011（5）:36–37.

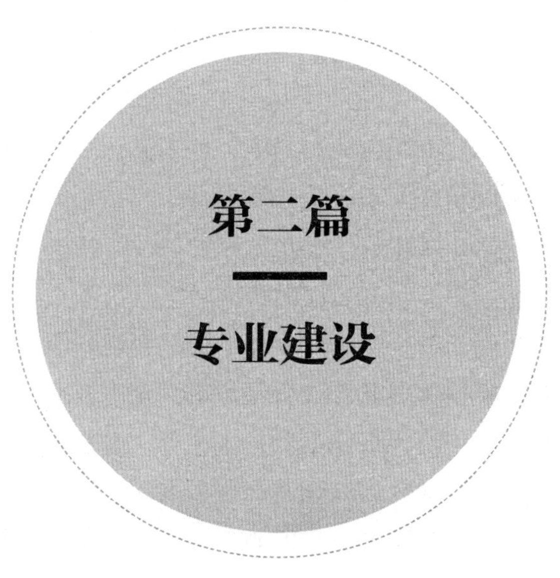

第二篇

专业建设

基于产教深度融合的悦达纺织产业学院专业群建设的研究与实践

摘　要：产业学院作为一种新型校企合作模式，探索合作办学新模式、扎实推进产教深度融合育人、落实质量保障是有效提升高职产业学院建设内涵的重要抓手，也是深化高职人才培养供给侧结构性改革的重要途径。本文以悦达纺织产业学院为例，以适应高端纺织产业发展为基点，以融合育人为核心，以专业群建设为载体，深化产业学院改革，在对接产业发展、构建合作办学运行模式、扎实推进产教深度融合育人、构建质量保障体系等方面做了有益探索，以期提升专业人才培养质量，满足产业发展需求，促进产业学院持续发展提供借鉴。

关键词：产教融合；产业学院；运行模式；专业群建设

一、引言

《现代职业教育体系建设规划（2014—2020年）》《关于深化职业教育教学改革全面提高人才培养质量的若干意见》以及《关于深化产教融合的若干意见》等文件的出台，“产教融合、校企合作”已成为我国加快发展现代职业教育发展的必然选择，是职业教育人才培养的主要途径。当前，以网络化、智能化为表征的产业转型升级和企业技术创新对高职人才培养提出了新的要求，学校需要创新校企合作育人模式才能紧跟产业的变化和技术的发展，以适应经济新业态发展的需要。根据《国务院办公厅关于深化产教融合的若干意见》《职业学校校企合作促进办法》等文件关于发挥企业重要主体作用，鼓励企业依托或联合职业学校、高等学校设立产业学院，促进人才培养供给侧和产业需求侧结构要素全方位融合，培养大批高素质创新人才和技术技能人才等的要求，我国的高等学校，尤其是高职院校陆续开展产业学院办学探索，力求通过产业学院建设切实发挥企业在专业办学、人才培养和社会服务中的主体作用。探索合作办学新模式、扎实推进产教深度融合育人、落实质量保障是有效提升高职产业学院建设内涵的重要抓手，也是深化高职人才培养供给侧结构性改革的重要途径。

二、职业院校校企合作办学中存在的主要问题

虽然职业院校在发展建设中非常重视产教融合，把产教融合、校企合作作为重要的建设内容和发展特色。但实践表明，大多数职业院校的产教融合、校企合作模式单一且流于形式，办学特色不鲜明，育人成效不明显。究其主要原因，一是公办院校试点混合所有制利益分配存在瓶颈，企业参与合作办学内生动力不足。企业往往以追求利益最大化作为其首要目标，在激烈的市场竞争环境下生存紧迫感倍增，从而在诸多方面表现出急功近利主义。而与高校开展产学研合作会无形增加企业运营成本和安全担责风险，再加之受校企合作办学权责不明晰、利益分配失衡等因素影响，导致企业参与合作办学的内驱力不够，产教融合校企合

作多流于形式，难以实现可持续发展。二是学校人才供给侧与企业需求侧存在脱节，人才培养适岗率不高。虽以行业为导向进行专业建设，但因企业深度参与专业建设不够，导致专业人才培养规格与企业岗位需求不相适应，专业人才培养难以满足企业岗位需求。三是校企协同管理存在薄弱环节，产业学院质量目标达成控制力不够。虽然学校内部在专业教学管理及质量控制方面建立教学质量诊断与控制系统，但是给予宏观层面上的产业学院校企协同管理和质量控制的体系还未建立健全，导致校企协同管理存在漏洞，质量目标达成度不高。

三、悦达纺织产业学院建设的内涵

盐城工业职业技术学院（以下简称“盐城工业学院”）借助区域地方主导产业之一纺织产业集群优势，发挥学校牵头的盐城市纺织职教联盟和现代纺织省级重点专业群的办学优势，依托全国棉纺织行业知名企业江苏悦达纺织集团完整的纺织产业集群和集团所属的棉纺、织造、家纺、染整等优质企业，由学校和盐城市政府、盐城市纺织工业协会共同倡议，学校和悦达纺织集团签订共建产业学院合作协议，共同投入资金或设备形成多元投资主体，共建集人才培养、技术研发、社会服务及社会培训为一体的悦达纺织产业学院，悦达纺织产业学院的创建目标就是政校行企四方联合围绕服务区域纺织产业发展，携手培养产业升级所需的技术技能人才，共同解决新业态下产业发展中的技术问题，更好地服务地方纺织产业转型升级。在办学模式、收益分配、人才培养模式、质量监控和保证体系等方面进行系统改革，突显了企业在人才培养中的主体地位，探索实现政校行企共同育人的体制机制创新，形成了“多方协同”的育人模式，探索了一条适应职业教育新发展的有效路径。

四、悦达纺织产业学院的改革与运行实践

（一）明晰双主体权责，构建办学收益内循环机制

1. 明晰校企权责分配

通过政校行企共同构建理事会管理模式下的产业学院院长负责制，理事会行使决策权，明确合作办学的共建内容与方式、资金投入和权益划分，现代学徒制人才培养模式在企业实施，悦达产业技术研究院建在校内，明确产业学院合作各方在人事、财务、资产等方面的管理权限。通过外部政策保障、内生动力驱动，形成产权清晰、权责明确、管理科学的现代管理制度，以企业需求为主导确定专业群人才培养目标，以学校实施为主体共施专业人才培养，创建“专业群+产业群”“教学+研发”“工作化学习+学习化工作”“就业+创业”一体化协作共同体，深化“校企共育”培养机制、“利益共享”双赢机制，“过程共管”监控机制、“互聘共用”管理机制、“多元参与”评价机制，推进校企协同创新发展。

2. 创新收益内循环机制

在悦达纺织产业学院全面探索和试点混合所有制，建立市场化运行机制，紧跟国家纺织服装产业政策和市场供需变化，通过市场配置产业学院的资源，在满足教育教学的前提下，

通过市场向社会要效益，减轻校企共同育人负担，解决了高职院校校企混合所有制产业学院持续运行造成的成本过高问题。突破校企双主体办学的利益制衡瓶颈，构建办学收益内循环（图1），以产业学院建有的“绿色智慧纺织服装云实训平台”省级产教深度融合实训平台为载体试点混合所有制，目前，校内资产中，学校占股70%，投资700万元，企业占股30%，投资300万元，企业全真型的生产设备投入1200万元，产业学院在“四技”服务、对外培训等方面获益1000余万元，全部收益均投入到平台的软硬件教学条件建设和人员绩效奖励中，形成收益共享、平台内循环，持续发展的良好局面。产业学院对合作企业的利益回报，主要是企业可以优先从学院获得发展需要的技能型人才，利用学院资源进行多层次的员工培训和继续教育、科技攻关等。同时，政府对积极参与产学研合作的企业给予“金融+财政+土地+信用”的组合式激励，并按规定落实相关税收政策。

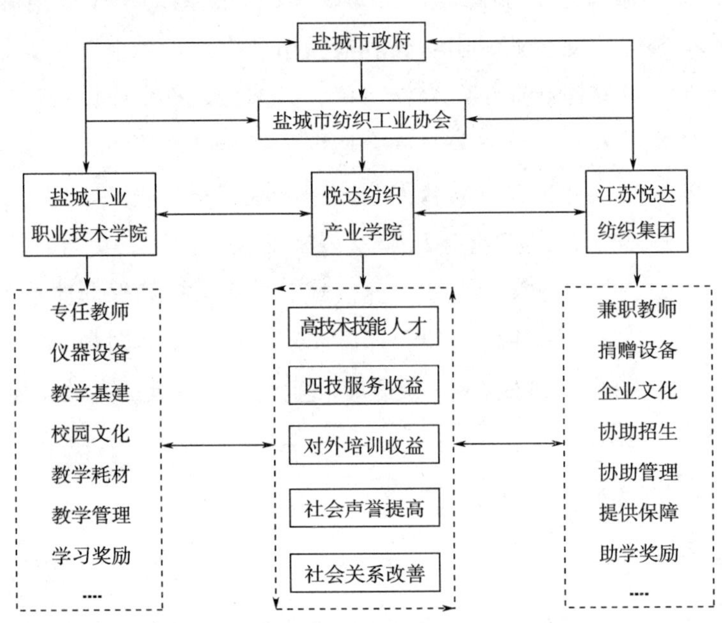

图1 产业学院架构及内循环模式

（二）校企共建高水平专业群，培育高素质纺织人才

1. 重构课程体系，解决培养目标与岗位需求不相适应

以学校供给侧为主导制订的学科知识体系培养目标与企业需求侧对综合职业素养岗位人才要求不相适应。按照对接典型工作岗位设课程的思路，定期召开实践专家研讨会，校企共同开列职业素养与技能菜单，遵循“平台共享、能力递进、持续发展”的原则，构建并完善适应全产业链岗位群需求的“一平台+四模块+五方向”的结构化专业群课程体系（图2），其中“一平台”为公共基础课程和专业群基础课程组成的平台课程，“四模块”为专业群中的现代纺织技术、纺织品检验与贸易、纺织品设计、染整技术四个专业分别对应的项目化核心课程组成的模块课程，“五方向”为满足培养复合型可持续发展人才分别开设对接纺织染

设计生产、家纺设计生产、纺织品检测、纺织企业管理、纺织品营销贸易等五个岗位任职要求的方向拓展课程。设计目标明晰、结构合理的专业课程地图。根据企业对应岗位的典型任务，列出技能标准，并转化为技能训练“菜单”，将不同时序的岗位技能“菜单”有机融合，合理组合，形成岗位“技能套餐”，供不同学生群体自由选择。

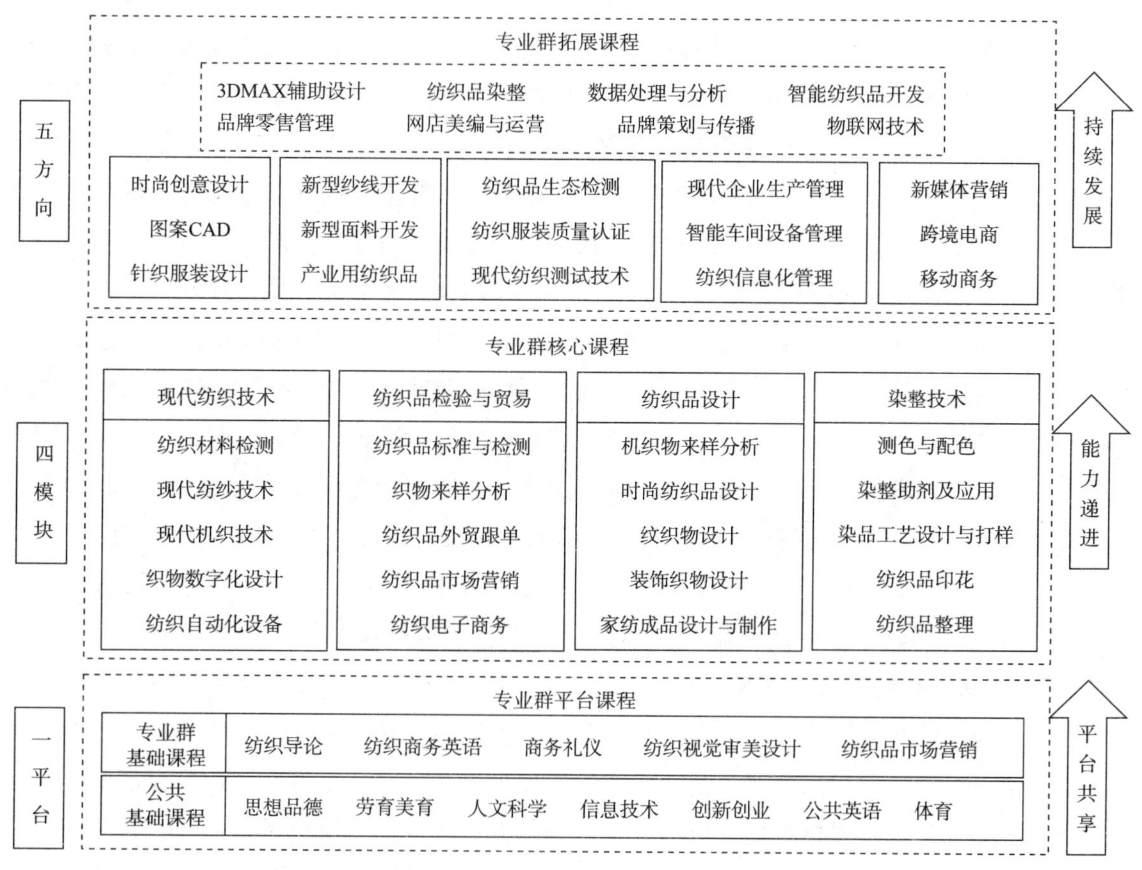

图2 专业群“平台+模块+方向”结构化课程体系

校企共同实施课程学徒制，结合制订并落实《课程学徒制实施方案》，在课程学徒制实施中，根据合作企业的生产特征，校企课程团队有的放矢地设计与企业特征相对应的每门课程内容，并根据企业工作岗位设置分割成若干子项目，制订相应的课程标准，每个子项目均包含“目标设置、内容编选、教学实施、考核评价”四个部分的设置内容，并根据企业发展需要，定期更新课程标准及课程内容，实施分块式现代学徒制教学模式。如在“纺织导论”课程中将纺织材料、纺纱技术、机织技术、针织技术、非织造技术等分成五个子项目，分别由各子项目的校企指导教师共同制订和实施课程标准，通过校企共同实施独具特色的分块式现代学徒制教学模式，有利于校企协同育人的落地，有利于课程内容的动态更新，有利于精益化、专业化、匠心化的人才培养，实现德技并修人才培养，全面提升人才培养目标达成度和内涵质量。

2. 实施“三教”改革，解决学习过程与工作过程不相适应

校企混编构建适应不同岗位技能需求的模块化教学团队，围绕岗位具体任务开发模块化新型教材，利用不同学习环境开展模块化教学，促进学生学习过程与工作过程的相互融合。

（1）建成产业教授工作站，提升教师双师双能素质。面对教师实践教学能力滞后于企业工作要求这一问题。按照对接匠师塑双师的思路，校企联手实施“大师传、团队帮、名师带”助力工程，以国家级教学创新团队为标准，通过校企团队混编，聘请悦达纺织集团总经理等一批企业高端人才作为产业教授，以专业群带头人和产业教授为领军、骨干教师为主力军、青年教师为生力军组建产业教授工作站，实施专业带头人“三提升”工程、专任教师“六个一”工程和兼职教师“四项任务”。“三提升”工程即“提升业务能力、提升管理能力、提升匠心精神”；“六个一”工程即“联系一个企业，对接一位匠师，精通一项技能，教好一门课程，带好一批学生，研发一个项目”；“四项任务”即“主持开发一个岗位，学习一个教学理论，参与一门课程教学，实施一项课程改革”。全面激发团队活力，建成省级教科研双优团队，其中省优秀教学团队3个、优秀科技创新团队1个，获省级以上人才项目30人次，省双创科技副总获批数位列全省高职院校第一。教师贴近企业做学问，科技服务能力全省领先。通过教学科研互哺相促，全面提升团队专业实践技能和教学能力，赋能教师专业发展，实现双方人力资源互利互赢，解决了教师教学过程与工作过程不相适应的问题。

（2）以教材改革为引领，打造产业学院优质教学资源库。面对学习内容不适用于企业工作过程这一问题。按照产业学院共建共享的理念，遵循模块化、任务式的思路，融入“1+X”中“X”技能标准，实施“内容项目化、资源信息化、课程思政化”的教材建设改革。围绕适应智能纺织服装生产和现代商贸等产业升级新变化，满足多样化生源的个性化、自主式的学习需求，教材内容融入企业真实工作项目、企业典型案例、产业升级新要素，与悦达纺织合作开发出版《机织物分析与设计》等部委级规划的模块化教材15部，其中省重点教材8部。开发与职业技能标准配套的项目化、模块化、信息化的专业课程及其配套的教学资源库，如企业典型案例库、优秀作品库、产品库等，实现数字化优质课程全覆盖，建设《新型纺织面料来样分析》等国家级、省级在线开放课程15门，解决了学习内容与工作过程不相适应的问题。

（3）实施线上线下混合教学，推动课堂革命。面对传统知识灌输式和理论实践“两张皮”的单一课堂教学模式下的浅层学习难以满足学生全面发展培养目标要求这一问题。坚持教学观念上以学为主，教学目标上以提升能力为主，教学形式上以学生为中心，教学评价上以过程考核为主，教学内容上以企业模块化项目为载体，校企团队共同实施线上线下混合教学，完善成果导向的评价，注重引导学生自我反思走向深度学习，帮助学生增强持续改进的意识，形成师生共同体，打造专业金课，学生综合能力同类院校全国领先，四次蝉联全国纺织面料检测技能大赛团体一等奖。基于产业学院实施课程学徒制，开设悦达纺织订单班、社招班联合培养人才300余名，实施以企业典型岗位为重点轮岗项目，以课程为单位，校企轮

转、师徒对接实施技能学徒培养模式，体现了“工作化学习，学习化工作”，实现学生岗位成才和可持续发展，解决了学习成效与教学目标不相对接的问题。

3. **搭建产教平台，解决学习情境与工作场景不相适应**

（1）建成职场化虚拟真实相结合的教学平台，培养学生岗位综合能力。面对校内教学设备与企业生产设备存在代差，产生学习情境与工作场景不一致的问题，按照贴近职场建平台的思路，遵循“一流条件、资源互补、双方共用”建设原则，政行校企多方共建服务产业转型升级的高水平专业化产教融合平台，打造集学训一体的产教融合教学平台。全面梳理专业群内的各项实践技能，以岗位要求为导向，以课程体系为框架，以技能等级证书评价为参照，重组基础、核心和拓展技能，打造与学生职业面向契合、与课程体系吻合、与技能等级证书相融合的实践教学体系。瞄准行业发展前沿升级改造校内生产性实训工场，建成了数字化智能型的国家级实训平台，强化学生专业技能；校企共建深度共享型校外实训基地，如悦达智能纺纱车间、数字化大提花织造车间、国际标准检测中心等，提高学生综合技能；开发建设纺织品数字化设计、现代织造设备VR仿真等一批虚拟仿真实训中心，建成“绿色智慧纺织服装云服务系统”线上平台，提升学生自主学习和可持续发展能力；建成盐工·天虹越南纺织服装海外实训基地，为天虹纺织集团等走出去企业培养专业人才100余名。

（2）建成高水平科研平台，推进科技成果落地反哺教学。面对毕业生创新能力不足、师生服务社会能力不强，与产业发展及企业转型升级对人才需求存在级差的问题，校企团队依托“江苏省生态纺织工程技术研发中心、生态染化料工程技术研发中心”等省级科研平台，围绕产业发展前沿之生态纺织品研发方向师生共同开展创新研究与实践，既做“顶天”的产业前沿研究，又做“立地”的技术应用研究，获批2020年省发改委工程中心项目1项，省部级以上科技项目61项，省自然科学基金和产学研合作项目等省科技厅项目获批数位列全国同类专业第一方阵，取得了江苏省科学技术奖等系列成果。依托联合东华大学等国内一流纺织高校创建的省级联合技术转移中心，实施“四技”成果转化转移，在促进校企产学研合作的同时，也将此类成果转化为教学案例，实现教科研互哺，提升了师生的创新创业和社会服务能力，助推纺织产业不断向“科技、时尚、绿色”转型。如张圣忠教授领衔的团队牵头研发的获省科学技术三等奖“超短细柔生物质纤维可纺性关键技术及装备的研发与应用”，该成果中的典型产品、成熟工艺及开发设备等成果，已及时转化为《新型纱线产品开发》省在线开放课程项目教学案例，并编入出版的省重点教材《新型纱线产品开发与创新设计》，成功实现了科研反哺教学，以研促教。

（3）建成四层递进的双创平台，激发师生创新发展活力。面对毕业生创新意识不强，创业能力不足，与国家创新发展战略及产业升级对创新创业人才需求不相适应的问题，建成集双创认知实践平台、模拟实践平台、体验实践平台和实战孵化平台四层递进的双创平台，如周彬等老师指导杨贺等同学研发的《高效短流程纱线密度及定量不匀率分析仪器》项目，第一阶段在实施专创融合的课程教学及创业俱乐部等认知实践平台中掌握双创知识，组建团队意识，激发创业兴趣；第二阶段结对导师参加校内外各类技能比赛和创新创业大赛等模拟实践平台，模拟和感受创新创业项目；第三阶段在产业学院的创新创业企业工作站、E+网络创业训练平台和创客工场等体验实践平台，尝试开发分析仪器；第四阶段依托科技创业园和盐城高教科技服务有限公司提供的“全程一站式”孵化服务的实战孵化平台，并借助学院技术转移中心实施“项目化引导、企业化管理、市场化运作”，推进师生科技成果孵化，该项成果获2018年“挑战杯——彩虹人生”国赛特等奖。此外还建成省双创平台，省双创青蓝工程团队1个，学生科技创新创业活动成效显著，涌现出一批优秀毕业生就业创业典型，2020年省大学生职业规划大赛特等奖，2020年，盐城工业职业技术学院师生发明专利授权数位列全国高职院校第12位。

（三）实施目标管理与过程控制，构建企业深度参与的质量保证体系

1. 建立目标标准体系，解决产业办学目标基准不明晰

引入现代目标管理与过程控制理论，设计开发产业学院质量管理APP，创新产业学院目标管理体制和运行机制，以打造“引领区域行业发展，省内领先、国内有影响的悦达纺织产业学院”为产业学院建设的总体目标，以建设优质的专业产业群人才培养方案、技术技能加油站、校企混编教学团队、专业群教学资源库、产业技术研究院为五大一级目标，每个一级目标下细分出若干个二级指标，以科学的达成方法与过程控制节点形成了特色的产业学院目标标准体系，发挥目标管理方向明确、高效有序的优势，突出过程控制保过程、纠偏差、防应付的特点，实现了“目标达成中有过程控制、过程控制中有明确目标”。

2. 构建持续改进系统，解决目标过程控制不及时

在ISO 9001质量管理思想和框架的指导下，以产业学院总体目标要求为统领，产业学院的评价和考核按照各一级指标要求开展专业群建设、资源库建设、实训基地建设及产学研合作等活动，并针对各建设分项的目标制订合理有效的评价方法和机制，突出产出导向和持续改进的理念，设计产业学院功能和运行环节，关注产业学院受益面，通过合理有效的方式确定产业学院一级指标与二级指标点之间的支撑关系和权重系数，根据每个指标点的各部分考核占比规定，确定各部分考核的评价值，各一级指标的达成度由三部分的评价值构成：过程考核占40%，中期考核占30%，年度考核占30%，当评价值低于设置的75分要求值时，则提示预警并要求整改，该循环持续改进系统，保证了产业学院目标达成的有效性和可测量性。

五、结语

产业学院作为一种新型校企合作模式，悦达纺织产业学院的办学价值主要体现在校企深度产教融合培养更加适应企业需求的高素质技术技能纺织专业人才，深化改革是悦达纺织产业学院持续发展的动力源泉，以专业群为基础建设产业学院，促进了教育链、人才链与产业链、创新链有机衔接，实现了纺织专业人才供给侧与产业创新发展需求侧进一步深度融合。

参考文献

[1] 王鑫，王华新，于家臻. 教育决策视角下的高等职业院校产教融合实施路径探索与实践［J］. 中国职业技术教育，2018（9）：93–96.

[2] 蒋新革. 新时代高职产教融合路径的探索与实践［J］. 职教论坛，2020（1）：123–127.

[3] 安冬平. 职业教育产教深度融合“双园内嵌、三维联动”模式探索［J］. 教育与职业，2020（4）：12–18.

[4] 曾三军. 对接产业链建设产业学院“四主体三领域三育人”模式探索：以广州科技贸易职业学院为例［J］. 广东轻工职业技术学院学报，2019（9）：41–44.

[5] 欧阳泉. 高职院校校企合作运行机制的完善：基于管理协同理论视角［J］. 中国成人教育，2019（23）：35–38.

以专业群构建产业学院：零距离对接纺织产业链

摘　要：本文从纺织服装产业链和岗位链的角度出发，围绕产业集群发展的趋势，对接产业链岗位需求，构建以专业群为载体的产业学院，对产业学院的构建、岗位群引领的专业人才培养模式、校企混编的师资和共建实训基地等方面提供可参考借鉴的模式。

关键字：产业集群；产业链；专业群；产业学院

随着全球经济一体化的程度不断加深，产业集群发展趋势明显，潜移默化的形成了产业、企业、技术、人才和品牌集聚协同融合发展，有利于企业降低生产成本、提高生产效率、增强创新力和竞争力。以江苏为例，目前江苏省有13个先进制造业集群，其中高端纺织是其中之一，产业集群具有相对完整的产业链，现代纺织服装业已成为集先进材料、智能制造、时尚定制、新媒体营销等多种元素于一体的新综合产业，产业链岗位职能呈现出交叉、相融的特点，要求从业人员具备“一专多能”的复合型职业特点。高职教育作为一种类型教育与产业发展紧密适应，近年来，国家启动了高水平专业群建设项目，各地各高职院校也在有条不紊地开展专业群建设。专业群的建设会引起专业建设模式的调整，作为服务于产业链各环节高素质技术技能型人才培养主力军的高职院校，通过单个专业开展人才培养已无法满足市场对复合型人才的需求，通过专业群建设开展协同育人培养复合型技能人才成为必然趋势，如何更好地发挥专业群的集群优势零距离对接产业链培养符合产业发展的高素质人才是高职院校一直在探索的话题。本文将结合纺织服装产业发展新业态和职业教育发展新形态，以盐城工业职业技术学院纺织服装专业为例探索依托专业群建设构建产业学院培养复合型纺织人才的模式和方法。

一、围绕高端纺织产业链构建专业群

高端纺织产业集群作为江苏省先进制造业集群规模全国第一，纺织业价值链高端发展，催生纺织新业态、新结构和新要求，如图1所示，盐城工业职业技术学院现代纺织技术专业群围绕高端纺织产品功能化、技术化的发展趋势及纺织产业结构调整的国家发展战略，助推纺织科技强国建设，紧紧对接江苏地区传统纺织产业向高端纺织转型升级、集群发展及跨境区域转移的新业态，系统构建面向高端纺织产业链中下游“设计—制造—营销”技术岗位的由现代纺织技术、纺织品设计、服装设计与工艺、纺织品检验与贸易、电子商务专业组成的专业群，将产业链中创新设计、智能制造、现代商务等关键环节有机融合，形成“互联网+智能制造”的共建共享的专业新生态，符合国家供给侧改革和传统产业高端智能化需求。

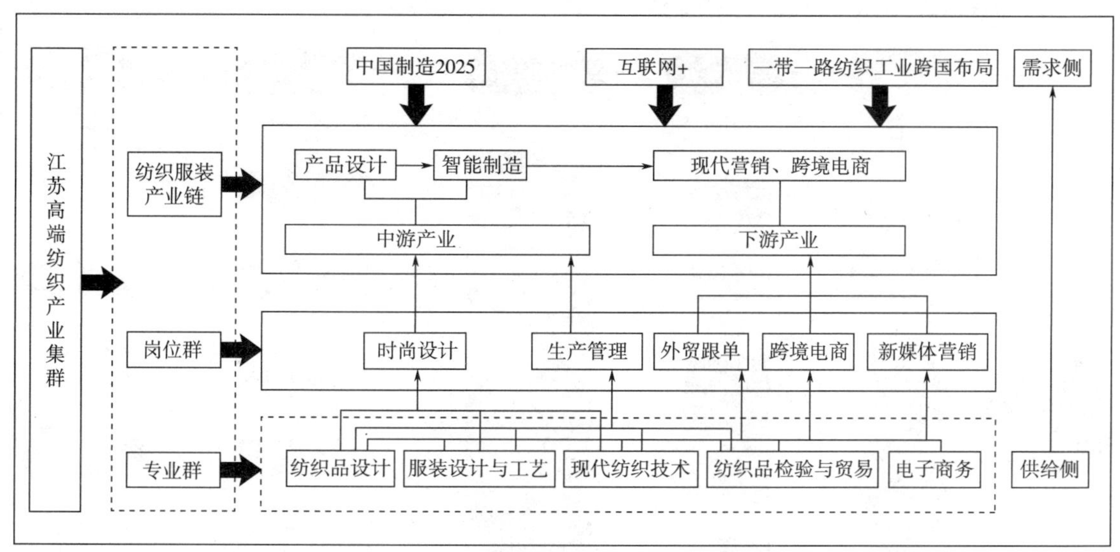

图1　专业群与产业（链）、岗位群对应关系

现代纺织服装业成为集时尚设计、先进制造、现代营销于一体的综合产业；如图2所示，纺织服装产业链纵向延伸，横向拓宽向高端化、智能化、时尚化、国际化发展，构建的一体化产业链是群内各专业的关联基础和围绕主线。现代纺织技术专业群面向江苏高端纺织产业集群，服务高端纺织产业链中下游“创新设计—智能制造—现代商贸”关键环节，纺织品设计专业注重高端纺织产品创新设计，对接现代纺织技术专业和服装设计与工艺专业的高端产品的智能化和个性化生产，纺织品检验与贸易专业和电子商务专业服务于高端产品的品质管理与营销，纺织生产环节典型产品品质控制和商务营销融入纺织品检验与贸易和电子商务专业中，通过专业串联与并联相结合，形成产业链之间的“闭合循环”发展体系，实现“设计、技术、贸易岗位相融，应用、创新、协同能力并重”，群内各个专业基础相通，技术领域相近，职业岗位相关，专业共建共享、交叉融合，形成聚合、叠加、倍增效应，以专业集群发展提升人才培养和社会服务能力，为高端纺织产业提供全覆盖的人才培养解决方案。

二、依托高水平专业群构建纺织服装产业学院

《现代职业教育体系建设规划（2014—2020年）》《关于深化职业教育教学改革全面提高人才培养质量的若干意见》《关于深化产教融合的若干意见》等文件的出台推动“产教融合、校企合作”上升为我国加快发展现代职业教育的国家战略。2010年，学校依托江苏省首批高等教育人才培养模式创新实验基地（现代纺织高技能人才培养模式创新实验基地），携手全国百强悦达纺织集团全产业链纺织产业园，紧密围绕“产教融合、校企合作、工学结合、知行合一”的本质特征，在纺织院校中率先成立企业学院——悦达纺织学院，开始了对纺织职业教育办学模式改革的探索之旅。2011年探索形成纺织类高职人才培养“悦达模

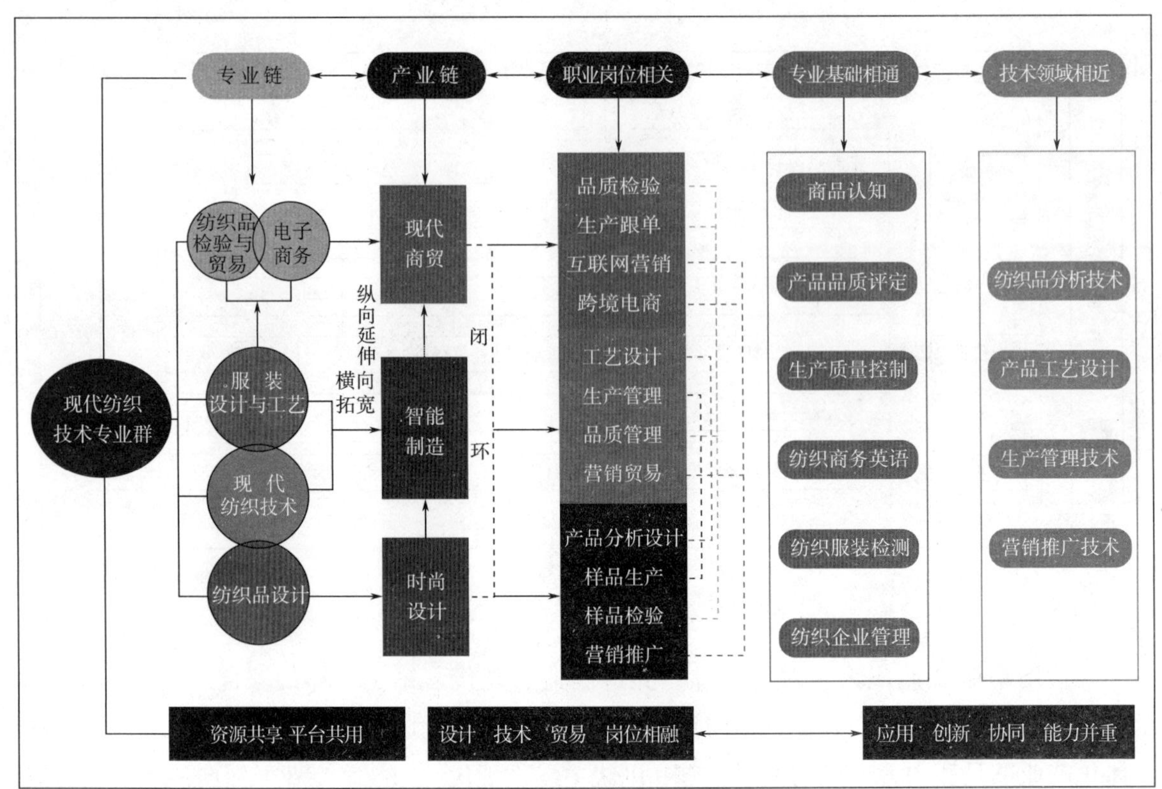

图2 专业群各专业关联图

式”，近年来，校企联合地区政府、行业协会与职教联盟，共建悦达纺织产业学院。产业学院的产生、探索、发展，标志着盐城工业职业技术学院纺织职业教育从政府办学向“政校行企”协同办学的深刻转变，既是助推职业教育从“量变”到“质变”的创新载体，也是职业教育办学模式改革的重要实践探索，具有较高的应用推广价值。

产业学院由盐城工业职业技术学院和产业集聚区政府（纺织工业协会）共同倡议，学校和悦达纺织集团共同投入资金或设备形成多元投资主体；签订校企合作协议，以契约精神形成协同育人机制；通过政校行企共同构建理事会管理模式下的产业学院院长负责制，全面探索和试点混合所有制，突破校企双主体办学的利益制衡瓶颈，实现办学盈利内循环模式。理事会行使决策权，明确合作办学的共建内容与方式、资金投入和权益划分，学校（现代学徒制）建在企业，企业（产业技术研究院）建在学校，明确产业学院合作各方在人事、财务、资产等方面的管理权限。通过外部政策保障、内生动力驱动，形成产权清晰、权责明确、管理科学的现代管理制度，校企双主体共同在多元化投入、专业化办学、企业化管理的运行机制下，共同实施人才培养，实现学校、企业、学生互利共赢。以企业需求为主导确定专业群人才培养目标，以学校实施为主体共施专业人才培养，创建“专业群+产业群”“教学+研发”“工作化学习+学习化工作”“就业+创业”一体化协作共同体，深化“校企共育”培养机制、“利益共享”双赢机制，“过程共管”监控机制、“互聘共用”管理机制、“多元参

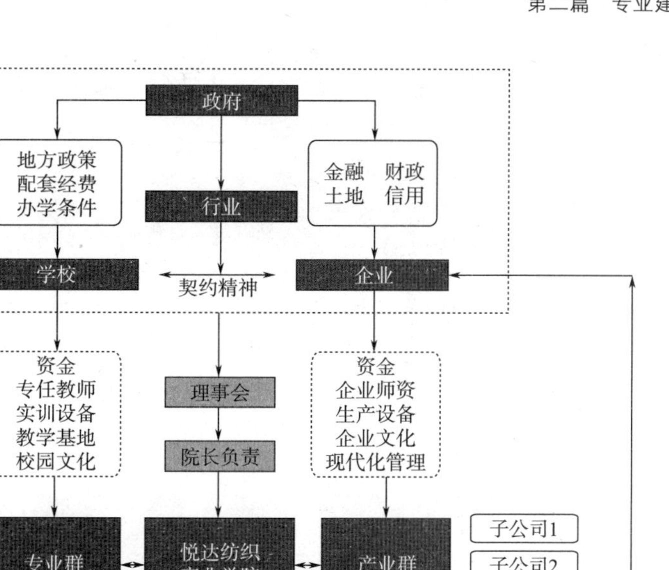

图3　产业学院架构及内循环模式

与”评价机制，推进校企协同创新发展。

产业学院以现代纺织技术专业群为载体建立办学机构，专业群围绕全产业链发展要求，以点绘面、交互融合，推进专业群与产业集群无缝对接，实现了一个产业学院与一个产业对接。

三、岗位群引领的人才培养模式及模块化课程体系建设

对接纺织服装全产业链岗位需求，创新实施“岗位群引领、学做创合一”人才培养模式，坚持立德树人、德技并修，基于生源多样化的背景，以学生多样发展为目标，依托混合所有制的“悦达产业学院”，聚焦“双主体办学、现代学徒制、1+X证书试点”，对接“产业转型升级、典型工作岗位、职业最新标准、职场工作环境、岗位评价标准、企业文化内涵”，以岗位群为引领，因材施教，开设学徒班、社会班、创新班，形成“岗位群引领、学做创合一”人才培养模式，培养高素质技术技能人才。以学生为中心，基于专业群服务领域和各专业共异性分析，对接纺织设计生产、服装设计生产、产品质量安全认证、营销贸易等岗位任职要求，遵循“平台共享、能力递进、持续发展”的原则，将专业教学标准和技能证书标准对接，构建适应全产业链岗位群需求的“一平台+四模块+五方向”的结构化专业群课

程体系（图4），解决了培养目标与岗位需求不相适应；通过实施“三教”改革，解决了学习过程与工作过程不适应的问题。

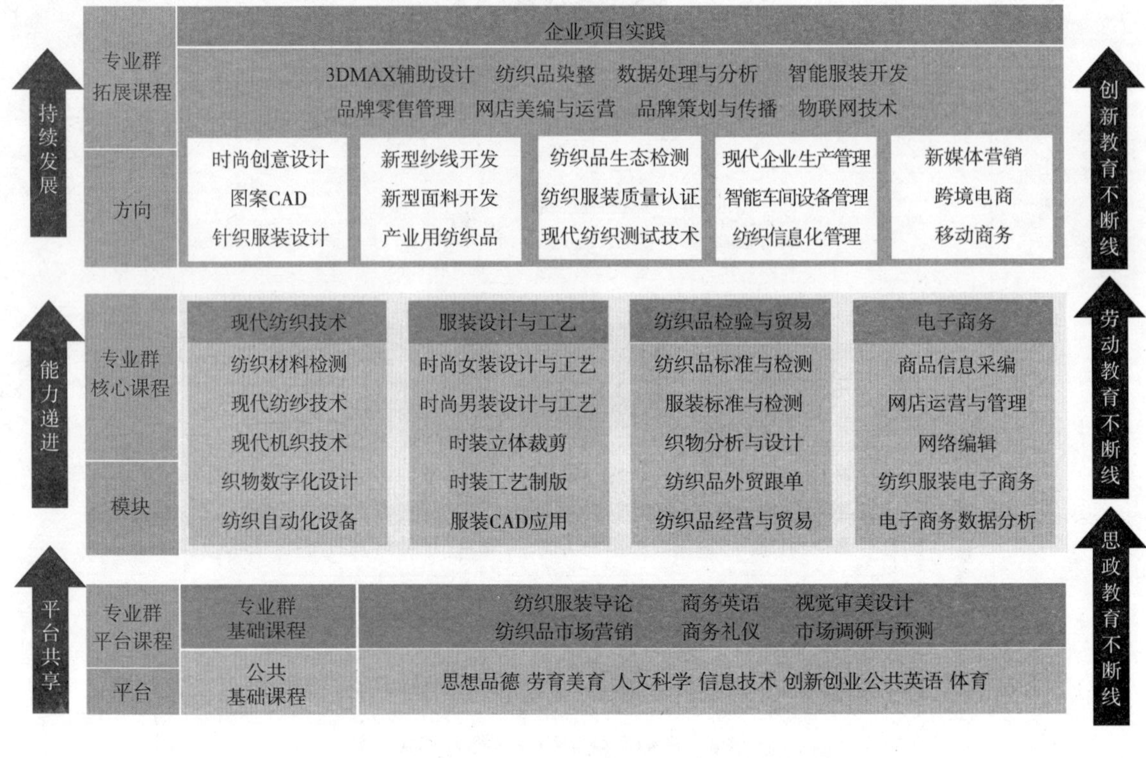

图4 专业群“平台+模块+方向”结构化课程体系

四、校企混编共建教学团队及实训基地

依托产业，以“四有教师”为标准，以高水平专业群带头人和产业教授为领军、骨干教师为主力军、青年教师为生力军组建产业教授工作站，开展新产品研发、技术技能迭代更新、人才培养规格定位等各项工作。制订工作站绩效考核标准，全面促进教师在课程改革、资源建设、科学研究、实践技能、社会服务等方面取得显著进步。通过团队混编和绩效激励，全面激发团队活力。以专业群企业带头人一批具有产业教授、集团总经理双重身份的高端人才为领军，借助其技术优势，帮助专业带头人提升专业建设、技术研发与推广等业务能力；借助其管理优势，帮助专业带头人提升组织领导、规划执行等管理能力；借助其敬业精神，帮助专业带头人提升师德师风和工匠精神。专任教师每人拜师一位产业教授或工匠名师，学习专业技术，传承工匠精神，落实教师全员企业轮转制度，完成“四个一”任务，即“解决一项生产问题，练熟练透一项技能，完成一项横向课题，转化一个产品（案例）为教学素材”。发挥产业教授在企业的人力资源优势，建立完善兼职教师产业教授推荐制，推荐能工巧匠作为兼职教师，建设数量充足、结构合理的兼职教师库。实施兼职教师“四项任务”，即“主持开发一个岗位，学习一个教学理论，参与实践一个教学模式，参与改革一门

课程”，实现承担的专业课程学时比例达到45%以上。

以关键核心技术的研发激发企业合作内生动力。依托现有平台，联合地方领军企业，建成智能纺织服装产业技术研究院，按照产业技术研发平台、技术产品化加速器和产品产业化基地三维一体的要求开展研发和产业化工作，在纺织服装产品数字化设计、智能生产与品质管理、数字营销等技术领域开展应用研究和成果转化。全面梳理组群专业的各项实践技能，以岗位要求为导向，以课程体系为框架，以X证书评价为参照，重组基础、核心和拓展技能，打造与学生职业面向契合、与课程体系吻合、与X证书融合的实践教学体系。强化校内基地建设，瞄准行业发展前沿，升级改造校内生产实训设备，做到硬件装备的先进性与行业企业完全同步。深化校外基地建设，对接产教融合型企业，校企共建深度共享型校外实训基地。建设虚拟仿真实训中心，与知名教学软件开发商合作，开发纺织品数字化设计、服装三维模拟、现代织造设备VR仿真、国际商贸仿真等教学软件。以校企共同申报国家、地方政策性项目为联结点，构建基于产教融合信息化服务系统的互动服务机制，共建实训基地，共享人力资源、硬件设备和研发成果，提高学校人才培养能力，实现校企双向赋能增值，最终解决学习情境与工作场景不相适应；最终形成了需求侧与供给侧人才内涵的平衡发展。

五、结语

专业群的建设目标是对相关或相近专业的各类资源进行有序整合、集成共享，以形成专业的集群优势，从整体上来提升资源的优化配置，实现各专业资源的互通有无，降低专业的建设成本，实现教学实训、创新创业等各类资源的共享，发挥各方优势，形成合力，增强专业服务产业发展的能力。产业学院以专业群为载体，融合“政、校、行、企、园”各方优势资源，以学生中心，基于成果导向，按照过程控制与目标管理原则，突出产出导向和持续改进的理念，开展专业群建设、产学研合作、产业人才培养，实现协同育人的平台。以专业群为基础建设产业学院，促进了教育链、人才链与产业链、创新链有机衔接，实现了纺织专业人才供给侧与产业创新发展需求侧进一步融合。

参考文献

［1］谢俐. 中国特色高职教育发展的方位、方向与方略［J］. 现代教育管理，2019（4）：1-5.

［2］吴升刚，郭庆志.高职专业群建设的基本内涵与重点任务［J］. 现代教育管理，2019（6）：101-105.

［3］吴翠娟，李冬. 高职教育专业群的内涵分析和建设思考［J］. 教育与职业，2014（23）：14-16.

［4］袁洪志. 高职院校专业群建设探析［J］. 中国高教研究，2007（4）：52-54.

［5］丁金昌，陈宇. 高职院校“以群建院”的思考与运行机制［J］. 高等工程教育研究，2020（3）：122-125.

［6］黄文伟，郭建英，王博. 混合所有制产业学院的生成逻辑与制度建设［J］. 职业技术教育，2019

（13）：35-39.
[7] 张艳芳，雷世平. 英国产业大学与我国产业学院的比较及启示［J］. 职业教育研究，2020（1）：85-90.
[8] 李宝银，汤凤莲，郑细鸣. 产业学院的功能设计与运行模式［J］. 教育评论，2015（11）：3-6.
[9] 易雪玲，邓志高. 探索“专业镇产业学院”高职教育发展新模式［J］. 中国高等教育，2014（23）：59-61.
[10] 孙柏璋，龚森. 产业学院：从形态到灵魂重塑的转型发展［J］. 教育评论，2016（12）：14-17.

基于校企双主体办学体制下现代纺织专业群人才培养机制的研究与实践

摘　要： 专业群建设已成为高职院校实现规模、结构、质量、效益协调发展的重要途径。依托区域产业集群的悦达纺织产业园，校企合作共建“双主体”悦达纺织学院，本文提出了基于校企双主体办学体制下的现代纺织专业群建设的具体措施和特色创新点，推动了教育教学改革全面深化，提高了人才培养质量，提高了合作企业的经济和社会效益，为职业院校推进校企紧密合作、产教深度融合，提升人才培养质量提供参考与借鉴。

关键词： 双主体办学；现代纺织专业群；校企合作；人才培养

《国务院关于加快发展现代职业教育的决定》（国发〔2014〕19号）首次明确了企业在职业教育的办学主体地位和作用，并指出了企业发挥办学主体作用可以通过企业自主办学和企业参与办学两个途径来实现。针对盐城工业职业技术学院所处的盐城区域纺织产业集群特色，如何发挥地方纺织大型企业参与专业建设，发挥各自的作用，如何开展具体的校企双主体合作来提高专业群人才培养质量，已成为职业院校共同关注的研究与实践课题。在课题研究和成果实践的基础上，本文提出了基于校企双主体办学体制下的现代纺织专业群建设的具体措施和特色创新点，为职业院校推进校企紧密合作、产教深度融合，提升人才培养质量提供参考和借鉴。

一、校企双主体办学下现代纺织专业群建设的意义与建设情况概述

1. 校企双主体办学下现代纺织专业群建设的意义

本文提出的校企“双主体办学”是从人才培养活动的实施主体角度出发来界定的，是职业院校办学体制的组织形式和办学机制的运行方式。依托区域产业集群的悦达纺织产业园，校企合作共建“双主体”悦达纺织学院，基于校企“双主体”办学下的现代纺织专业群建设，解决高职院校间专业设置“同质化”问题，促进教育资源的优化整合与共享；发挥专业群中的现代纺织技术专业的引领辐射作用，提升相关专业建设，解决专业建设整体效益不高的问题；有利于形成纺织专业群适应产业转型升级对人才的需求，灵活调整专业群拓展课程模块以适应市场需求变化，促进专业群与区域产业发展高度匹配，专业群形成合力，发挥集群优势，提升服务区域产业发展的能力，促进校企深度合作，增强毕业生岗位适应和职业迁移能力，促进学生全面可持续发展；构建校企双主体人才培养模式，实现了产学研教融合、资源共建共享、优势互补、人才共育、共生发展。

2. 现代纺织专业群建设情况概述

盐城工业职业技术学院现代纺织专业群于2012年7月被江苏省教育厅列为高等职业院校

重点专业建设项目，建设近四年来，始终注重专业群内涵与专业特色的建设，积极响应国务院《关于加快发展现代职业教育的决定》文件号召，依托盐城工业职业技术学院牵头成立的盐城市纺织职教联盟，以纺织行业产业为纽带，在盐城市政府及纺织行业协会的大力支持下，联合江苏悦达纺织集团成立悦达纺织学院，探索与实践校企双主体办学模式，通过校企紧密合作、产教深度融合，充分利用校企优质资源，共建优秀“双师型”教学团队和科技创新团队，共建共享校内外实训基地，共同完成人才培养的全过程，实现校企双方合作共赢的目标，形成“双主体互动、校企互惠双赢”的办学特色。形成了以现代纺织技术专业为龙头，其他专业各具特色的持续发展局面，多年以来一直注重内涵及专业特色的建设，在人才培养、双师教学、技能大赛、创新创业、基地建设、产学研合作、社会服务等方面形成了鲜明的特色。

二、基于校企双主体办学体制下现代纺织专业群人才培养机制的研究与实践

1. 依托悦达纺织产业园，校企双主体共建悦达纺织学院

遵循专业链与产业链“双链对接”，创新并实践了学院与悦达纺织产业园合作的“校园合作”模式，共建了悦达纺织学院，实现了校企全方位合作育人、合作办学、合作就业、合作发展，培养了一批高素质技术技能型人才。

依托专业牵头成立了盐城市纺织职教联盟，发挥了联盟内政府机构及其人员作用，发挥了联盟内校企各自优势，全面合作，实现了资源互补与共享，加快推进了现代纺织专业改革和快速发展，进一步推动了盐城市纺织产业的转型升级。

按照管理融合原则，成立了专业建设指导委员会，校企共同管理运行悦达纺织学院，公司技术负责人与专业负责人负责教学运行，公司人力资源负责人与学院分管学生工作负责人谋划人才规格定位，明确培养规模，形成产学对接的专业建设和人才培养机制。按照产教融合原则，将教学现场放到企业（化）生产现场，将企业生产项目搬进学院课堂，开展了一体化项目教学。实施产学研一体育人，企业研发项目成为课程创新实践项目，学校教学项目拓展为企业产品创新项目，相互促进，科技创新，成果丰硕。按照校企文化融合原则，将悦达“天人合一，经纬无穷”以人为本的文化与学校“五实”文化融合起来，实现了让企业文化进课堂，也让学校文化进车间。

2. 构建和实施“岗位引领、学做合一”工学结合人才培养模式

遵循“四双”育人模式，以悦达纺织学院为保障，工学结合为途径，典型职业岗位引领，岗位工作过程主线，校企联建校内外实验实训基地，学做合一贯穿教学始终，根据岗位能力要求，改革课程，赛证课融通，任务书或学案导学导做，构建实施了“岗位引领、学做合一”工学结合人才培养模式（图1）。

现代纺织专业群每年调研盐城、苏州、无锡、常州、上海等服务区域内的大中型纺织企业，召开专业群建设指导委员会会议暨实践专家研讨会，明确人才需求，坚持职业岗位关键

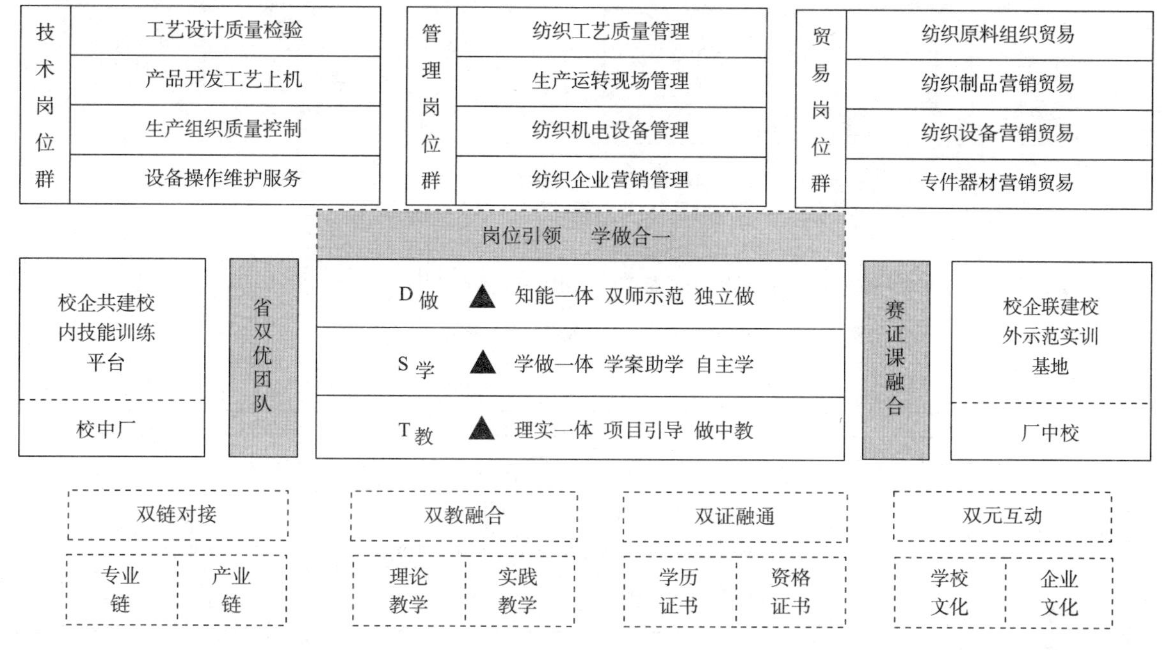

图1 “岗位引领、学做合一”人才培养模式示意图

能力培养为导向，以纺织行业典型职业岗位为引领，校企一体，工学交替，双师示教，实施双教融合的教学做合一教学模式。

3. **重构“一平台、多方向”项目化菜单式现代纺织专业群课程体系**

根据纺织技术技能人才培养模式要求以及专业建设指导委员会指导，开展了纺织企业岗位及其能力需求调查，确定设计上机类、现场生产类、设备维护类工艺技术岗位群为主，兼顾服务营销类、管理发展类岗位，依据“底层共享、中层分立、高层互选”的原则，校企合作重构了基于典型职业岗位群关键能力的“一平台、多方向”项目化菜单式的专业群课程体系（图2），设置职业通用能力、职业核心能力和职业拓展能力三个课程模块，以基本素质和技能为平台，根据不同的就业岗位群，设置核心技能课程，互选职业拓展能力课程，增强毕业生岗位适应和职业迁移能力，促进学生全面可持续发展。校企共同开发“纺织工艺师、质量师”等职业标准，对接相应的学习领域。将针纺织品检验工、纺织面料设计师、纺织外贸跟单员、纺织设备保全工等职业标准融入项目化菜单式的专业课程体系，实施“双证融通”。

4. **合作开发优质课程和项目化教材，共建共享立体化教学资源**

围绕岗位能力要求，校企课程开发团队制订课程标准、教学内容和建设方案。重构专业平台课，培养生活技能和单项专业技能。以“纺织电工电子”课程为例，遵循悦达纺织设备电工要求，设置照明电路制作项目，融入用电安全知识，培养学生生活技能；设置简易张力仪制作项目，融入传感器知识，培养学生专业单项技能。再造专业核心课，让学生掌握核心岗位综合职业能力。以“机织物设计”课程为例，聘请悦达家纺面料设计师共同开发，融入

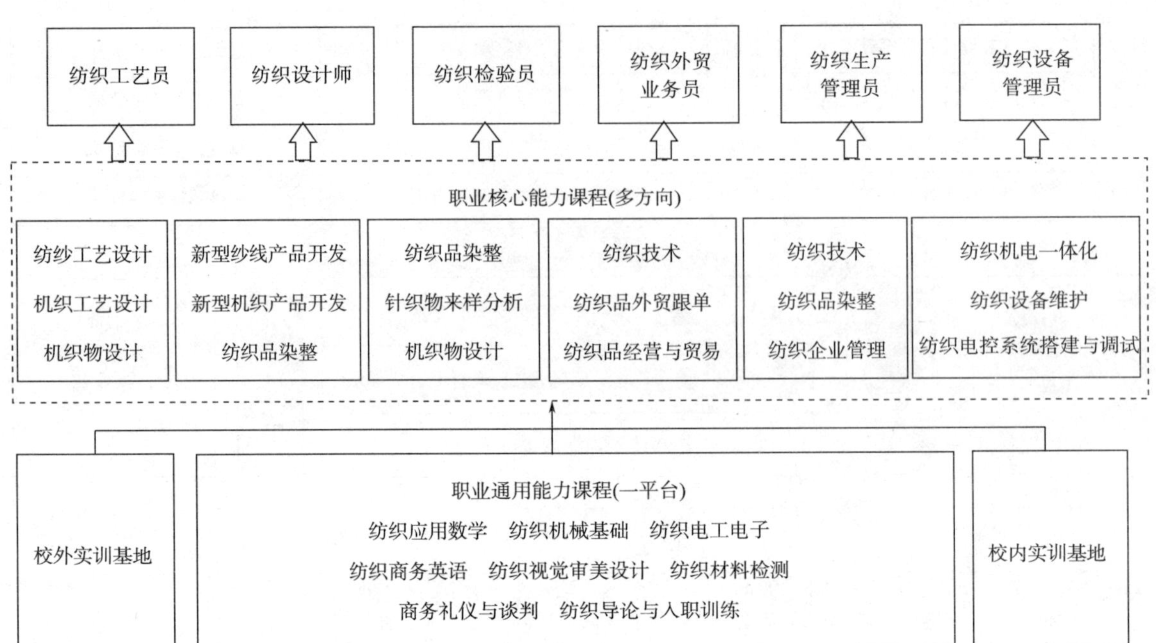

图2 基于典型岗位的“一平台、多方向”项目化菜单式现代纺织专业群课程体系

纺织面料设计师标准，形成以产品分析、设计和试制为主线的项目化课程内容，实现了“课证融通”。创新专业拓展课，让学生获得创新创业能力。以“大提花织物设计与CAD”为例，借助悦达纺织研究院资源优势，依学生职业特质差异，选择创新项目而构建了课程。

依托悦达纺织学院的资源优势，以项目、任务、案例为载体，坚持学做合一，完善了专业教学资源库。收集了行业资源库信息，纺织品检验方面国内外标准和纺织行业信息资源等。坚持专业课程内容与职业标准对接，校企共建数字化专业教学资源，实现信息化教学资源的广泛共享。

5.落实“四项工程”，打造“三师型”省级教学和科技双优团队

（1）实施“名优培养工程”，培养专业带头人。通过出国交流、访问学者和校企联合项目攻关等多举措并举，落实“名优培养工程”，提高了专业带头人的学术水平和职业教育教学改革能力。

（2）推进“师能拓展工程”，培养双师型教师。通过企业挂职锻炼、访问工程师和国培省培等项目，以“主攻一个专业方向，联系一家企事业单位，担任一个社会兼职，主持一个项目（工作室），参加或指导一项技能大赛，开发一项技能菜单”的“六个一”工程为标准，落实“师能拓展工程”，产学研一体，进一步提升省级优秀教学团队的水平，通过聘请、柔性引进等手段，聘请企业专家、生产第一线能工巧匠参与教学研究和教学过程，团队合作，同教同研，形成优质稳定的兼职教师队伍。

（3）实施“师德塑造工程”，培育“三师型”队伍。以“三育人标兵活动”评比为抓手，人生导师用踏实工作的态度、刻苦钻研的精神、谦逊礼貌待人的品质影响学生，爱岗敬业、无私奉献、为人师表、严谨治学已成为团队的标志，建成融“人生导师、专业教师和技能工程师”于一体的“三师型”队伍。

（4）实施“活力激发工程”，实现教师全面增值。通过名师结对，教研教改，提升省级优秀教学团队，实现教师增值。通过校企师徒结对，岗位练兵，产学研结合，提升了教师实践能力和科技能力，打造一支集省优秀教学团队和省科技创新团队于一体的双优团队。

6. 瞄准“训、鉴、研、创”要求，共建共享校内外实验实训平台

校企双主体共建纺织检测中心、纺织品设计中心、纺织生产中心和技能鉴定与培训中心的校内技能训练平台，建成集技能训练、技能鉴定、项目研发和创新创业功能于一体的校内外实验实训基地。

与悦达纺织合作，增加自动生产设备，改造现有设备，引入企业生产项目，共建“悦达纺织生产中心”。改造剑杆织机生产线和纺纱实训工厂，建设“悦达纺织校中厂实训基地”。引进悦达家纺入驻创业园，校企联合投入设备设施，新建大提花设计工作室和色织设计工作室，共建“悦达家纺设计中心”，建成悦达家纺校中厂，主要用于产品开发与打样，学生面料分析、产品创新设计能力提高，增强市场意识。与悦达家纺公司合作建成悦达家纺外贸跟单实训室，该实训室具有集纺织外贸跟单、纺织品经营与贸易、纺织外贸函电、纺织商务英语等多项功能，主要用于培养现代纺织专业群中纺织外贸业务员、跟单员等岗位专业人才。发挥双主体资源优势，建设“技能培训与鉴定中心”。开发纺织企业基层管理能力、纺织新技术、考证项目等培训，既为双证融通提供硬件支撑，也为企业核心竞争力提升服务，为企业、同类学校培训鉴定7000多人次。整合现有资源，围绕盐阜地区特色纺织服装资源，新建纺织服饰展览馆，用于专业教育和专业课程教学，实现学生对纺织服装产品的感知体验，加深对专业知识的理解和专业的热爱，同时借助展示馆中渗入的各种主题文化，有效地将专业文化展示给学生，极大地激发了学生对专业的学习兴趣，加深了对专业文化的理解。为服务学生实施阶段性实习实训项目和就业创业项目，与以悦达纺织集团企业为代表的36家企业联建多功能校外实训和就业基地。

7. 校企共构全方位育人体系，实现学生增值

实施课程、职业资格和赛项融合的赛证课融合改革，与盐城纤检所共建《纺织材料检测》，技能大赛项目设有纺织面料检测项目，技能鉴定对应“针纺织品检验工”证书；与悦达家纺有限公司共建《机织物设计》，技能大赛设有纺织面料设计项目，技能鉴定对应“面料设计师”证书；与悦达纺织外贸部共建《纺织品经营与贸易》，技能大赛设有纺织外贸跟单项目，技能鉴定对应外贸跟单员。实现学生考证率100%，高级工考核通过率99.8%，专业能力增值明显。通过系里人人赛，校企选拔赛和全国团队赛三级技能大赛保障，全国技能大赛成绩全国同类院校领先，曾四次蝉联全国高职高专院校纺织面料检测大赛团体一等奖。

围绕经典品读育儒雅人、志愿服务育善良人、实践项目育创新人、特色活动育协作人、创业培训育创业人的宗旨，实施了学生素质系统化培养方案，经认证合格颁发学生素质拓展

证书，全面提高了学生的人文素质、科技素养、身心素质、艺术修养、公民素质、职业能力。依托省高校大学生科技创业园，依托创业一条街、众创空间等载体，邀请悦达纺织集团企业高管开展大学生开办小微企业政策解读、创业辅导、技术支撑、互动对接等服务；开展创新成果推介、创业大讲堂、创业沙龙等创新创业活动，以商务实战引导技术学习与技能培养，促进学生创新创业能力。学生获得省市级创新创业项目立项及大赛获奖13项。

三、基于双主体办学现代纺织专业群人才培养机制的实施效果

（1）校企双主体全方位合作育人，形成“岗位引领、学做合一”工学结合人才培养模式，依据职业岗位分析，重构“一平台、多方向”项目化菜单式的现代纺织专业群课程体系得到了行业、企业的普遍认可。为盐城及长三角地区培养了大批企业急需的工艺设计、产品检测、外贸跟单等岗位技术技能型人才。现代纺织专业群学生双证获取率为100%，已连续3年毕业生年终就业率99.5%以上，稳居全省同类院校前列，就业岗位质量全面提升，涌现了一批就创业典型。建设相关成果在江苏教育、中国高职高专教育网、中国纺织教育学会等多家媒体网站报道。通过建设，现代纺织专业群已成为江苏省重点建设专业，其中纺织专业已成为省示范高职院校重点建设专业、省特色专业、省品牌工程建设专业，纺贸专业为中央财政支持提升专业服务产业能力项目建设专业，校企“双主体”深度合作人才培养模式已在全院进行了推广和示范。现代纺织专业群教师近三年开展各级各类的教育教学改革项目达46项，获中纺联教学成果奖10项，江苏省高等学校优秀教学成果奖4项。2014年荣获“全国纺织行业人才培养示范单位”称号，2015年荣获“全国纺织行业人才建设先进单位”称号。

（2）实施赛证课融合，学生职业能力国内领先。通过“以赛促学、以赛促教、赛学一体”，围绕职业核心能力，课程与职业资格融合，赛项与职业资格对接，实现学生考证率100%，高级工考核通过率99.8%，专业能力增值明显。通过专业群学生人人赛，校企选拔赛和全国团队赛三级技能大赛保障，全国技能大赛成绩全国同类院校领先，带动了全校各专业技能大赛成绩提高。本专业群学生参加全国高职高专院校纺织专业技能大赛获得四次团体一等奖，并获49项个人奖和2个技能标兵。南通大学、常州纺院等近20家兄弟院校来校交流学习。

（3）发挥校企双主体的资源优势，双方共同制订对接工作岗位的课程标准、开发课程和编写项目化特色教材，不断深化教育教学改革，建成优质教学及培训资源库。开发建成15门工学结合专业课程，9部工学结合教材，其中2部省重点教材，院级精品资源共享课程3门，网络平台课程及其教学资源库9门，获省课程设计和微课竞赛奖6项，院级各类教学竞赛奖29项，开展全国纺织服装信息化教学课题研究8项。

（4）依托双主体办学成立的悦达纺织学院平台，深入推进校企合作、产教融合，通过项目驱动、人才拉动、平台带动，在开展项目研究、技术咨询、技术攻关与成果推广、员工培训等工作方面，取得显著成效。校企联合申报省市级科技项目47项，在研科技项目共达56

项，获盐城市科技进步奖一、二等奖各1项，累计为企业创造经济效益1500多万元，科技收入317万元；线上线下为100多家地方企业开展技术咨询和技术攻关，其中省科技厅各类科技项目21项，中纺联科技计划项目29项，新产品开发56项，教师在省级以上刊物发表论文357篇，其中核心期刊发表论文超过百篇，授权发明专利6件，实用新型专利39件，团队教师研制的发明专利设备参加上海国际纺机展，2015年获批省高校优秀科技创新团队。成功举办“盐城纺织产业科技成果交易洽谈会”，协议转让国内知名纺织类院校52项科技成果，累计开展社会培训和技能鉴定7013人，对提高行业企业竞争力，促进产业升级，加快企业发展做出了巨大的贡献。

参考文献

[1] 关于加快发展现代职业教育的决定[EB/OL].[2014-06-22].http：//www.gov.cn/zhengce/content/2014-06/22/content_8901.htm.

[2] 赵学峰，解福泉. 构建职业教育校企双主体办学的路径研究[J]. 中国职业技术教育，2016（9）：69-71.

[3] 黄志纯，张林龙，等. 盐城纺织职业技术学院创新育人模式的探索与实践[J]. 中国职业技术教育，2011（17）：68-71.

[4] 王前文，瞿才新. “岗位引领、学做合一”模式的理论与实践[J]. 教育与职业，2012，33（11）：34-35.

[5] 王前文.高职教育中基于专业调研的现代纺织专业群课程体系构建[J]. 轻纺工业与技术，2015，44（5）：72-75.

基于区域产业集群的现代纺织专业群建设的研究与实践

摘　要：专业群建设已成为高职院校实现规模、结构、质量、效益协调发展的重要途径。按照“社会急需、服务行业、优势突出、特色鲜明”的原则，构建基于区域产业集群的现代纺织专业群，探索校企合作培养人才的运行机制，形成“岗位引领、学做合一”的人才培养模式，构建以“基于典型职业岗位关键能力”模块化项目课程体系；完善“校企共建共享型”模块式项目化实训体系；创建先进的数字化教学资源库；建设校企共育专兼结合的“双师型”教学团队和专业群建设质量保障体系。

关键词：产业集群；现代纺织；专业群；人才培养

教高〔2006〕16号文件明确提出，“要根据市场需求与专业设置情况，建立以重点专业为龙头、相关专业为支撑的专业群，辐射服务面向的区域、行业、企业和农村，增强学生的就业能力。”随着高职教育的蓬勃发展，专业群建设成为高职院校能否快速实现规模、结构、质量、效益协调发展的重要途径。据此，盐城工业职业技术学院纺织工程系结合江苏省示范高职院校建设工作，加强人才培养的内涵建设，按照“社会急需、服务行业、优势突出、特色鲜明”的原则，坚持服务于纺织及其相关专业，瞄准纺织等相关产业人才需求，根据区域产业集群、行业基础或行业背景、专业基础和课程内容和实验实训设施基础上的共同性，构建了现代纺织专业群。

一、基于区域产业集群，以现代纺织技术和纺织品检验与贸易专业为核心，协同染整技术、针织技术与针织服装、纺织品设计专业构建现代纺织专业群

第一，坚持依托盐城、无锡棉纺、吴江长丝织造、南通家纺、张家港毛纺、射阳纺机等产业集群，立足岗位群，融合纺织品印染以及针织技术及其服装加工等相关产业的前提下构建专业群。第二，构成现代纺织专业群的专业是依托纺织品生产加工中涉及的相近技术领域和相同专业类别设置形成的，有共同的行业基础或行业背景。第三，专业群内五个专业由于面对纺织行业中大致相近的职业，有相当一部分共同的理论、技能要求，反映在课程上就是有公共的基础课程和专业群平台课程。第四，专业群中五个专业，面向纺织印染企业中的岗位链，能够在同一个实训体系中完成基本的实践性教学，能够实现实训教学资源的共享。国务院于2009年2月4日审议并通过的纺织工业和装备制造业调整振兴规划中表明了推进我国纺织工业由大到强的转变的决心。在新增中央投资中设立专项资金，重点支持纺纱、织造、印染、化纤等行业技术进步，推进高新技术纤维产业化，提高纺织装备自主化水平，培育具有国际影响力的自主知名品牌。盐城市“十二五”发展规划更是强调“做强四大支柱产业”，建设苏北地区最大的纺织工业基地。同时，强化后道开发能力，提升技术装备和产品档次，

建成花、纱、布、染、服装协调发展的纺织、服装体系，从纺织大市向纺织强市过渡。盐城工业职业技术学院现代纺织技术专业现为江苏省高校特色专业，纺织品检验与贸易已被列为中央财政支持重点建设专业。专业群构建中突出现代纺织技术和纺织品检验与贸易专业方面的优势特色，构建如表1所示的现代纺织专业群。

表1　现代纺织专业群专业构成与对应技术领域

专业群名称	专业构成	对应技术领域
现代纺织专业群	现代纺织技术	纺织品设计与生产
	纺织品检验与贸易	纺织品检验、营销与贸易
	染整技术	纺织品染整
	针织技术与针织服装	针织品设计与生产
	纺织品设计	家用纺织品设计与生产

二、基于区域产业集群的现代纺织专业群建设的研究与实践

（1）探索校企合作培养人才的运行机制，推进创新创业教育，积极推进校会（园）“订单式”人才培养和推行“双证书”制度，创新“岗位引领，学做合一”的人才培养模式，努力实现“行知和谐，双证融通”的人才培养要求。围绕行业企业典型职业岗位人才的培养，实施校企合作的“岗位引领，学做合一”人才培养模式，如图1所示。推进校企多维合作，探索与悦达学院合作培养人才的运行机制，推进校会（园）“订单式”人才培养，推行“双证书”制度，以互惠共赢为目标，依托悦达学院，探索校企合作培养人才新机制，共建悦达纺织班，建立了家纺设计工作室轮岗实习及项目实训制度，按照纺织职业岗位任职要求，实施双方共同商定人才培养方案、共同开发专业课程、共同培育教学团队、共同建设技能训练平台、共同负责学生就业等全程合作，提高办学效益，增强办学实力。以实现学生充分就业为目标，积极开展与悦达纺织的深度合作，立足职业岗位要求，校企分段交替，工学结合，逐步形成“岗位引领，学做合一”的人才培养模式，实现“行知和谐，双证融通”的人才培养要求。三年分别订单培养学生40人、60人、80人，实现学生100%就业，首岗技术岗位就业率达80%以上。在创新创业与就业方面，注重学生岗位适应能力、职业道德修养、职业习惯培养、职业技能训练和职业素质磨炼，将就业指导教育、职业精神培育、职业能力培养贯穿教学全过程。开展了大学生创业策划大赛和大学生创业园入园项目的申报和实施评选优质项目入园等系列活动项目。

（2）构建以纺织印染专业领域职业基础的公共平台课程，以“基于典型职业岗位关键能力”的专业群核心技能模块化项目课程体系。在深入分析纺织专业群内各专业职业岗位要求的异同基础上，围绕纺织核心岗位的工作领域构建现代纺织专业群核心课程，按照纺织核心岗位涉及的工作内容确定课程内容，构建以纺织印染专业领域职业基础的公共平台课程，

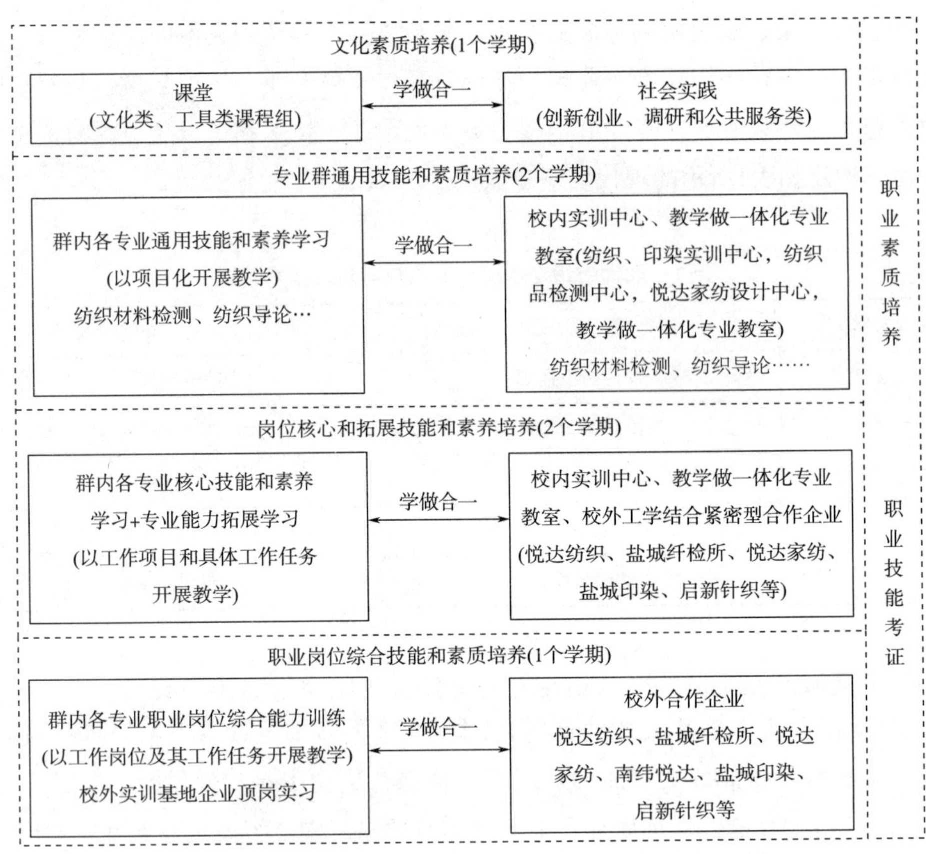

图1 现代纺织专业群实施“岗位引领、学做合一”的人才培养模式

以“基于典型职业岗位关键能力”的专业群核心技能模块化项目课程体系。专业群的“平台”根据专业群对高等技术应用型人才所必备的共同基础知识和基本技能、各专业技术的共性发展和学科特征要求来设置，由公共课和职业技术基础课组成。“模块”是根据不同的专业（或专门化方向）而设置，由体现专业（专门化方向）特色的课程组成。推广“教学内容项目化和教学方法学做一体化”教学模式，引入企业技术标准，校企共建“课证融通”的专业核心课程9门，建成省级精品课程2门、院级精品课程6门、“十二五”部委级规划教材7部。

（3）建设满足现代纺织专业群需求的、校内校外相结合的“校企共建共享型”模块式项目化实训体系。针对现代纺织专业群面向的岗位群，以现代纺织专业群内各专业的岗位通用技能与专门技能训练为基础，整合现代纺织专业群现有的实践教学资源，分类组建实训基地，建设满足现代纺织专业群共性需求与专门化需求的、校内校外相结合的“校企共建共享型”模块式项目化实训体系。按照技能培养从新手到专家渐进培养的规律，满足服务训练、教学和科研一体的要求，依托国家级“纺织服装实训基地”，与悦达纺织共建共享“校中所（悦达纺织研究所、悦达家纺设计研发中心）”，建成一个设备先进、项目载体、情境真实的国内一流的技能训练平台，着力培养学生创新创业能力。同时，深度融合悦达纺织等20家行业骨干企业，密切联系特色中小企业，打造实习、就业“双基地”，确保学生半年以上顶岗实习率达100%。在现有的4个校内实训中心、15个实训室和10个校外实训基地的基础上，以培养学生的实际操作能力为基本出发点，在强化专业职业技能构架的基础上，合理规划建成符合人才培养标准的9个教学做一体化专业教室。

（4）创建和不断完善先进的数字化专业群教学资源库，实现信息化教学资源在专业群内的广泛共享。以纺织印染行业企业职业岗位要求为目标，以就业为导向，确立与职业要求相适应的教学标准，实现专业课程内容与职业标准对接，校企合作共同开发专业课程和教学资源，建设由教学文件库、素材库、网络课程库、行业资源库等组成的数字化专业群教学资源，实现信息化教学资源在专业群内的广泛共享，最大化地服务学生自主学习。编写完成《纺织导论》《纺纱技术》《机织技术》《机织物分析与设计》《针织服装设计》《装饰织物设计与CAD》《针织物染整工艺》7门具有高职特色的校企合作开发教材，并建立配套的专业教学文件库、教学素材库、网络课程库、题库以及行业资源库等教学资源。

（5）围绕教师业务能力提升，建设校企共育专兼结合的“双师型”专业群教学团队。通过校企“互聘、互兼”双向交流的团队合作机制，加强访问交流，培养专业带头人；实施“青蓝工程”，培养骨干教师；深化校企合作，通过协议每年从企业聘请3~5名既有一定理论水平又有很高实践经验的技术人员担任专业的兼职教师；依托省级技术研发中心，筑就盐城纺织科技创新公共服务平台，推进产学研一体化，提升专业群教学团队的技术创新能力和社会服务能力；实施工学结合，打造一支具有现代职教理念、教学经验丰富、实践能力强的高水平“双师型”专业群教学团队，提升教学团队的教学能力、技术创新能力和技术服务能力，满足重点专业群各专业教学需要和行业企业的发展需要的专兼结合的师资队伍。培养专业带头人5名，骨干教师20人，优化兼职教师库，确保了专兼职教师比例1：1，近3年专任教师获取高级工以上证书的比例达到30%以上。成立了功能性纺织材料、纺织应用技术2个科研团队，近两年，孕育一批能承担国家、省、市、企业委托科研课题的创新强手，承接了30余项省市级教科研课题和10余项专利成果，对外培训企业员工；举办各类社会培训800人次，其中行业职业资格培训和鉴定100人次。

（6）建立由专业群建设指导委员会、专业负责人和专业教学团队参与的专业群建设组织管理形式，构建专业群建设质量保障体系。成立由行业企业专家和高校等负责人组成的专业群建设指导委员会，指导制订现代纺织专业群各专业人才培养方案、整合开发公共平台课程和专业群核心课程、建设纺织印染实训实习基地；专业群负责人统筹、协调各专业整合建设；专业教学团队实施课程及相关项目建设。加强专业群建设组织领导，实行系主任领导下的专业群负责人负责制，完善以行业、企业高级技术人员广泛参与的专业群指导委员会，指导专业群建设。专业群运行实行学生参与的监控管理，同时引入企业第三方评价机制，建立资源共享利用的目标动态调整机制。

完善工作过程系统化的“岗位引领，学做合一”人才培养模式，建立相适应的教学质量保障体系，完善教学管理体系。按照评价科学全面的原则，确定评价对象专业、课程、教师、基地、学生质量和学生就业；按照评价系统客观的原则，实现学生、学生家长、本校教师、同类院校教师、督导、用人单位、技能鉴定站和竞赛机构等多方同评；建立评价—反馈—调整—评价的闭环逻辑结构，建立“多方同评，闭环控制”的质量保障体系，对人才培养开展全方位、综合性的科学系统的评价。健全质量监控与评价的组织机构，成立督导室、评估处等，聘请资深教学专家担任负责人；健全质量管理规章制度，形成既有岗位职责，又有管理办法，既有工作质量标准、又有办事流程，既有考核细则、又有奖励办法的相对完善的教学制度体系；坚持全程性和全员性结合、体系内部和外部结合，实施全面质量控制。

① 设立教学质量监控与评价机构，成立教学质量督导组，对校内外教学工作进行管理与评价。

② 完善教学管理制度，加强质量监控，对人才培养质量进行综合评价。

③ 完善教师业务考核管理制度，加强职业能力、社会服务能力和教学水平的考核。

④ 加强校企合作，探索质量监控校企双元化。优化校企合作的考核评价体系，完善职教集团合作的运行机制。

⑤ 推行双证考核制度，建立职业技能鉴定考评体系。

三、结语

现代纺织专业群的建设是一项复杂的系统工程，对盐城工业职业技术学院的可持续发展将产生重大的影响。如果不进行该专业群建设，导致专业过于分散，形不成合力，会造成教学资源的浪费，而且专业拓展基础薄弱。随着现代纺织专业群的建成，力争将现代纺织专业群打造成为全国高职纺织类专业的示范基地、国家纺织类职业技能培训和职业资格鉴定基地，以及区域内纺织类相关企业技术研发创新基地，将极大地增强盐城工业职业技术学院的品牌优势，有效地提升学院的办学水平和办学特色。

参考文献

[1] 教育部. 关于全面提高高等职业教育教学质量的若干意见［Z］. 教高〔2006〕16号.

[2] 王前文，瞿才新. “岗位引领、学做合一”模式的理论与实践［J］.2012，33（11）：34-35.

[3] 刘华. 苏北高职院校会（园）合作“订单式”人才培养模式的探索与实践［J］. 中国职业技术教育，2012（26）：44-47.

高职教育中基于专业调研的现代纺织专业群课程体系构建

摘　要：本文通过开展现代纺织专业群的专业调研，分析目前我国纺织行业的发展现状和对人才的需求情况，现代纺织专业群职业岗位群及其典型工作任务，从而提出构建基于典型职业岗位“底层共享、中层分立、高层互选”现代纺织专业群课程体系及其构建要点，实现“厚基础、多面向、精技能、高素质”的人才培养目标，既满足企业对专业人才的需求，又能实现学生可持续发展。

关键词：高职教育；现代纺织；专业群；课程体系

纺织产业是我国国民经济的支柱产业、重要民生产业、国际竞争优势明显的产业和战略性新兴产业的组成部分。为了推动纺织行业工程科技发展，必须加强纺织科技创新人才队伍建设尤其是培养适应行业企业需求的高级技术技能型专业人才。

加强专业群建设是解决高职教育发展内在需求的切入点，也是提升高职院校核心竞争力的重要途径。考虑到专业群是由若干个工程对象相同，技术领域相近或专业学科基础相近的相关专业组成的一个集合。盐城工业职业技术学院现代纺织专业群目前由江苏省高校特色专业，省重点专业群建设专业以及省示范高职院重点建设专业之一的现代纺织专业和获得中央财政支持的高等职业学校专业建设验收的纺织品检验与贸易专业作为核心专业，同时根据学院自身的情况，将新型纺织机电技术专业也列入现代纺织专业群中。在省教育厅公布《关于开展“十二五”高等学校重点专业建设工作的通知》中提出，高职专业群应形成“公共平台与多个专业方向彼此联系、相互渗透、共享开放的课程体系。”因此，盐城工业职业技术学院通过开展以现代纺织专业群为单位开展专业群建设和人才培养方案调研和研讨活动，制订彰显高职特色，贯彻就业导向，体现校企合作，突出工学结合、产教融合，强调能力本位，促进学生可持续发展的专业群人才培养方案，培养“适销对路”的现代纺织专业人才，满足用人单位的需求，为盐城及其周边区域社会、经济发展提供优质的人力资源，进一步推动专业群的建设和发展步伐。本文在专业调研的基础上，探讨和构建体现“底层共享、中层分立、高层互选”的专业群课程体系，旨在为推进高职院校的现代纺织专业群建设提供思路。

一、专业调研

1. 调研方案及调研主题

通过走访盐城、南通、无锡、常州、苏州、南京、上海、徐州、宿迁等省内及周边地区纺织及相关产品制造企业、检测机构、贸易公司30家，开展网络调研35家单位，同行院校5

家，采取实地考察、现场交流、资料查询、专题研讨、电话、网络、QQ群、查阅顶岗实习与毕业设计管理系统平台数据和召开实践专家研讨会等多种调研方式，对调研单位的人才资源部主管、企业专家、毕业生直接上级领导、院校中层管理人员和专业带头人，部分毕业生或所有毕业顶岗实习学生进行了调研，确保调研数据和结果准确。

调研的主题为：地区纺织行业发展，产业政策调整及其影响，毕业生就业岗位及其分布，岗位升迁经历及升迁年限，就业岗位工作项目，毕业生对学校教学工作的意见与建议，企业对职业素养培养的具体要求和意见反馈。

2. 调研实施及成果分析

根据专业调研和麦可思调研数据可见，纺织产业东部快速升级，向中、西部转移的态势明显，行业人才需求旺盛。盐城及苏北地区每年纺织技能人才需求就达8000人，其中高技术技能型人才的缺口4000人。尤其是对专科层次的纺织品检验与贸易类人才需求递增达到40%。由于纺织服装生产企业由原来的“橄榄型”转为“哑铃型”，即大量生产型企业纷纷转变为生产贸易型，近年来纺织行业中从事操作工的逐年减少，而从事纺织品检验、贸易跟单类的岗位逐年增加。现代纺织专业（群）毕业生主要集中在中小型企业、事业单位（纤检所）、三资企业，民营企业、外资企业等经济组织。对于江苏纺织产业，集群效应明显，苏南向苏北转移速度快，盐城产业规模增长快，学生就业岗位层次高，多数学生毕业后就业于产品检验、工艺设计、基层生产管理、设备检修及跟单销售等技术、业务与管理岗位。从业得到岗位升迁后能胜任生产主管、销售主管、业务主管、质量主管、工艺主管、设备主管等岗位。根据专业人才发展规划及社会需求对人才的要求，确定现代纺织专业群培养规格定位为面向江浙沪、东部沿海地区，服务于纺织生产行业，纺织产品检测，纺织生产与贸易，纺织电器等现代纺织相关企业需要的高素质技术技能型专门人才。调研发现企业对准员工的职业经验与职业素质要求较高，这些都是在构建课程体系中所要解决的主要问题。现代纺织专业群毕业生就业岗位主要是面向生产（管理）一线的职业岗位人员。主要工作岗位：纺织产品质量检验、纺织产品分析及工艺设计、纺织品跟单及销售、纺织设备保全、纺织企业车间生产及管理人员；次要工作岗位：纺织企业设备管理，纺织品电子商务，办公文员，生产计划调度；其他工作岗位：纺织检测仪器营销、纺织专件销售、研发设计员、人力资源助理等。对毕业生就业岗位进行调查和分析，掌握学生核心岗位的工作任务非常关键。表1是现代纺织专业群职业岗位群典型工作任务及相应的职业资格证书。

表1 现代纺织专业群职业岗位群典型工作任务分析及相应的职业资格证书

主要工作岗位（群）	典型工作任务	职业能力	学习领域课程	职业资格证书
纺织产品设计（工艺员）	纺纱工艺设计与实施	能进行纺纱工艺设计与实施，具有产品质量分析与控制能力	纺纱工艺设计与质量控制	纺部试验工（中级）

续表

主要工作岗位（群）	典型工作任务	职业能力	学习领域课程	职业资格证书
纺织产品设计（工艺员）	机织工艺设计与实施	能进行机织工艺设计与实施，具有产品质量分析与控制能力	机织工艺设计与质量控制	织部试验工（中级）
	纺织面料分析、仿制与开发设计	具有纺织品的分析、仿制和开发能力	机织物设计	纺织面料设计师（三级）
纺织新产品开发	新型纱线产品开发	具有新型纱线的开发与工艺设计能力	新型纱线产品开发与工艺设计	细纱工（中/高级）
	新型机织产品开发	具有新型机织面料的开发与工艺设计能力	新型机织产品开发与工艺设计	织布工（中/高级）
纺织产品质量检验	纺织原料、半制品和成品质量检验	了解各种原料性能，会使用检测设备，具有纺织原料、半制品和成品质量指标标准化测试和测试质量标准、数据处理、品质评定和分析能力	纺织材料检测 纺织品质量标准	纤维检验工（中/高级） 针纺织品检验工（中/高级）
纺织品经营与贸易（跟单）	纺织品市场营销	具有纺织产品与的品牌策划能力	纺织市场营销与品牌策划	营销员（初级）
	业务助理	英语交际，产品分析、报价	纺织商务英语、纺织品外贸跟单	
	生产跟单	生产质量管理	纺织技术、纺织品染整技术	
	外贸业务（跟单）	具有进行纺织进出口操作的能力、外贸业务跟单	纺织英语、外贸英语函电、纺织品经营与贸易、纺织品外贸跟单	全国外贸跟单员（中级）
生产管理	产品设计、实施	纺织品设计	机织物设计	纺织面料设计师（三级）
	生产、品质管理	生产管理、品质管理	纺织技术，纺织品染整技术	
纺织设备保全	剑杆织机的拆装与调试	剑杆织机的拆装与调试，处理常见电气故障	纺织技术、机织设备维护、机织设备电气维护与故障诊断	纺织设备保全工 维修电工 （中级）
	细纱机的拆装与调试	细纱机的拆装与调试，处理细纱机常见电气故障	纺织技术、纺纱设备维护、纺纱设备电气维护与故障诊断	
纺织企业维修电工	纺织机电设备日常维护	绝缘电阻、接地电阻测量；操作配电电器；电控箱的检修；检修专用线路板；调校各类开关；使用万用表等仪表检查电力配线、系统控制线有无损坏	纺织电工电子、纺纱设备电气维护与故障诊断、机织设备电气维护与故障诊断	维修电工（中级）
	纺纱设备、机织设备机电控箱装配与调试	识读电气布局图；各种电动用具、电工工具进行电线装接；电路正确装接并调试；编码器调试与正确装接	纺织电控系统模型搭建与调试、纺织电工电子、液压与气动技术	
	产品营销、售后服务	市场调查、资料归档、分析、总结并做出预测；营销实施；营销分析和总结，资料归档；使用常用的维修工具、仪表、检测工具；纺织设备维护能力	纺织技术、纺纱设备电气维护与故障诊断、机织设备电气维护与故障诊断、纺织英语	

二、基于典型职业岗位“底层共享、中层分立、高层互选”现代纺织专业群课程体系构建

结合基于专业群的单位典型岗位及任务的调研，继续实施“岗位引领，学做合一”工学结合的人才培养模式；构建基于典型职业岗位（工艺、生产、设备、贸易）任务的“底层共享、中层分立、高层互选”的项目化专业群课程体系，如表2所示。根据专业群职业典型岗位任务，根据共性要求，形成“底层共享”的专业群职业通用能力模块课程；突出专业核心技能，形成“中层分立”的各专业职业核心能力和综合训练模块课程；注重职业成长能力，形成“高层互选”的职业拓展能力模块课程。

表2 基于典型职业岗位“底层共享、中层分立、高层互选”的专业群课程体系

职业通用能力课程模块（底层共享）		
纺织应用数学	纺织机械	纺织导论与入职训练
纺织电工电子	纺织视觉审美设计	纺织材料检测
纺织信息技术	纺织企业管理	纺织商务英语
专业核心能力课程模块（中层分立）		
现代纺织技术	纺织品检验与贸易	新型纺织机电技术
纺纱工艺与质量控制	纺织技术	纺纱设备电气维护与故障诊断
机织工艺与质量控制	机织物设计	纺纱设备维护
新型纱线开发与上机	纺织品染整	机织设备维护
新型织物开发与上机	纺织品质量标准	纺织交直流调速
机织物设计	纺织品外贸跟单	机织设备电气维护与故障诊断
纺织品染整		纺织电控系统搭建与调试
职业拓展能力课程模块（高层互选）		
营销贸易类课程	新产品开发课程	企业模块课程
服装概论	纺织新技术	根据企业急需和解决学生就业而开设的由企业兼职教师主讲的企业模块课程（如悦达家纺公司可开设大提花产品设计与生产、家纺陈列展示等2门课程）
商务礼仪与谈判	高功能（性能）纤维	
纺织品经营与贸易	气动与液压技术	
纺织市场营销与品牌策划	ProE	
纺织服装外贸英语函电		
针织物来样分析与产品设计		
综合训练课程模块（学期综合训练项目）		
现代纺织技术	纺织品检验与贸易	新型纺织机电技术
纺织新材料及其快速识别	纺织新材料及其快速识别	AutoCAD实训
系列纱线开发和生产	纺织品工艺设计	钳工实习
来样分析及产品设计	来样分析及产品设计	车工实习

续表

<table>
<tr><td colspan="3">综合训练课程模块（学期综合训练项目）</td></tr>
<tr><td>现代纺织技术</td><td>纺织品检验与贸易</td><td>新型纺织机电技术</td></tr>
<tr><td rowspan="2">纺织品外贸跟单实训（外贸跟单及纺织成本核算）</td><td>纺织品检测实训</td><td>电子实训</td></tr>
<tr><td>纺织品外贸跟单实训（外贸跟单及纺织成本核算）</td><td>电工中级技能实训</td></tr>
<tr><td colspan="3">网店建设与运营、考证实训、毕业设计（论文）、毕业实习</td></tr>
</table>

三、“底层共享、中层分立、高层互选”现代纺织专业群课程体系构建要点

基于典型职业岗位能力系统化开发课程及其教学内容，开展理论实践一体化教学，引入企业第三方评价多元化考核机制，建立“多方同评，闭环控制”的质量保障体系，使课程内容与职业能力及岗位工作任务要求相对应，根据职业岗位的工作项目和工作过程开展教学，并通过课程标准及教学方案设计加以体现。

专业群职业通用能力课程是针对高职学生基本情况，并以专业群内的现代纺织技术和纺织品检验与贸易两个核心专业为龙头，并协调新型纺织机电技术专业进行职业通用能力培养，以实现“宽口径、厚基础”的专业人才培养目标。通过改革和整合专业基础课程，在通识课程的基础上有所提升，达到服务专业核心课程和专业拓展课程的目的。同时，对通用能力课程模块中的纺织导论与入职训练、纺织材料检测分别开发不等的学习项目和内容，以达到各专业对人才培养目标，且与后续专业核心课程开发的学习内容实现良好衔接。

专业群核心能力课程是按照职业成长规律，运用基于职业岗位能力的项目化课程开发理论，重构以典型职业岗位能力为导向的项目化专业核心课程体系，在课程建设和实施过程中，依据区域纺织产业的特点、企业生产实际及发展趋势，实施“校企合作、工学结合、理实一体”，以培养专业核心能力。同时结合各专业综合训练课程分学期开设综合实训项目，巩固和强化学生的职业技能，并通过开设网店建设与运营、考证实训、毕业设计及毕业实习，进一步培养和提升学生的职业素质及综合技能。

专业群拓展能力课程旨在学生掌握通用职业能力和扎实的专业核心能力基础上。依据纺织产业转型升级的态势下，对生产型岗位人才需求量的削减和营销贸易型和产品开发与设计型岗位人才需求的逐渐增加，分别在三个专业开设营销贸易类课程、新产品开发类课程以及解决企业急需并由企业专家主讲的企业模块课程等可供交叉互选的专业群拓展课程平台，以培养学生的知识迁移及岗位迁移能力，培养能广泛适应就业需要的一专多能的复合型、综合型人才。

四、结语

根据专业调研构建基于典型职业岗位“底层共享、中层分立、高层互选”的专业群课程体系，体现了以学生为本，以就业为导向，围绕人才培养目标，根据就业岗位（群）的素质

要求，建立职业通用能力、职业核心能力和职业拓展能力三个平台课程模块，实现专业与产业对接，课程与岗位对接的“岗位引领、学做合一”工学结合的人才培养模式，实现“厚基础、多面向、精技能、高素质”的人才培养目标。

参考文献

[1] 孔庆新. 高职专业群“底层共享，中层分立，高层互选”课程体系的构建：以食品生物技术专业群为例［J］. 职业教育研究，2013（7）：22-23.

[2] 沈建根，石伟平. 高职教育专业群建设：概念、内涵与机制［J］. 中国高教研究，2011（11）：78-80.

[3] 王前文，瞿才新.“岗位引领、学做合一”模式的理论与实践［J］. 教育与职业，2012，33（11）：34-35.

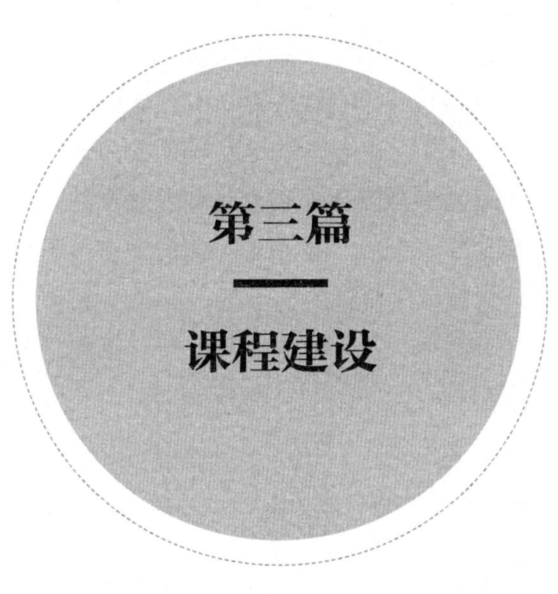

第三篇

课程建设

"新型纱线产品开发与工艺设计"电子教材的开发与应用

摘　要：为进一步改善课程教学效果，扩大课程教育受益面，课程组开发了一款便于手机、PAD、计算机等智能终端阅读，适应校内教学、行业精英以及相关学习爱好者自学的，集文字、图片、视频于一体的动态电子教材，并投入教学实践。目前，电子教材使用反馈良好，教材在形式、设计、内容和共享性等方面具有一定的推广意义，可供高职院校类似课程的电子教材及信息化课程开发提供参考。

关键词：电子教材；教学实践；高职；项目化课程

电子教材的开发顺应了时代对教育的需求，与传统纸质教材相比，其更加便于携带，可实现跨越时间和空间局限的学习。早期的电子教材实际上是纸质教材的电子版，甚至是纸质教材的扫描版，缺乏趣味性和互动性，可视性较差，对读者的学习兴趣造成了一定的负面影响，可传播性也有限。

选取高职现代纺织技术专业典型项目化课程"新型纱线产品开发与工艺设计"为研究对象，尝试为该课程开发一款集文字、图片、视频于一体的动态电子教材，并开展了相关教学实践研究。该电子教材不再是传统纸质教材的电子版，可通过微信、QQ、微博等常用社交软件进行传播，其形式更加易于读者阅读、理解和掌握，可传播性更强，教材内容也会根据行业最新发展情况进行实时更新。

一、电子教材的使用需求调研研究

1. 调研对象及形式

针对盐城工业职业技术学院现代纺织技术专业、纺织品检验与贸易专业122名在校生，以及15位来自江浙地带代表性企业的技术人员展开本次调研活动，调研以问卷形式进行。

2. 调研内容

调研内容主要包括是否有阅读电子书的经历、是否愿意通过电子书进行某项知识技能的学习、期望电子书通过何种途径传播、期望电子书具有哪些内容形式、期望电子书具有哪些功能。通过调研，期望了解读者需求，指导开发适应学习需求和市场需求的新一代教材。

3. 调研结果分析

调研结果显示，98.5%的受访者曾经有过阅读电子书的经历；96.4%的受访者愿意通过电子书进行知识和技能的学习；在电子书的传播途径中91.2%的受访者选择了微信，62.8%的受访者选择QQ，17.5%的受访者选择了微博等其他方式；100%的受访者希望电子书文字清晰、图文并茂，65.0%的受访者希望电子书提供重点内容的视频或音频讲解；100%的受访者希望电子书具有目录功能，94.2%的受访者希望电子书易于保存和转发，40.9%的受访者希望提供书签功能，19.0%的受访者希望内容可以缩放。

潜在受众对于电子书的期望存在一定差异，但在总体上存在共识，期望电子书能成为一款使用更加便捷、内容更加易于掌握的传播性更强的新一代学习工具。

二、电子教材的开发

1. 内容选取

教材内容选自课程组开发的省重点教材《新型纱线产品开发与创新设计》，对教材内容作了精简和优化，使得内容更加易于清晰地呈现在手机、PAD等智能终端。教材内容可根据行业发展及教学需求适时更改，实现动态更新和完善。

2. 页面结构设计

考虑适应各类手机、PAD等智能终端的显示器比例，使得观看效果最优，教材页面宽高比例设置为475×650px。通过字体格式、大小，以及版面的调整，获得最优的画面效果，教材文字清晰，图片生动，用户视读体验效果良好。教材页面结构如图1所示。

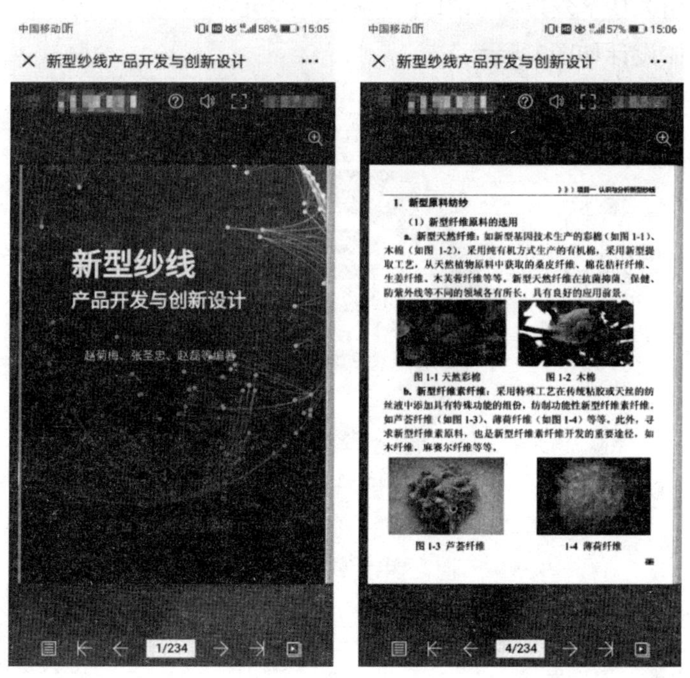

图1　电子教材的页面结构

3. 媒体资源建设

根据用户调查结果，进一步完善了教材的图片资源，结合页面动画设计，使得教材内容更加生动，易于阅读和掌握。此外，针对课程的重难点内容建设了相应的视频资源，用户点开页面上的视频链接即可播放视频文件。

4. 媒介选择

现有的可用于教材制作的工具有很多，教师也可委托专业的开发公司编制，但对教材的建设经费提出了可观的要求，对教师日常教学的改革产生了一定的消极影响，而用户通常需要下载专门的学习平台或阅读软件，注册会员甚至缴纳一定的会员费用，才可以使用。课程组选用一款免费的电子教材制作软件，并免费提供给用户使用，很大程度上方便了教学和专业技术的交流。

5. 功能设计

教材设有目录指引，点击目录中的具体内容即可链接到相应章节；此外，还设有自动翻页和页面缩放等功能。

6. 传播途径

电子教材可通过二维码在微信和QQ这两款主流社交软件中传播，也可通过微博和网址进行传播，读者可随意收藏和转发。

7. 传播对象

电子教材免费开放的对象包括盐城工业职业技术学院现代纺织技术专业学生、相关院校相关专业的师生、相关技术爱好者、同行专业技术人员等。

电子教材的总体设计如图2所示。

图2 电子教材的设计

三、电子教材的教学实践研究

1. 教学中的实践

电子教材建成后，课程组在盐城工业职业技术学院现代纺织技术专业的“新型纱线产品开发与工艺设计”课程教学中投入使用，旨在方便实训环节的教学实施，以及课后预习、复习的开展。由于本门课程涉及纺纱全流程生产，设备资金投入巨大，实验条件无法供应所有小组同时开展，学生学习的产品项目均以小组制进行，轮流使用各工序纺纱设备，教师在课堂上无法实现一对一全流程的指导。结合盐城工业职业技术学院智慧校园免费网络的全面覆盖，学生在课堂上可以根据需要进行相关视频的学习，课后也可随时随地地拿起手机进行复习和预习。

2. *学习反馈*

经过本门课程一轮教学实施的反馈，同学们认为电子教材对纸质教材进行了良好的补充，使得学习内容更加生动化，学习效果也有了一定程度的提高。同时，同学们对电子教材的版面设计、内容选取、媒体资源建设等方面普遍反映良好，对教材的书签、记录等功能性延伸方面提出了建设性意见。

四、结语

（1）在经历多年的信息化教学改革与实践后，同学们已经能够良好地认同电子教材，接受度高，并形成良好的使用和阅读习惯。

（2）电子教材作为一款新型的教学辅助工具，在一定程度上方便了教学实施，学生通过电子教材中重难点的视频讲解或示范可以大大提升学习效果。在课后学习和复习等环节中，电子教材同样具有较强的积极意义，学生可随时随地打开手机进行学习。

（3）电子教材在技术爱好者及企业相关技术人群中的使用适应性更强，他们可以根据需求进行全程的学习或部分章节的学习，教材传播途径便捷，降低了学习的时间成本、空间成本和资金成本，流畅的播放速度和清晰的画面，结合老师有效的讲解视频，降低了学习门槛，提升了学习效率。

（4）电子教材的建设未来在开放性、媒体资源的丰富性、功能的多样性等方面还有很多努力的空间，而开放性是当前需解决的首要问题。

参考文献

[1] 冯珊珊. 高职立体化教材建设研究与实践：以“现代电子产品的生产与管理”为例 [J]. 科技视界，2018（36）：47–48.

[2] 赵菊梅，王建明，王曙东. 微信平台在高职纺织专业课程学习中的应用 [J]. 纺织服装教育，2016，31（1）：36–38.

基于云实训平台的“纺纱工艺设计与质量控制”优质教学资源开发研究

摘　要：信息化教学资源建设是高校数字校园建设的核心组成部分，也是实现高等教育信息化的基本前提。为了突破校企合作途径的难题，破解现代纺织服装产业转型升级难题，建设基于云实训平台的“纺纱工艺设计与质量控制”优质教学资源，纺纱云加工中心以及优质电子教学资源，优化“纺纱工艺设计与质量控制”教学过程，通过对教学资源的深度开发与整合，实现教学资源质量高水平和教学应用效益最大化。

关键词：云实训平台；纺纱；教学；资源

《国家中长期教育改革和发展规划纲要（2010—2020年）》明确提出了教育改革的新目标：到2020年基本实现教育现代化，基本建成学习型社会，进入人力资源强国行列。要实现这一目标，其重要基础是要构建现代教学资源体系。关于教学资源的讨论和研究已有许多，取得了一些成果。但新媒体环境下教学资源的有关问题，特别是数字化优质教学资源的研究和认识却值得进一步思考，以适应信息社会（教学改革）对教学资源有效性和教学应用价值的要求。

现代信息技术的发展及其在教学实践中的应用，使构成教学系统基本因素的教学资源系统发生了深刻的变化。在新媒体环境下，信息资源环境发生很大变化，教学资源的形态、特征、功能在发生改变，赋予信息资源以新的内涵。尤其是随着教学改革的深入，追求优质教育和素质教育的时代背景对教学资源的开发和利用提出了更高要求。本研究采用现代信息技术手段，构建的纺织服装云实训平台开发“纺纱工艺设计与质量控制”优质教学资源，以实现教学资源的信息化和校企共享。

一、利用云实训平台开发“纺纱工艺设计与质量控制”优质教学资源的意义

研究利用云实训平台开发“纺纱工艺设计与质量控制”优质教学资源，其实践意义在于探索高校教育云资源建设，实现信息化教学资源对高等教育教学的影响深远。

1. 信息化教学资源建设是高校数字校园建设的核心组成部分

针对如何实现“重点推进信息技术与高等教育的深度融合”，利用先进网络和信息技术，整合教学资源，构建先进、高效和实用的高等教育信息基础设施，开发整合“纺纱工艺设计与质量控制”优质教育教学资源，建立高等教育资源共建共享机制，推进高等教育精品课程、教学实验平台等信息化建设，推进信息技术在教学中的普遍应用。

2. 信息化教学资源建设是实现高等教育信息化的基本前提

“互联网+”时代的高校信息化教学资源建设，优质的数字教学资源可以更好地服务于教

育教学的开展，因而优质的数字教学资源务必将其放在高校信息化建设的首要地位，利用云实训平台开发“纺纱工艺设计与质量控制”优质教学资源，是实现学院信息化教育教学的基本前提。

二、研究解决的主要问题

1. 实现产教的深度融合

突破校企合作途径的难题，实现产教的深度融合。目前纺织服装职业院校实训基地条件相对滞后于纺织服装产业发展步伐，工学结合岗位不足，实验实训条件机电一体化程度和信息化经营与管理水平明显滞后，课程的教学资源的授课内容不适应新型纺织服装企业岗位对人才的需求。因此，对接纺织企业的职业标准、行业标准和岗位规范，跟踪现代纺织服装产业发展前沿，产教融合和校企共建实训基地已成为培养国际化“现代纺织服装人才”的紧迫课题。

2. 破解现代纺织服装产业转型升级难题

利用云实训平台整合优质教学资源，破解现代纺织服装产业转型升级难题。在现代信息技术营造的数字化资源环境支持下，尤其是校企联合开展实训平台建设，在追求“纺纱工艺设计与质量控制”教学过程优化时，通过对教学资源的深度开发与整合，实现教学资源质量高水平、教学应用效益最大化，实现实训平台向全社会开放共享，是破解现代纺织服装产业转型升级和技术发展缺人难题的关键。

三、研究目标

1. 整合资源探索产教融合机制

全面整合校企资源，探索校企共建共管和共享机制，云纺纱加工中心探索实践以快速纺样为目标，团队教师和企业专家共同参与，合作企业实时监控，到2018年6月形成较为规范的产教融合机制。

2. 绿色智慧化信息化建设纺纱云实训平台

依托国家级纺织服装实训基地，运用仿真和虚拟技术，与悦达纺织集团共建云加工中心，实践纺纱一体化教学；以厂中校的形式与悦达纺织合作建设纺纱智慧车间，实践工学交替；依托绿色智慧纺织产品研发打样中心，开展技术研发式实训。

3. 着力建设纺纱实践教学资源

运用纺纱岗位技能菜单，构建“全真型纺纱流程”一体化教学体系，以项目化为模块，建设体现任务驱动的纺纱实践优质教学资源15个，构成3个模块技能包，服务学生和社会人员自主学习、自主实践。

四、基于云实训平台的“纺纱工艺设计与质量控制”优质教学资源开发内容

1. 基于纺织服装云实训平台建设纺纱云加工中心

用仿真技术，打造智慧型生产车间，搭建校企远程系统建设实景教学中心，是解决人才

培养脱节企业生产需求的重要手段。在原有国家级纺织服装实训基地的基础上，通过改建细纱生产实训室，增添NI虚拟仪器平台、机器视觉系统等设备，用于智能化、节能型纺纱生产设备的教学与研究。

与悦达纺织合作共建棉纺车间MES实训中心，实现对细纱车间的生产情况实时了解和对质量情况进行实时分析。建设纺纱实景教学中心，实现厂中校中的教学现场与企业生产现场同步，帮助企业分析生产中出现的质量问题，帮助其分析和解决产品质量问题，提出合理化建议，不断提高企业的信息化、智能化管理水平，帮助企业打造数字工厂，实现精益生产。

2. “纺纱工艺设计与质量控制”优质教学资源的开发

按照我国的《教育资源建设技术规范》说明的教育资源建设内容，基于云实训平台的《纺纱工艺设计与质量控制》教学内容，以纯棉普梳环锭纱工艺设计为例，包括的项目有原料选配、开清棉工艺设计、梳棉工艺设计、并条工艺设计、粗纱工艺设计和细纱工艺设计。优质教学资源包括微课、电子课程标准、电子教案、电子任务书、PPT、教学动画、电子试题库、电子工艺单、电子企业纱线品种工艺设计案例，产品实物展示库和电子纱线流行库等。

3. 资源开放以实现校企协同育人

以智慧纺纱生产线为主线，借助云技术，构建集纺纱产品检测、设计和加工于一体的绿色智慧纺纱云实训平台，形成纺纱的材料创新、技术研发、成果转化、生产应用等上、中、下游的有机链。开放科研、专业和人才资源，把人才、资本、信息和技术统筹融合，并使创新主体的各要素相互作用、相互适应，逐步形成有序、优化的组织结构，创新多方共建共管共享机制，建立依托平台的校企双主体协同育人机制，实现协同发展。

课题研究采用的闭环控制路线如图1所示。

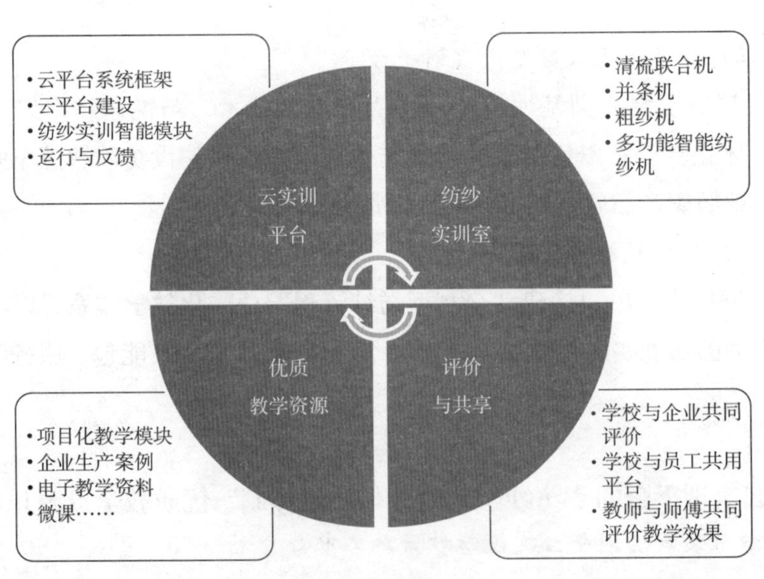

图1 研究内容

五、结语

从高职高专培养人才的现状实际出发，开展基于云实训平台的“纺纱工艺设计与质量控制”优质教学资源开发与共享研究，符合《国家中长期教育改革和发展规划纲要（2010—2020年）》明确提出的教育改革新目标，实现了教学资源的信息化和校企共享，突破了校企合作途径的难题，实现了产教的深度融合。而且利用云实训平台整合优质教学资源，破解现代纺织服装产业转型升级难题。在追求“纺纱工艺设计与质量控制”教学过程优化时，通过对教学资源的深度开发与整合，实现教学资源质量高水平、教学应用效益最大化，实现实训平台向全社会开放共享，也破解了现代纺织服装产业转型升级和技术发展缺人的难题。

校企合作共建共享开放型网络动态资源库的研究

——以“纺织材料检测”课程为例

摘　要：介绍校企共建共享开放型网络动态资源库的目的和当前存在的问题，以“纺织材料检测”课程为例建设开放型网络动态资源库，主要形式有校企互惠网络学习平台与开放型网络动态资源库，最后形成校企共建共享资源库的长效机制，实践表明利用企业专家的优势资源构建一种开放型网络动态学习，利用讨论区学生相互合作完成学习任务。这种模式为企业员工终身学习终身教育创造条件，学校以低成本合作形式提高了教学质量。

关键词：校企合作；资源库；教学改革；高职教育；学习平台

教育是一种复杂系统，校企合作作为高职教育教学的重要组成部分，改变了传统的在校园环境下以课堂为主的育人模式，学校与企业合作，使课堂对接企业，学生对接岗位，达到互动、双赢的目的。另外网络技术让教育没有了时间和地点的限制，依托网络技术，学习者可以随时随地地学习。本文通过校企共建共享“纺织材料检测”课程教学资源库的研究，提出资源的整合、共享和建设方案，可以更好地发挥高校的教育作用，充分提高教学资源在院校的人才培养和企业员工培训方面的经济效益和社会效益。

一、校企共建共享开放型网络动态资源库的目的

江苏省目前正大力推广学校与学校间的数字化教育资源的共建共享，而校企数字化资源的共建共享并未成熟，各学校和企业之间只是在尝试，并未取得突破性进展，需要继续探索研究。具体来说，校企共建共享开放型网络动态资源库的目的有以下两方面：

1. 就学校而言

共建共享网络动态资源库的主要目的是为教学“服务”，以“纺织材料检测”课程为例，学生利用“纺织材料检测”课程的网络动态资源库，在课前预习即将要学习的内容，在课后复习和巩固所学习的知识。学生的学习时间不局限于课堂内的45分钟，学习地点也不局限于教室，学生接受知识的时间更加充足，学习的地点更加灵活。而教师则通过网络动态资源库布置学生需要掌握的学习知识和需要完成的学习任务。随时掌握学生的学习动态，同时通过与企业的共建共享，即时了解行业的发展趋势和企业对人才的需求，在共建共享过程中不断提高自己的业务水平和教学效果。同时校企共建共享网络资源库的研究是以网络教学为前提，从校企合作角度开展“纺织材料检测”课程资源库建设，将会提高职业院校数字校园建设水平，创新教学模式。

2. 就企业而言

通过共建共享网络动态资源库提高企业的知名度，提高企业的研发能力，同时企业也不

必为新员工的培训而担心场地问题，企业员工可以通过网络平台和资源库进行学习，老师可以通过网络平台和资源库对企业员工进行培训和授课。让学校和企业的设备、技术实现优势互补，节约了教育与企业成本，是一种“双赢”模式。

二、校企共建共享开放型网络动态资源库存在的问题

1. 校企共建共享的意识淡薄

一方面针对学校来说，首先高职院校传统的教学模式是在教室和实训环境下以课堂教学为主，限制了数字化教学资源共建共享活动的展开。其次大多高职院校都是各自为战建设自己的数字化教学资源，造成数字化资源重复建设的现象严重。另一方面针对企业来说，因为数字化教学资源目前主要用于学校的教学，服务于企业的作用不明显，由于短时间内企业看不到经济效益。因此企业对数字化资源的建设与共享不热情。

2. 网络动态资源建设仓促，整合度不够

校企合作建设资源库的过程中，网络动态资源库的建设是一项长期的也是一个非常庞大的工程，需要大量的财力和人力。目前大多高职院校是为了一些项目的验收和示范建设验收而仓促建设资源库，尤其是校企合作建设的资源，很多资源是东拼西凑复制粘贴而来，原创性资源和动态资源少之又少，对企业的优质资源挖掘不够。同时各个高职院校的教学资源和行业的社会资源整合度严重不足。

3. 共建共享资源库的管理体制不完善，缺乏专业人才管理

在资源库的共建共享过程中，企业和学校是两个独立的主体，各自有自己的管理模式和管理体制，由于各自管理过程中存在着多头管理、各自为营，因此企业和学校很难做到共建共享。另外，在资源库的共建共享过程中需要专业的人才对共建共享过程中的设备、资源进行管理，专业的人才不仅需要有专业知识和计算机基础知识，同时还需要具备对网络设备维护、安装、更新和升级的技能。而我们在开发校企共建共享专业资源库的过程中，缺乏的就是专业管理人才。

三、校企共建共享“纺织材料检测”开放型网络动态资源库的实践

随着互联网技术的发展和社会对高技能人才的需求，数字化学习资源的共建共享尤其是学校与企业的共享共建受到高职院校和企业的重视，校企共建共享开放型网络动态资源库以满足学校教师学生以及企业专家员工的需求为宗旨，以“纺织材料检测”课程资源与企业的检测项目资源为单元，实现学校的“专业、课程”与企业的“岗位、技能”无缝对接。

1. “纺织材料检测”课程的数字化学习平台的构建

经过多年的探索和实践，盐城工业职业技术学院联合悦达纺织和盐城纤维检验所两大合作企业共同构建了校企互惠网络学习平台（图1）和“纺织材料检测”课程的数字化学习平台（图2）。

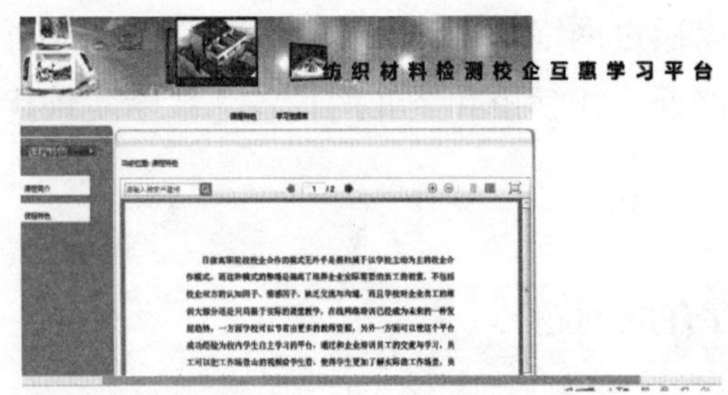

图1　校企互惠网络学习平台

图2　纺织材料检测课程数字化学习平台

2. “纺织材料检测”课程平台资源库的建设

通过校企互惠网络学习平台建设“纺织材料检测”课程的学习资源，教师与企业总监共同参与，共同完善“纺织材料检测”课程动态资源库，主要由静态共享资源（图3）、教学过程中的动态资源（图4）和专业领域内的时效资源（图5）共同组成。

图3　静态共享资源

图4　教学过程中的动态资源

图5　专业领域的时效资源

通过研究解决了教学过程缺少的企业和检测机构的真实案例的问题，通过企业参与资源库建设，解决了实验过程中缺少纺织品通用的检测规范的问题，解决了在课程试题库中在线检测的问题。

3. 实现“纺织材料检测”开放型网络动态资源库的开放和共享

作为资源库的建设，“开放”是手段，目的是“共享”。开放的含义是资源库中的各种资源免费提供给学生和企业员工等各种有需要的用户，突出学生和企业员工的在线自主学习。以开放的理念，让资源库能够面向院校学生、老师和企业人员，扩大受益面，服务院校教学的同时也能够服务于企业员工培训及能力提升。在资源平台的设计上做到对校内网和校外网的开放；除了校内教学、学生自主学习和企业员工培训以外，还要充分发挥地方行业协会影响力来加大宣传力度，保证2~3家紧密型合作企业共建共享的基础上，逐步吸纳更多优质企业参与到资源库的建设和使用中来。

4. 形成校企共建共享资源库的长效机制

网络资源库的内容除了常规的文本、专业图片素材、虚拟仿真课件、情景视频外，还包括企业参与建设的网络资源，其中包括由企业检测人员现场操作演示实验，生产过程中的真实案例等。企业在人员安排、案例提供等方面要能够积极参与，与院校专业教师密切配合，形成良好的共建机制。

四、结语

现在已经进入教育信息化时代，教育信息化已经成为教育教学改革的重要手段和标志性特征。同时，当前高职院校“校企合作，产教融合”的人才培养模式，也迫切要求将信息技术应用到校企合作的实践教学之中，这是今后高职院校教育教学改革重点研究和实践的方向。

参考文献

[1] 黄素平，陈春侠，毛雷. 高职校企互惠网络学习平台构建的实践与思考 [J]. 纺织服装教育，2015，30（6）：485-487.

[2] 薛以胜，林红燕，刘扬勋.高校共享型教学资源库的建设与研究 [J]. 电脑知识与技术，2012，8（14）：3333-3334.

[3] 陈海彬. 校企合作共建高职课程资源库 [J]. 电脑知识与技术，2011，7（26）：6523-6524.

基于多元智能人才观的在线开放课程建设

——以“新型纺织面料来样分析”课程为例

摘 要：多元智能人才观的教育理念聚焦发挥学生相对的优势智力领域，不同类别的学校应采用特色有效的方式对不同类型的人才加以培养。基于多元智能人才观，针对高职学生倾向形象思维的特点，以“新型纺织面料来样分析”课程为例进行MOOC课程平台的建设并上线，合理进行教学任务的设计、教学资源建设等。

关键词：多元智能；在线开放；课程建设；MOOC

一、基于多元智能的人才观

“多元智能理论”是由美国著名教育心理学家霍华德·加德纳提出的，认为每一个人身上都存在着相对独立的、与特定认知领域和知识领域相联系的八种智能。研究表明，具有不同智能类型和结构的人，对知识的掌握程度也不同。比如，职业教育的培养对象主要具有形象思维强的特点。形象思维强的人，获取经验性和策略性的知识相对较快，对陈述性理论知识的接收却相对困难，这也是职业院校学生的优势所在。

目前，国内很多职业院校对学生的智能类型进行了研究，并取得了一定的成果。例如，北京教育科学院职业教育与成人教育研究所对北京13所职业院校64个专业的4000多名学生的思维能力进行了调查研究，结果显示“在同等水平的推理中，当概念用直观图形表达时学生得分率较高，而当概念用文字或数字符号表达时学生的得分率就较低”；山东、广东、浙江、江西、陕西等省份都在积极探索以形象思维为主的具有另类智力特点的教学方法。国际上，德语系国家对人智力类型也做出了大量的研究并进行了实践。德国小学后分流的理论正是区别“逻辑思维及语言能力”和“形象思维和动手能力”的“多元智能人才观”，也是“双元制”职业教育的理论基础。

二、在线开放课程的发展

1. 基本情况

2012年，美国的顶尖大学陆续设立网络学习平台，在网上提供免费课程，Coursera、Udacity、edX三大课程提供商的兴起，MOOC（大型开放式网络课程，又称“慕课”）给更多学生提供了系统学习的可能。2013年，清华大学“学堂在线”、东西部高校联盟的出现，使网络课程已经成为越来越多高校学生拓展自身课程内容，开展个性化学习的资源平台。《教育部关于加强高等学校在线开放课程建设应用与管理的意见》的发布，对推动我国MOOC课程的建设具有重大意义。2016年6月，教育部《教育信息化“十三五”规划》指出，继续推动高校建设并向社会开放在线课程，不断扩大优质教育资源覆盖面。由此可见，在线开放课程的建设与应用已经成为“十三五”教育信息化建设的重要篇章。

近些年，以MOOC为代表的在线开放课程体系已初步建立。同时，大部分职业院校也建有各自的SPOC课程体系。但在建设过程中仍存在一些诸如教师建设积极性不高、课程资源质量总体不高、网络资源运用不足，影响效果等问题。

2. 在线开放课程的国家标准

2018年4月，教育部印发了《教育信息化2.0行动计划》，预示着教育信息化已经进入了课程、课堂时代。

2018年9月17日，在线课程国标GB/T 36642—2018《信息技术学习教育和培训在线课程》正式发布，2019年4月1日实施。本标准的第一起草人是CELTSC秘书长、清华大学计算机系郑莉教授。标准给出了在线课程的信息模型和要素、在线课程评价方案的信息模型，并规定了各要素的功能和属性以及相应的XML绑定。标准适用于对不同类型的在线课程开展建设级评价，适用于需要开放共享和不同平台间迁移的在线课程的设计、资源开发。

三、“新型纺织面料来样分析”MOOC的建设

基于多元智能人才观，针对职业学生的形象思维，在线开放课程其生动的课程资源、灵活的授课方式适合于当前高职院校的学生。

“新型纺织面料来样分析”课程作为江苏省在线开放课程已经完成建设并上线开课。为了使该课程资源得到更加充分有效的利用，符合高职院校及校外企业工作人员的需求，基于多元智能人才观，侧重于培养动手能力，以简单的语言、直观的操作与演示来适应形象思维强的学习对象。这就要求我们在教学时要充分考虑学生的智能特点，选择和运用多样化的教学手段和教学策略，因材施教。

“新型纺织面料来样分析”在线开放课程已上线开放3期，第4期正在开课中，其具体建设要点如下述。

1. 构建合理的课程框架

高职院校的课程改革是以就业为导向，明确人才培养工作的思路和目标；以工学结合为切入点，以工学结合作为课程改革的重要切入点。构建校企合作的课程教学方式，加强学习者实践能力和创新能力的培养。

“新型纺织面料来样分析”在线开放课程的建设，需充分发挥教师的主导作用，从关注教师如何教，过渡到关注学生如何学，“课程框架”在开放课程的学习过程中起着很重要的引导作用。“新型纺织面料来样分析”在线开放课程的课程框架见表1。

表1 “新型纺织面料来样分析”课程资源

项目	任务	各类资源数量
项目一 新型纺织面料的识别	任务一针织面料的识别	8
	任务二机织面料的识别	11
项目二 新型纺织面料基本结构分析	任务一正反面、经纬（纵、横）向的鉴别	9
	任务二经纬纱捻度和捻向的确定	9
	任务三面料成分分析	22
	任务四织物组织、结构的分析	16
	任务五织物经纬密度的测定	7
	任务六织物经纬纱线密度的测定	3
	任务七确定织物的经纬纱织缩率	4
	任务八织物单位面积重量的测定	5
项目三 新型纺织面料性能分析	任务一纺织面料的外观性能检测	8
	任务二纺织面料的耐用性检测	8
	任务三纺织面料的化学性能检测	7
项目四 新型针织面料分析实例	任务一新型圆机面料分析	5
	任务二新型横机面料分析	4
	任务三新型经编机面料分析	8
项目五 新型机织面料分析实例	任务一新型床品、台布面料分析	8
	任务二新型丝绸面料分析	9
	任务三新型窗帘面料分析	4
	任务四新型沙发布面料分析	5

“产品化教学”是高职教育“教学做”一体化的模式之一。“产品引领”的教学模式，使学生在掌握理论知识的同时能够综合加以应用，进行真实面料的分析。针对“新型纺织面料来样分析”采用混合式教学模式开展授课进行总结，并不断调整和改进，创新适合课程特点的教学模式；将混合式教学模式在更多的课程教学中试用，形成信息时代基于微课资源开展翻转课堂教学的有特色的高职院校混合式学习方式。

2. 开发形象的课程资源

针对在线开放课程以及高职学生的智力特点，生动、形象的视频资源和丰富、多样的课程资源（图1）尤其重要。在建设过程中需要注意以下几方面：

（1）视频资源精心策划。视频资源是在线开放课程中最直接的课程资源，学习者可以直观地从视频资源中学习到相关的知识。视频资源在准备时需要精心策划，从课程的整体出发进行设计，针对每个任务的主要知识点进行制作。

（2）动画实操细节讲解。视频资源是在线开放课程的最直观表达形式，除了授课视频的拍摄外，动画、实操操作视频等能够帮助学习者突破重难点的学习。

（3）多种资源有力补充。除了视频资源，在线开放课程的资源还可以有授课标准、教案、课件、相关国家或行业（纺织品检测）标准等。

（4）课后练习适量得当。课后练习是在线开放课程的重要部分，一方面可以供学习者检测自己在线学习的效果，另一方面也是学习者课程是否过关的主要依据。

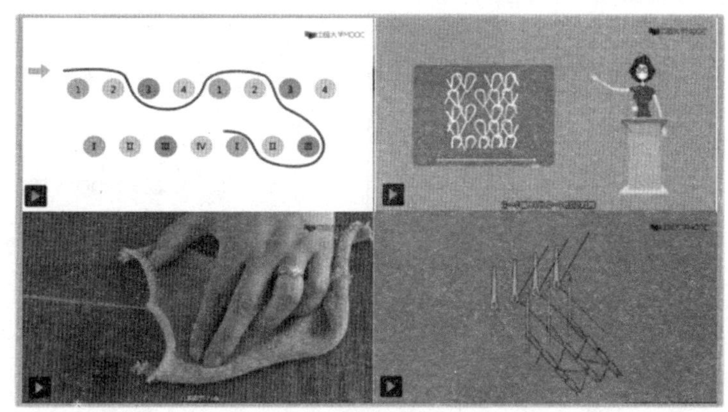

图1　形象的视频资源

3. 采用多元化的评价方式

在“新型纺织面料来样分析”在线开放课程的授课过程中，采用多元化课程考核的模式，考虑到网络课程学习、翻转教学效果、微信平台使用、学生作品、平时表现、理论知识掌握等几个方面，其比重如下：

总评成绩=网络课程学习×20%+翻转教学×20%+微信平台学习×10%+作品评价×20%+平时表现×10%+理论考试×20%

4. 重视与学习者的讨论交流

“师生互动”“讨论交流”是国家在线精品课程认定的主要指标之一。因为在线课程授课的特殊性，授课者与学习者无法面对面的直接交流，“讨论”显得尤为重要。在开放课程建设过程中，要注意设计好“讨论”的主题；在开放课程上新过程中，要注意保持与学习者的互动和交流。

5. MOOC与SPOC相互结合

SPOC（小规模限制性在线课程）与MOOC（大规模在线开放课程）不同，SPOC将网络课程与实体课程结合，弥补了MOOC呈现方式单调、针对性指导缺失、在线参与度不高的不足，带给学生不一样的学习体验。

针对校内学生的学习，可以开设与MOOC同步的SPOC，将在线学习和面对面教学相互融合，有效进行基于网络课程的高职院教学模式改革。因此，基于在线开放课程、翻转课堂等交互式网络创建“MOOC-flipped classroom-SPOC”（以下简称“MFS”）式“混合式”教学模式，可以应用情景创设、专题引导等多种方式。但混合式教学模型顺应当前网络教学时代的需求，符合高职院校网络课程教学的要求。采用“混合式”教学为主，将面对面教学、网络学习、协作学习等有效融合在一起，使信息技术高效促进个性化学习。适用于MOOC与SPOC融合的MFS混合式教学模式参考如图2所示。

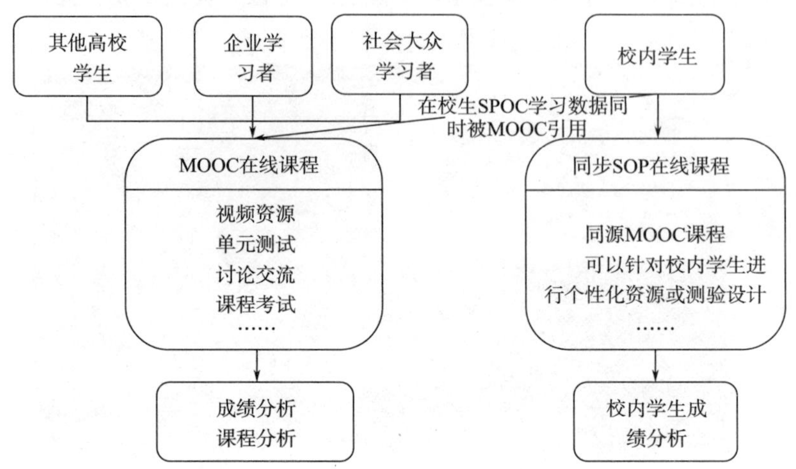

图2 适用于MOOC与SPOC融合的MFS混合式教学模式

四、结语

经过两年的建设和开放，“新型纺织面料来样分析”课程已于2018年12月被认定为国家级精品在线开放课程。

该课程是以“多元智能人才观”理论为指导，针对高职学生倾向于形象思维的特点，建设并上线“新型纺织面料来样分析”的MOOC和SPOC。课程任务选自企业真实工作任务，内容符合高职院校及校外企业工作人员的需求，以简单的语言，直观的操作与演示来适应形象思维强的学习对象。同时，引入“技能菜单”，不同层次和特点的学生可以根据自己的情况进行选择，探索在线开放课程的个性化学习模式。

多元智能理论蕴涵着尊重学生差异的学生观、个性化的课程观、多样化的教学观和多元化情境化的评价观。基于多元智能人才观建设MOOC在线开放课程，深刻体现尊重学生个性多元化教学及评价的教育理念，对高职教学改革和发展具有重要的启示意义。

参考文献

［1］张健，郑晓凤. 基于MOOC的高校混合式教学模式设计与实施［J］. 中国成人教育，2018，16（11）：96-98.

［2］孙雨生，程亚南，朱礼军. 基于MOOC的高校教学模式构建研究［J］. 远程教育杂志，2015（5）：65-71.

［3］李辉. 高校开展MOOC教学的设计与实践［J］. 当代教育实践与教学研究，2016（12）：8.

校企协同开发SPOC课程资源实践研究

摘　要： 对MOOC和SPOC两个相似的在线网络课程进行比较，介绍SPOC课程建设的国内外建设现状及实际应用价值，叙述基于校企深度合作的高职院校SPOC课程资源开发与实践的建设思路及具体实施过程，并介绍课程的建设目标，实践表明通过校企共建SPOC资源建设，可以更好地适应社会大众的学习，尤其是对于那些具有一定专业基础的学员。

关键词： “SPOC”平台；实践研究；校企协作；自主学习

一、国内外研究现状与价值

1. 国外的研究现状与价值

自2012年MOOC开启以来，随着平台数量的急剧加速，引发了MOOC的质量危机，所以2013年以来各高等学府开始研究新的在线教学模式，比如哈佛大学、加州大学及和麻省理工学院，先后进行了SPOC实践，事实表明，SPOC反响非常良好，相对于纯MOOC，SPOC的教学效果更为有效，几所学校开设的SPOC实验共同点在于要求学生每周必须保证一定的课外学习及观看视频的时间，并参与在线讨论，课程结束时参加考试，通过者获得课程完成证书，相对于传统的课程的而言，SPOC实验学生考试的成绩及通过率均有所提高，自动评分功能减轻了教师的负担。高等教育的学习者不但要接收信息，还要会讨论、思考、整合学习内容，最终才能形成自己的认识，实践表明SPOC做到了这一点。

2. 国内的研究现状与价值

中国大学正式开始SPOC实践是开始于2014年9月，当时共有50多所高等院校的60余名教师参与70多门课程的SPOC教学资源建设，学习者达2万人左右，目前国内建设SPOC资源库的功能定位是人人能学，时时辅教，设计的原则是科学实用，标准统一、共建共享，建设的要点是基于需求搭建资源库功能框架，把资源库建设得更标准更实用。强化资源与教学模式创新是SPOC资源建设努力的方向，当前国内SPOC建设基本上都是本着学校内部的教师资源，而缺少企业的参与，企业的能工巧匠既可以是SPOC资源库的使用者，也可以是建设参与者，在SPOC的使用过程中，他们通过知识的讨论与整合，创作出一系列的优秀的作品，必然会对资源库的建设产生“反哺”，校企合作开发SPOC实践对学习者的终身教育有进一步的价值与意义。职业教育校本资源库的建设充分利用企业行业的资源定会使不同起点，不同层次的校内外学习者受益。

二、课程的建设的目标

SPOC资源建设的目标是优化教育资源，降低教育成本，提升服务学生和社会的能力。特点是学生参与教学活动并完成教学任务，老师严格按照要求在线组织、实施管理教学过程，教学过程中需要互联网与课堂相结合，改革与创新教学模式。校企合作建设“SPOC”资源库是为了利用企业优势资源，构建校企互惠“SPOC”平台，最终达到“互为人师、交换技能”的目标。

三、课程建设思路

1. 前期准备工作

首先确定需要建设SPOC资源的课程，确定课程校内负责人，然后根据校企合作单位，确定好课程建设的校外教师，根据调研资料校内外教师共同确定教学内容，课程组对教学结构进行设计，主要包括课程名称、课程定位、课程深度、课程容量、每周学时数、课程周数、每周教学内容等。课程负责人组织各位参与课程建设的教师完成并上传课程内容。上课的对象主要是针对校内学生和企业员工，学习者必须有一定的先修条件和规模限制。

2. SPOC资源建设过程

资源建设主要分为三个部分，第一部分是视频拍频，一门课程由多个视频片段组成。视频中主要部分是教学视频的设计与拍频，每个视频的时间不超过10分钟，一般在5分钟左右，每个视频对应一个任务，为便于学习者学习，要求视频动作流畅，语音清晰。除此以外为了吸引初学者进入课程学习，要对课程宣传片进行精心设计。为了提高学习者的学习兴趣，也要准备视频的片头片尾。第二部分是非视频的内容制作，这部分主要包括教学资料的准备比如教案、授课计划、课程标准、PPT等。在线课程有讨论区和测试区，所以课程组老师还要准备随堂测验、讨论主题、单元测验及作业等。全部准备就绪，第三部分工作就是课程内容的发布，一般要求开课前两个月发布。

3. SPOC资源运行流程

首先要发布课程预告，然后是学习者的筛选，设置的主要限制条件是根据学习者基本知识的掌握程度，每门课的规模要小于100人，然后开始每周授课，定期测验与讨论互动，学习完成后进行线下的结课考试，考试合格的同学发放课程证书，在校的学生也可以直接给学分。

4. 课程评价与总结

课程评价主要来自学习者，也可来自同行专家。一门课程建设应该是在不断完善与整改这一闭环过程中进行的，也是一个螺旋式上升的过程，这个过程是基于课程建设与发布运行、课程评价与总结、课程的完善与整改这一循环过程来完成的。

SPOC课程建设前期准备如图1所示，课程建设过程如图2所示，课程运行过程如图3所示，最后是课程评价与总结，一门课程建设应该是在不断完善与整改这一闭环过程中进行的，如图4所示。

基于此过程盐城工业职业技术学院纺织服装学院的课程团队与盐城市纤检所检验员协作开发了“新型纺织面料来样分析”课程省级SPOC平台（图5），课程建设已有一年多的时

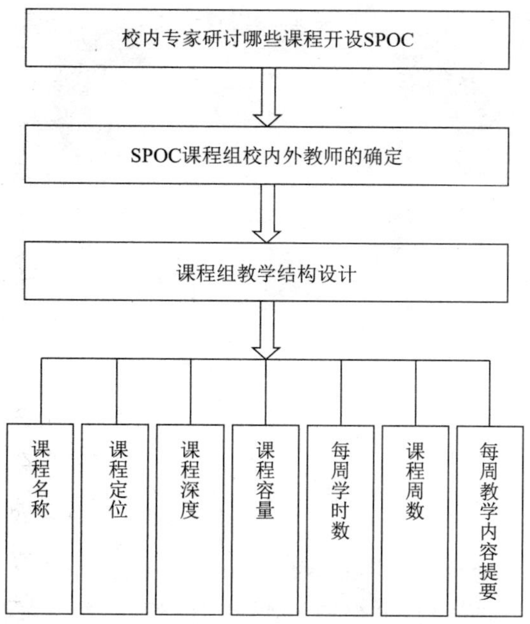

图1　SPOC课程建设前期准备

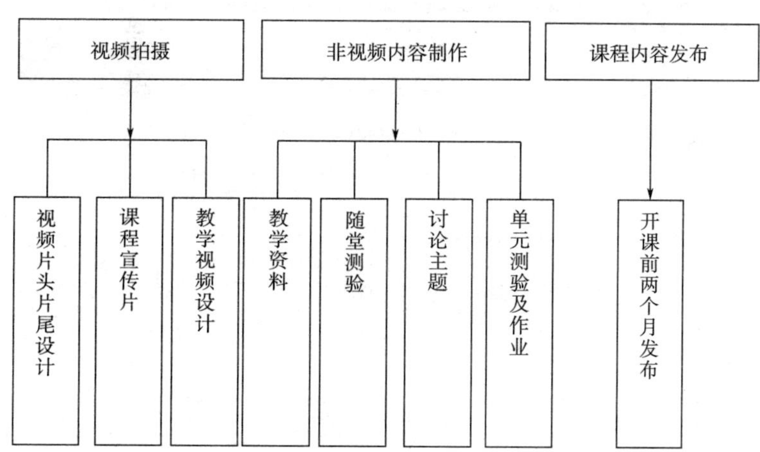

图2　SPOC课程建设过程

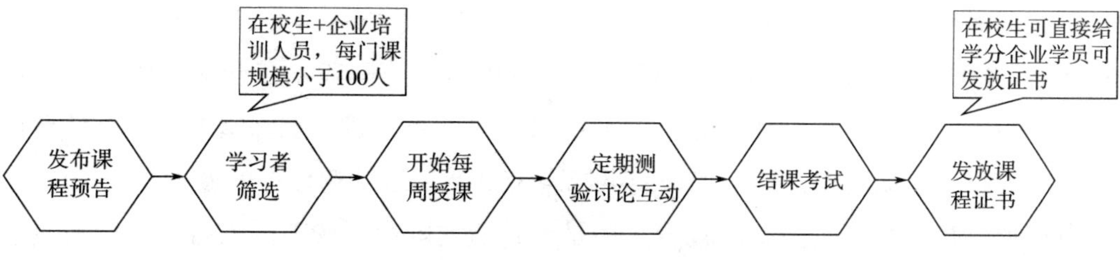

图3　SPOC课程运行流程

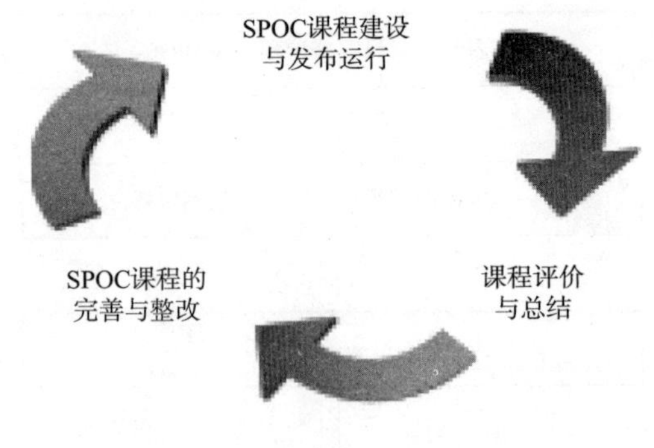

图4 评价与总结

课程详情 课程评价(109)

课程概述

《新型纺织面料来样分析》授课面向现代纺织技术专业、纺织品检验与贸易专业、纺织品设计专业及其相近专业的高职高专二年级的学生，同时也面向企业技术人员及广大纺织爱好者。

近几年，围绕着高职人才培养目标，开展了多项高水平的教学研究与改革项目，对人才培养方案、教学内容、教学方法与教学手段、考核评价方式等方面进行一系改革与创新，其中“自我教育引导”的教改成果与课程特色在国内高职课程建设中具有很好的印鉴作用。学习这门课之后，学习者能够掌握新型纺织面料各项工艺的分析方法与技巧，适应企业的需求。

多年来，我校创新高职文化，坚持将学校文化与企业文化、行业文化、地域文化有机融合，培育形成了“求实”文化。《新型纺织面料来样分析》授课面向纺织及其相关专业的学生，同时也面向企业技术人员及广大纺织爱好者。梳理“新型纺织面料来样分析”的教学内容和环节，结合企业相应工作岗位的素养要求，分析发掘课程教学中的思政元素并融入专业教学，确定**《新型纺织面料来样分析》的课程思政建设目标**是通过专业知识与思政教育的融合，**加强社会主义核心价值观在学习者个人层面的落实，并能持久推进个人成长，潜移默化中促进学习者整体素质的不断提升，推进地方纺织产业的持续发展。**

授课目标

通过该课程的学习，从专业的角度来看，能够掌握纺织面料的分析方法，具备分析各种机织物和针织物的能力；从生活的角度来看，选购衣服的时候，可以辨认不同服装面料的原料、组织结构等，并能够判定服装面料的穿用性能，并以此做出购买决定。

《新型纺织面料来样分析》授课面向纺织及其相关专业的学生，同时也面向企业技术人员及广大纺织爱好者。梳理"新型纺织面料来样分析"的教学内容和环节，结合企业相应工作岗位的素养要求，分析发掘课程教学中的思政元素并融入专业教学，形成"自信、匠心、诚实、细致"的课程价值核心观，对应于"爱国、敬业、诚信、友善"的个人行为层面对社会主义核心价值观基本理念的凝练。

本着"三全育人"的原则，课程建设引入企业文化，注重"德育素质+技术技能"培养的同向同行。

课程大纲

01 新型纺织面料的识别

掌握一些纺织面料的性能特点，能进行不同机织面料和针织面料的区别。主要讲授“面料识别”的相关知识，融合思政元素“自信”，对应社会主义核心价值观中“爱国”。中国纺织技艺博大精深。教学中，通过引经据典，学习和对比古今面料，引导学生的家国情怀，从而树立“自信”。对国家自信，对学校自信，对专业自信，以及对自己自信。

图5 省级SPOC平台

间，学员累计两千多人次，评价效果好，达到了预期效果。

4. SPOC课程建设实践意义

SPOC资源建成之后实行的是线上和线下学习相结合的模式，在开课之后课程负责人先让通过审核的学员（校内学生和企业员工）在线自主学习，然后在课堂上进行有针对性的答疑、讨论、实验等互动活动，接下来是线下综合考试及最后结业证书的颁发。当前SPOC课程都是校内教师自行组织，企业参与较少，还是与企业实际生产脱节的教育，违背校企合作，工学结合的理念。通过校企共建SPOC平台，实现了教学的优势互补，主要体现在以下几个方面：

（1）学员够根据自己的学习计划和实际需要，进行自主学习、个性化学习、创造性学习，促进了学生学习兴趣，变被动学习为主动学习，以促进学生个性发展为目标的学习模式提高了学员自学和创造性学习的能力。

（2）教学时间和空间更加灵活，SPOC学习平台可以根据学员的基本特点对课程内容进行发布。学习过程中要不断引导学生进行择性学习，防止学生在数量巨大的教学资源中迷失方向。课后复习和巩固所学习的知识。学员的学习时间不再局限于课堂上的45分钟，学习地点也不再仅仅局限于教室，学习的时间和地点更加方便灵活。更是迎合了企业员工工作繁忙而又想提升自身能力的需要，他们可以利用工作之余的任何时间和地点进行选择性学习。

（3）充分利用网络这一平台，可以把企业员工平时的工作场景和技能操作以及自行开发的新产品以作业的形式或是在交流区上传，供在校生的学习和参考。

（4）SPOC平台能够减轻学生之间及师生之间交流的压力，营造一种更为平和的学习氛围，便于学生开展自主学习和个性化学习。

（5）技能学习与理论学习策略研究发现高职教育的典型特征是具有鲜明的职业岗位针对性，所以专业技能教学是高等职为教育教学过程中的重要环节。而创造专业技能学习情境，是提高在校生专业技能学习效果的策略之一，而能提供这一真实情境的恰恰是企业。学生和员工通过网络实现自主学习、探索性学习与互动学习交流。员工和学生在SPOC平台上的论坛部分或交流区的角色既是学生又是老师。他们在学习的过程中找到乐趣，同行的交流更加方便。

5. 结语

通过SPOC学习平台的建设，实践表明，该平台为学生的合作学习提供了空间和时间的便利。高职院校纺织专业与企业合作开发在线课程资源促进了资源共享，带动了相关专业的发展，也更加适应当前经济转型发展，产业升级，产业结构优化的现状。

参考文献

[1] Zhu Gong. English-teaching Classroom Teaching Model Based on Ability-oriented SPOC for Higher Vocational Hotel English [C]. Proceedings of 2018 the 2nd International Conference on Sports, Arts, Education and Management Engineering (SAEME 2018). Wuhan Zhicheng Times Cultural Development Co., Ltd.

[2] Peng Xifeng. Discussion on Classroom Teaching Strategies of Basic Accounting in Higher Vocational Colleges Based on SPOC [C]. Research Institute of Management Science and Industrial Engineering.Proceedings of 2018 International Conference on Education Technology, Economic Management and Social Sciences (ETEMSS 2018).

[3] Hongyan Li. Application Research on Teaching Model of College Flipped Classroom Based on SPOC [C]. Research Institute of Management Science and Industrial Engineering.Proceedings of 2018 2nd International Conference on Social Sciences，Arts and Humanities（SSAH 2018）.

第四篇

实训基地

产业学院模式下纺织服装实训基地建设的探索与实践

——以盐城工业职业技术学院纺织服装学院为例

摘　要：为提高职业教育服务地方经济的水平，构建悦达纺织产业学院模式下纺织服装实训基地，梳理基地的基本情况和建设思路，确立生产性实训基地的建设内容，明确基地建设的主要举措，实现基地在实训课题、技能鉴定、人才培养、生产实践方面的功能。进一步提升实训基地服务校内师生、企业员工以及面向全社会开放的技术推广能力。开放性纺织服装技能实训基地的建设，为现代纺织服装产业发展提供人才支撑和技术服务。

关键词：纺织；产业学院；生产性；实训基地；建设

近年来，国务院、教育部、江苏省政府、江苏省教育厅先后出台了深化产教融合、加快发展现代职业教育、建立现代职业教育体系、提高职业教育服务地方经济社会发展能力与水平等系列文件、规定和行动计划等。盐城工业职业技术学院积极响应，实施双主体、五融合，拓展多元化办学体制，建立理事会领导下的现代产业学院。基于现代纺织技术高水平专业群，积极筹建现代纺织技术专业产教跨界融合的纺织服装实训基地（简称“基地”，下同）。在省示范院校建设期间，江苏悦达纺织集团、亨威实业集团分别以各种方式对示范院校纺织与服装两个重点建设专业在人才培养模式创新、课程体系改革、师资队伍建设、实验实训条件建设等方面投入158.69万元、98万元，同时开展联合冠名订单培养、工学交替等多样化的人才培养模式改革，参照职业岗位任职要求制订培养方案，引入行业企业技术标准开发专业课程。本文基于产教协同建设理事会制度下的“悦达产业学院”，探索建立的“校中厂”和“厂中校”实习实训基地模式。

一、纺织服装实训基地的建设思路

在学校理事会的指导下，依托纺织专业，学校牵头组建盐城市纺织职业教育联盟，完善了科技研发平台，形成了省、市、校三级梯次的发展体系。合作企业悦达纺织集团为全国纺织行业50强企业，以企业为主、学校为辅双方共同规划产业学院发展，共构内部组织，共同建设人才培养软硬件资源，共同管理产业学院运行，共享人才培养、技术研发等成果，共担办学运营风险。全面探索和试点混合所有制，突破校企双主体办学的利益制衡瓶颈，构建办学盈利内循环，建成“公办性质、混合体制、市场机制”的悦达产业学院（图1）。建立了盐城教育资源共享机制，开展面向职业院校和学生、企业员工的专业技能培训，技能鉴定积极推进校企合作长效体制机制改革，建立了以职教联盟为依托的校企调控机制和企业资源共享机制。形成了学校与专业园区、行业协会合作的校园（会）合作新模式，成功实践了校企协

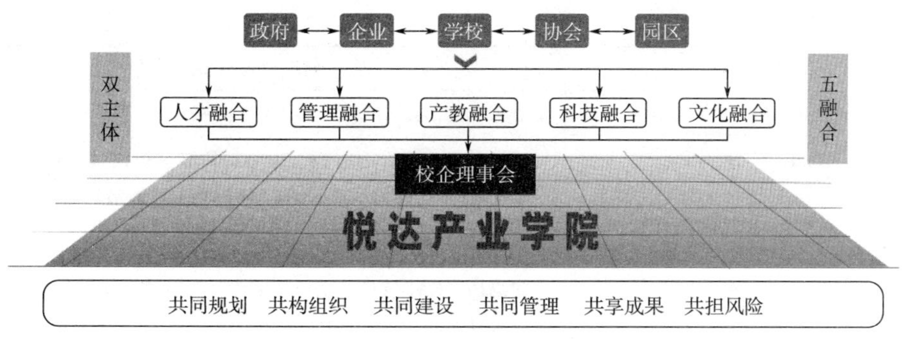

图1　悦达产业学院架构

同育人机制和协同创新机制。

在产业学院模式下依托国家级纺织服装实训基地、江苏省生态工程技术中心等优质资源条件，以学校主干专业链与地方支柱产业链“双链”对接，理论教学和实践教学“双教”融合，学历证书与职业资格证书“双证”融通，学校文化与企业文化“双元”互动的“四双”人才培养模式为基础，坚持开放共享，互惠共赢的原则，以国际化视野，建设绿色智慧纺织服装云实训平台，实现纺织行业机器代人的示范、技能人才培养的示范、实践型师资的示范、产教合作的示范和先进管理的示范，向全社会开放，力促纺织服装专业群、创意设计专业群、现代制造专业群和商贸专业群全面受益。建设国内一流开放性纺织服装技能实训基地，为现代纺织服装产业发展提供人才支撑和技术服务。

二、纺织服装实训基地的建设实践

瞄准“生产实训、技能鉴定、产学研合作、学生创新创业”要求，依托悦达产业学院，纺织服装实训基地双主体共建纺织检测中心、纺织品设计中心、纺织生产中心和技能鉴定与培训中心的校内技能训练平台，建成集技能训练、技能鉴定、项目研发和创新创业功能于一体的国家级纺织服装实训基地，实训基地仪器设备见表1。

表1　实训基地仪器设备情况一览表

项目	建设内容	新增仪器设备或软件
检测中心	新建纺织品检验与分析一体化教室	条粗测长仪、纱线条干仪、纱线毛羽仪、自动纱支测试系统、棉条棉结和杂质测试仪、手摇捻度仪、纤维细度分析仪、单纤维强力仪、电子单丝强力仪、纤维卷曲性测试仪、比电阻测试仪、电子单纱强力仪、缕纱测长机、电容式条干均匀度仪、织物平磨仪（马丁代尔）、折皱回复仪（水平）、纺织品甲醛含量测试仪、MC棉纤维气流仪、感应式静电仪、平板式保暖仪、缩水率试验仪、织物阻燃性能测试仪-垂直法、织物阻燃性能测试仪-水平法、织物阻燃性能测试仪-45°法、织物沾水度测试仪、NDJ旋转式黏度计、手持式糖度计、拉链横向强力测试仪、钮扣拉力测试仪、梅特勒PH计、摩擦色牢度仪、织物撕破仪、多功能电子织物强力仪、织物折皱回复仪、电子硬挺度仪等
	完善实训室10个	
	新建半制品检测中心	

续表

<table>
<tr><th>项目</th><th>建设内容</th><th>新增仪器设备或软件</th></tr>
<tr><td rowspan="4">生产中心</td><td>建成“校中厂”2个</td><td rowspan="4">喷气织机4、喷水织机4、微型清梳联合机1、电脑控制花式捻线机小样机1、多功能细纱机改造1、电脑粗纱机改造1</td></tr>
<tr><td>新建纺织生产中心</td></tr>
<tr><td>完善实训室3个</td></tr>
<tr><td>与悦达家纺共建产品设计中心1个</td></tr>
<tr><td rowspan="2">设计中心</td><td>新购软件4个</td><td>织物仿真CAD软件、纺纱工艺设计与管理系统软件、远恒外贸跟单模拟实习平台、纺织面料设计软件</td></tr>
<tr><td>新购设备4台</td><td>气动小样机8台、半自动大提花机、多功能毛巾打样机、针织袜机</td></tr>
</table>

1. **运用虚拟技术，共建基地检测中心**

依托国家级纺织服装实训基地，发挥盐城市政府牵头组建学校周边的大数据产业园区，打造智慧云平台，与江苏悦达棉纺有限公司、盐城市纤维检验所合作共建云检测中心，帮助企业发布检测供需求信息，与企业合作共建仿真检测项目及其操作过程，采集来自不同企业的检测数据，运用云计算技术对采集的数据进行诊断和分析，一方面帮助企业解决生产实践中的产品质量问题，另一方面将数据进行归纳整理用于《纺织材料检测》《纺纱技术》等教学案例中。纺织材料检测仿真平台可用作校内教学及社会人员的云培训在线资源。

2. **坚持绿色设计，共建基地设计中心**

依托校企共建的校内悦达家纺研发中心和服装设计中心，采用设计师个人智力入股的合作模式，以引领行业发展为目标，依托江苏省生态纺织研发中心，建设线下的绿色智慧纺织服装研发实训基地和线上的云设计中心，重点建设生态环保的绿色纺织材料实训室和服装智能研发中心，拓宽学生对于纺织前沿科技的知识面，培养学生将先进材料、创新设计理念应用于纺织服装产品设计领域的创新思维能力。通过搭建云设计中心，帮助校内师生和设计师实现所设计和研发作（产）品市场化运作，新型纺织材料实训室主要购置静电纺丝设备、接触角测试仪等仪器设备，用于纺织新材料研究和产品设计。整合现有的唯洛伊女装工作室和亨威职业装研发中心，借助现有的三维人体扫描仪和三维试衣系统扩建成服装智能研发中心，与企业技术骨干人员共同组成三维服装产品研发团队，承接亨威等服装企业的产品开发项目和服装的个性化定制项目。

3. **打造智慧型车间，共建基地加工中心**

利用仿真技术，打造智慧型生产车间，搭建校企远程系统建设实景教学中心，是解决人才培养脱节企业生产需求的重要手段。在原有国家级纺织服装实训基地的基础上，通过改建细纱、机织生产实训室，增添NI虚拟仪器平台、机器视觉系统等设备，用于智能化、节能型纺织生产设备的教学与研究；与悦达纺织合作共建棉纺、织造车间MES实训中心，实现对细纱、织造车间的生产情况实时了解和对质量情况进行实时分析；开发织机HMI模拟仿真软件，实现现代织机虚拟仿真实训。建设纺织实景教学中心，实现厂中校中的教学现场与企业生产现场同步，帮助企业分析生产中出现的质量问题，帮助其分析和解决产品质量问题，提出合理化建议，不断提高企业的信息化、智能化管理水平，帮助企业打造数字工厂，实现精益生产。

4. 坚持绿色供应，共建基地营销中心

借助“互联网+”，依托产业学院的省示范性创业实训基地，建设服装电子商务实训中心，依托江苏亨威实业集团搭建电子商务营销平台，通过对学生进行电商创业认知、创业培训、创业模拟和创业实战，与亨威集团合作，整合企业教育资源，校企合作共同开发服装电商实训教学资源和实训项目，以企业电子商务业务流程为导向，开展纺织服装相关专业学生的电子商务技能训练，指导学生完成以服装项目为载体的电子商务营销工作任务，服务部分学生今后从事网络产品运营与网上创业，并引进亨威集体先进管理理念，并融入企业优秀文化，亨威集团业务部门提供相关岗位供学生开展网络营销实践训练，不断强化学生职业道德、职业技能、职业精神和就业创业能力，培养学生掌握电子商务运作知识，并能进行网站策划、网站设计、网站运营或网络创业。结合纺织服装学院成立电商社团，建设服装创业孵化中心，开展电商知识培训和网络产品运营实战训练，帮助有梦想的学生成功创业。

5. 坚持服务理念，共建基地培训服务中心

依托产业学院设有的国家级纺织行业特有工种职业技能鉴定站，通过信息技术将校内纺织服装专业数字化网络教学资源和合作纺织服装行业企业的各种专业教学资源进行深度整合，建立纺织服装专业人员云培训平台，打通各方专业人士沟通交流学习平台，促进师生全面发展和业内人士不断学习进步，实现学校、行业、企业和学习者之间的互联互通、有效整合，共建共享各方优质专业学习资源，实现专业知识和技能的在线学习、学校师生、行业企业管理者、技术人员、一线员工之间的广泛交流互通，促进从业人员知识和业务水平不断提高。在线下培训平台建设方面，通过改造更换部分仪器设备，重点新建国际职业能力训练中心，打造纺织服装国际贸易实践教学平台，添置计算机、传真机、语音设备等设备，环境模拟外贸公司的布局与风格，以营造出全真的实训环境；修缮和改造升级生产设备，将各实习实训教室模拟成对应生产加工基地，以完成国际贸易业务的全流程模拟。以校中厂的形式探索实践与亨威实业集团合作在云培训服务中心建设远程实景教学系统，实施现代学徒制。

三、纺织服装实训基地教学模式建设

基地针对不同的使用对象和需求采用学徒制实训模式、短期强化培训模式、研发式实训模式等全新教学模式，开发相关培训课程、技能包、教材、操作手册等材料，以满足受训者的需要，提升实训效果。

1. 现代学徒制实训模式

基地坚持开放共享性原则，优先为盐城市纺织职教联盟内、区域内院校的在校学生开

展绿色智慧纺织服装产品设计、生产、检测、经营与贸易等方面的专业技能实训。实训采用“入校即入企、上课即上岗”实训模式，实行“师傅+老师”的双导师培养，以“校中厂、厂中校”为平台推行现代学徒制教学模式，对接纺织服装产业最新职业标准、行业标准和重点企业岗位工作规范，结合岗位工作实际过程，梳理典型纺织服装企业岗位技能菜单，构建“全真型全流程项目化”专业实践教学体系，参照《悉尼协议》构建专业建设质量保障体系，引入但不照搬国际职业资格标准，建设体现导做导学的实践教学特色资源，充分体现校企协同育人。

2. 短期强化培训模式

针对院校教师专业技能需求，结合行业特点和教学标准，开展核心专业技能的短期培训；针对企业员工和社会待业人员生产一线需求，开发培训课程、模块技能包、教材、培训手册，实现私人订制的培训内容和培训模式。

3. 技术研发式实训模式

依托实训基地产业优势，围绕现代纺织服装产业链，集聚社会优质资源，进行纺织新产品、新工艺、新技术、新模式等研发推广，以招标的形式吸纳全国范围内的师生加盟研发，拓展师生的创新意识和能力，提升人才培养的核心竞争力。

4. “互联网+实训”模式

以现代纺织服装产业互联网技术，以产业学院实训基地为主体，以其他各校外实训基地为辐射点，建立一体化、一站式，全面开放、共享、合作的纺织服装企业信息化管理实训平台。按照模块化、功能化和集成化的原则，整合和汇聚现有信息网络资源，建设面向纺纱、织造、服装等不同领域的典型车间信息化物联网应用子系统，远程开展实践和训练任务，完成观摩和学习，以适应职业教育专业技能实训教学的需要。

四、纺织服装实训基地建设成效

1. 面向院校师生开放，提供实训技能训练服务

基地为现代纺织专业群、服装相关专业、经管类专业提供生产真实环境。预计可以供区域内同类院校师生培训200人次/年；盐城工业职业技术学院学生技能实训2000人次/年。此外，通过开展学生承包经营等创业活动，培养创新意识、创业能力，增强学生的就业核心竞争能力。

2. 面向企业员工开放，提供新技术培训服务

通过与合作企业开展产学研合作，切实解决智能制造和信息化背景下纺织服装企业在生产管理过程中遇到的问题，同时，进行新产品、新工艺、新技术和新模式的引进和改进，把高性能、多功能型的纤维原料以及半制品和成品，国际纺织服装外贸业务技能训练、个性化的服装私人订制等研究成果运用到合作企业进行推广，实现产教深度融合，基地每年为企业培训员工1000人次以上。

3. **面向全社会开放，提供产业开发与技术推广服务**

依托实训基地，开展纺织服装新产品、新工艺、新技术和新管理及营销模式的研究开发和推广工作。面向全社会纺织服装企业推广智慧纺织服装云实训平台上的信息化专业学习资源、信息化管理经验和质量管理和控制指导，校企联合开展纵横向课题5项/年，为企业开发新产品10项/年，成果转化合同5项以上，师生申请专利10项/年，技术培训、技能鉴定、技术研发和技术服务等服务项目到账经费达300万/年。

五、结语

产业学院背景下纺织服装实训基地具有完善的设备、丰富的线上资源，校企共建加工中心、检测中心、设计中心、培训中心可以满足实训课题、技能鉴定、教师教学、生产实践，可提升实训基地服务校内师生、企业员工以及面向全社会开放的技术推广能力，也为学生参与企业实践、企业解决技术瓶颈、进一步提升学生技能水平和实现资源共享奠定了基础。产业学院背景下纺织服装实训基地的建设，适应互联网+形式和企业的转型升级要求，有力地促进了学校高职教育教学改革的不断深入改革，有力地促进了现代纺织技术高水平专业群建设，对学校职业教育的未来发展产生深远的影响。

参考文献

[1] 倪进方，刘剑清，周洪梅，等. 产教跨界融合下服装专业生产性实训基地建设研究：以广州南洋理工职业学院为例[J]. 黑龙江纺织，2020（3）：34–39.

校企双主体合作办学模式下纺织服装实训基地的建设与探索

摘　要：为实现现代纺织技术专业高素质技术技能型人才培养目标，充分发挥纺织服装实训基地的基本功能，深化校企合作，盐城工业职业技术学院纺织服装学院与江苏悦达纺织集团实施双主体共建实训基地。介绍校企双主体合作办学模式下纺织服装实训基地建设背景、建设的基本思路，以及实训设备配置方案、实训基地建设的运行模式。校企双主体共建实训基地建设取得了显著成效，满足了“训、鉴、研、创”要求，打造了一支优质“双师型”师资队伍，学生技能不断提高，毕业生就业率高，基地示范作用强，社会服务成效显著。

关键词：校企双主体；合作办学；纺织服装；实训基地

一、校企双主体合作办学模式下纺织服装实训基地建设的背景

《教育部关于全面提高高等职业教育教学质量的若干意见》（教高〔2006〕16号）明确提出，高等职业院校要按照教育规律和市场规则，本着建设双主体多元化的原则，紧密联系行业企业，不断改善实训、实习基地条件，积极探索生产性实训基地建设的校企组合新模式。为实现现代纺织技术专业高素质技术技能型人才培养目标，充分发挥纺织服装实训基地的基本功能，办出纺织特色高职教育，作为江苏省品牌专业和示范建设重点专业内涵建设的核心，盐城工业职业技术学院纺织服装学院现代纺织技术专业与江苏悦达纺织集团合作共建共管生产型实训基地，深化校企合作，实现现代纺织技术专业工学结合人才培养目标。

二、实训基地建设的实施内容

1. 实训基地建设的基本思路

盐城工业职业技术学院纺织服装学院与江苏悦达纺织集团通过共建实训基地实现校企协同育人机制，基地建设以现代纺织技术专业群建设为依托，结合校企合作企业及行业发展的最新需求，围绕专业建设需要，跟踪最新技术，努力建成与企业真实生产环境相一致的实训基地，培养学生的职业素质，训练学生的职业技能，实现与企业的无缝对接。

2. 实训设备的配置

为切实发挥实训基地在人才培养中的重要作用，使实训设备的购置达到最优化、使用功能最大化，实训设备的选择主要突出岗位技能的要求，同时兼顾教师科研实验、职业认证培训等社会服务要求。

目前，盐城工业职业技术学院纺织服装学院实训基地设备资产总额达1306.8万元，占地面积达3万平方米，各类仪器设备超过千台（套）。校企双主体共建了校企远程无缝衔接下纺织服装专业虚拟仿真实训云平台的建设及应用实践纺织检测实训基地、纺织品设计实训基地、纺织生产实训基地、亨威职业装研发实训基地、悦达家纺研发营销实训基地、纺织服装

展示馆、技能鉴定与培训中心的校内技能训练平台。盐城工业职业技术学院纺织服装学院校内实训基地的主要实训室名称、仪器设备或主要实训项目、服务课程如表1所示。

表1　校内实训基地一览表

实训室名称	仪器设备或开展的主要实训项目	服务课程或项目
纺织检测实训中心	条粗测长仪、纱线条干仪、纱线毛羽仪、自动纱支测试系统、棉条棉结和杂质测试仪、手摇捻度仪、纤维细度分析仪、单纤维强力仪、电子单丝强力仪、纤维卷曲性测试仪、比电阻测试仪、电子单纱强力仪、缕纱测长机、电容式条干均匀度仪、织物平磨仪（马丁代尔）、折皱回复仪（水平）、纺织品甲醛含量测试仪、MC 棉纤维气流仪、感应式静电仪、平板式保暖仪、缩水率试验仪、织物阻燃性能测试仪：垂直法、织物阻燃性能测试仪：水平法、织物阻燃性能测试仪：45° 法、织物沾水度测试仪、NDJ 旋转式黏度计、手持式糖度计、拉链横向强力测试仪、纽扣拉力测试仪、梅特勒 pH 计、摩擦色牢度仪、织物撕破仪、多功能电子织物强力仪、织物折皱恢复性测试仪、电子硬挺度仪等	纺织材料检测、纺织化学、纺织物理、纺纱工艺设计与质量控制、新型纺纱工艺设计与质量控制、机织技术、新型机织产品开发、纺织面料检测技能大赛、毕业设计
纺织生产实训中心	喷气织机、喷水织机、微型清梳联合机、电脑控制花式捻线小样机、多功能细纱机改造、电脑粗纱机改造	机织物设计技术、纺织机电技术、纺织导论、入职训练、纺纱工艺设计与质量控制、新型纺纱工艺设计与质量控制、机织技术、新型机织产品开发、毕业设计
纺织设计实训中心	新购软件有织物仿真CAD、纺纱工艺设计与管理系统、远恒外贸跟单模拟实习平台、纺织面料设计 新购设备有气动小样机、自动大提花机、多功能毛巾打样机、针织袜机	机织物设计技术、纺织品外贸跟单、纺纱工艺设计与质量控制、新型纺纱工艺设计与质量控制、机织技术、新型机织产品开发、毕业设计、纺织面料设计大赛
纺织产品展示实训室	纺织服饰展览馆承接各种参观、交流等	
工业制版实训室	满足40个工位，设备基本齐全，管理制度规范；能按真实或模拟项目开展实训，使学生掌握不同款式的机织服装的制版能力	机织服装、针织服装、工艺服装制版项目
服装项目实训室	服装项目课程的教学、学生参赛项目辅导、毕业设计、师生产品开发等	男装、女装、童装技术项目
唯洛伊女装实训室	服装项目课程的教学、学生参赛项目辅导、毕业设计、师生产品开发等	唯洛伊女装技术项目、技能大赛项目
针织服装实训室	针织内衣类、针织运动衫类服装工艺制作项目的实训	针织服装设计、毛衫编织、针织工艺实训
形象设计实训室	具有面向企业提供企业策划、产品推广的功能，同时满足实践教学、对外技术培训等工作	形象设计、服装品牌策划
富怡CAD实训室	服装专业学生使用计算机绘制效果图、款式图以及样板等技能的训练与培养	计算机服装设计、服装 CAD、女装技术项目、服装工业制版技术项目
产品研发实训中心	师生产学研重要场所，优秀作品对外展示区，学生创新创业中心，承接对外产品开发和技术服务等	服装项目课程、企业合作项目、毕业设计、悦达家纺设计产品研发

续表

实训室名称	仪器设备或开展的主要实训项目	服务课程或项目
服装陈列模拟店	学生陈列课程的实训、优秀学生作品展示及销售	服装陈列设计、女装技术项目
生产性实训基地	运用企业生产订单进行工艺实习与生产实训	服装生产性实训一（裙、裤），实训二（休闲装），实训三（时装）
实训室名称	仪器设备或开展的主要实训项目	服务课程或项目
服装实训中心	完善三个教学车间的整体规划，能按真实或模拟项目开展校内生产性实训	服装零部件、裙、裤、衬衫、西服等工艺制作项目
凤凰庄面料实训室	服装材料的认识、各项目课程、毕业设计、技能考核、技能大赛等课程面辅料的选择	毕业设计、服装材料应用项目

3. 实训基地运行模式

盐城工业职业技术学院纺织服装实训基地的特色之一是将实训基地运行管理模式企业化。在实训过程中融入企业元素，通过教学设计、生产教学资源链接，使校内实训基地具有相对真实的企业生产或服务环境、工作流程、管理模式和企业文化，以满足培养技术技能型人才的实际需求。校企双主体共建实训基地路线如图1所示。

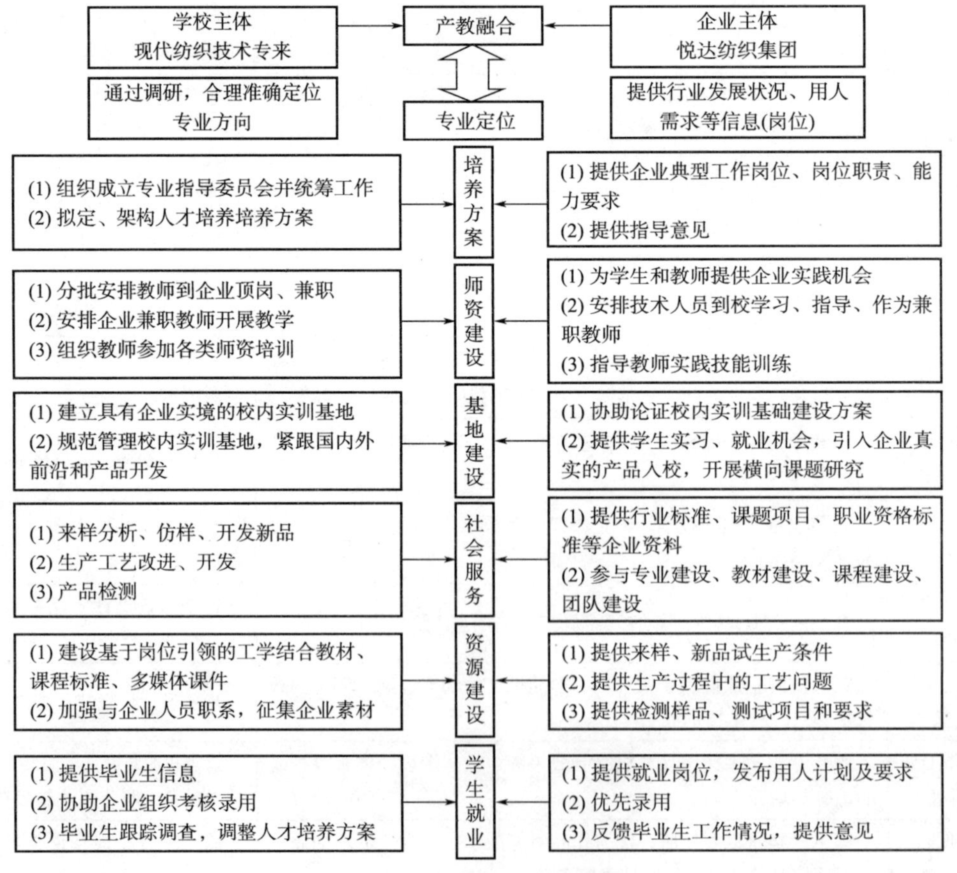

图1 校企双主体共建实训基地路线图

三、实训基地建设的主要成果

1. 瞄准“训、鉴、研、创”要求，双主体共建国家级纺织服装实训基地

盐城工业职业技术学院纺织服装学院于2009年建成中央财政支持的国家级纺织服装实训基地和纺织行业特有工种职业技能鉴定站，2010年建设了生态染化料工程技术中心和江苏省生态染化料工程技术研究开发中心，2012年建设了盐城市科学技术局和盐城市财政局支持的盐城市生态纺织公共技术服务平台，2015年度获批高校技术转移中心。校企共建共管纺织服装实训基地是集技能训练、技能鉴定、项目研发和创新创业功能于一体的国家级纺织服装实训基地，目前已建成江苏省乃至全国具有先进技术和区域特色的基地示范人才培训中心。盐城工业职业技术学院纺织服装学院校企合作省级项目如表2所示。

表2 校企合作省级项目一览表

项目来源	项目编号	项目名称	主持人
江苏省科技厅产学研前瞻项目	BY2013059	采用浆印工艺生产功能家纺产品的前瞻性研究	瞿才新
	BY2013059	超短细柔纤维聚绒纺关键技术前瞻性研究	张圣忠
	BY2014110	基于技术性贸易壁垒的户外休闲针织童装面料的前瞻性研究	郁兰
	BY2015059-01	具有自清洁和防紫外功能的高仿真貂绒休闲面料的研究及其产业化开发	张永革
江苏省自然 科学基金基础研究计划	190	三维生物打印制备结构可控丝蛋白小口径血管支架材料关键技术的研究	王曙东

2. 打造一支优质的“双师型”师资队伍

为了更好地开展实训教学，加强“双师型”教师队伍建设，盐城工业职业技术学院纺织服装学院实施“走出去、请进来”政策，保证资金投入，鼓励和引导专业课教师到企业顶岗实践，深入了解企业岗位所需技能，积累实际工作经验，增强实训教学中的针对性，合理安排实训内容，锻炼学生的专业技能。具有工程师、技师的“双师型”教师比例达90%，纺织实训基地教学团队于2008年被评为省级教学团队，2人被确定为江苏省教育厅“青蓝工程”中青年学术带头人培养对象、2人被确认为“青蓝工程”优秀青年骨干教师培养对象，2013年1人被确定为“333”高层次人才培养对象。

3. 实训基地助推一体化教学，师生技能不断提高，毕业生就业率高

利用校内优质实训基地资源，形成了“做中教、做中学、学做合一”的一体化教学模式，有助于专业教师自身技能的提高和学生技能的培养。师生在近两年的全国纺织面料检测技能大赛、全国纺织面料设计大赛、全国纺织品外贸跟单大赛中成绩斐然，学生毕业前100%能获得职业资格证书。近三年盐城工业职业技术学院委托麦可思人力资源信息管理咨询有限公司对毕业生进行社会需求与培养质量跟踪调查，现代纺织技术专业学生就业率连续两年达

到100%，毕业生对母校的满意度达100%，专业对口率为92%以上。

4. 基地示范作用强，社会服务成效显著

依托双主体共建纺织服装实训基地，扎实推进产教融合工作，深化校企合作，实现社会服务常态化，使学生学到真本事、教师获得高素质、企业得到真实惠，真正做到“以产促教、以教促产、以产助学”，增强了教师的社会服务能力，提升了学生的技能水平。近几年，依托实训基地，开展技术攻关50多次，为企业开发新产品31组，年检测产品125次，年培训企业员工357名。

四、实训基地建设成果推广

工学结合人才培养模式下校内实训基地建设需要企业深度参与，发挥资源优势，紧跟纺织行业发展的前沿技术，建设技能培训与鉴定中心，开发集人才培养、学生创业、社会培训、产品研发、生产服务于一体的生产性实训基地，既为学生“双证融通”提供硬件支撑，也为企业提升核心竞争力服务。自双主体实训基地建设以来，盐城工业职业技术学院纺织服装学院为企业、同类院校培训鉴定5000多人次。双主体实训基地的建设也对盐城工业职业技术学院其他专业起到了示范作用，现代纺织机电技术实训基地，以及机电学院的机电一体化实训基地、经贸管理学院的现代服务业实训基地陆续获批江苏省财政支持建设。纺织服装实训基地对省内外同类高职院校也起到了辐射作用，对新疆等地多所高职院校实施了对口支援，受惠学生达10000多人，为盐城市纺织职教集团和同类纺织院校起到了示范引领作用。

纺织服装专业虚拟仿真实训云平台的建设

摘　要： 盐城工业职业技术学院提出构建产业升级转移背景下的校企协调创新“技能菜单”的培养模式，基于校企远程无缝衔接技术建立了适合纺织类专业“技能菜单”人才培养模式的专业实训云平台，实现实训云平台内设备的网络化、自动化、智能化，进一步完善“技能菜单”培养模式的实施条件，从而深化校企产教融合的广度，全面促进学生职业能力的提升，提升专业教师在纺织新产品开发上的科研水平。

关键词： 技能菜单；纺织服装；实训；云平台；人才培养

随着国家“一带一路”倡议的逐步落实，加快纺织服装业的全球化布局、创造国际竞争新优势已成为我国纺织服装企业的发展趋势，对纺织服装人才适应企业发展提出了更高的要求。但由于纺织行业成本上涨，内外棉差价大，需求低迷等不利影响，加之国际竞争加剧，环保压力加大，行业下行压力较大，企业转型升级迫在眉睫，导致纺织类高职院校在招生和就业方面面临严峻考验，主要表现为招生生源质量下降，学生素质存在明显的差异，学生的学习兴趣、性格特点、动手能力上有很大的差异，因此，我们结合信息化教学创新了传统的教学方法，提出构建产业升级转移背景下的校企协调创新“技能菜单”的培养模式，校企共同将某一项技术所必备的若干技能归类成独立又相互联系的“技能菜单”，这就需要纺织服装专业实训云平台内的设备与企业先进的智能化设备相一致，能通过信息化技术获得企业在线生产的实际案例，供学生进行专业技能的学习与提升。

一、纺织服装专业实训平台与教学存在的问题

1．专业实训平台硬件、软件水平滞后

纺织服装专业实训设备简单、陈旧，特别是设备的智能化程度不够，无法投入大量人力、物力及财力及时更新，工艺变更耗时、耗力，无法实现新型纺织产品交叉组合创新设计，更不能达到快速出样的要求，理论联系企业真实生产的实践教学环节薄弱，提升技能单一，导致现阶段纺织服装职业院校实训平台条件滞后于纺织服装产业发展步伐，工学结合岗位不足，实验实训条件、机电一体化程度和信息化经营与管理水平明显落后，实训平台条件不能满足学校“技能菜单”的培养方式，不利于培养学生的自主创新开发新产品能力。

2．专业教学与企业需求脱节严重

目前纺织类专业课程标准内未能根据企业需求来制订，培养出的学生职业技能未能达到企业的要求，在培养高技能人才中，技能学习及提升与企业真实的生产过程完全脱节，无法达到纺织产品加工工艺过程再现的要求，课程教材与教学内容更新较慢，教学内容的实用

性、可操作性和创新性不足，没有引进企业的新型纺纱产品真实生产项目作为课程教学的载体。因此必须对接产业的职业标准、行业标准和岗位规范，跟踪现代纺织服装产业发展前沿，产教融合、校企共建纺织服装专业实训云平台已成为培养国际化纺织服装人才的紧迫课题。加大纺织服装类职业教育投入，为国家纺织服装业的振兴和崛起而培养适应产业转型升级需求的高素质技术技能人才，实现实训云平台向全社会开放共享，破解纺织服装产业转型升级和技术发展缺人难题。

二、纺织服装专业实训云平台的建设思路

为了解决纺织服装专业实训平台及教学存在的问题，提出构建实训云平台的创新想法，即专业实训云平台要能充分体现网络化、智能化、适时性及高效性。纺织服装专业实训云平台的总体架构如图1所示。

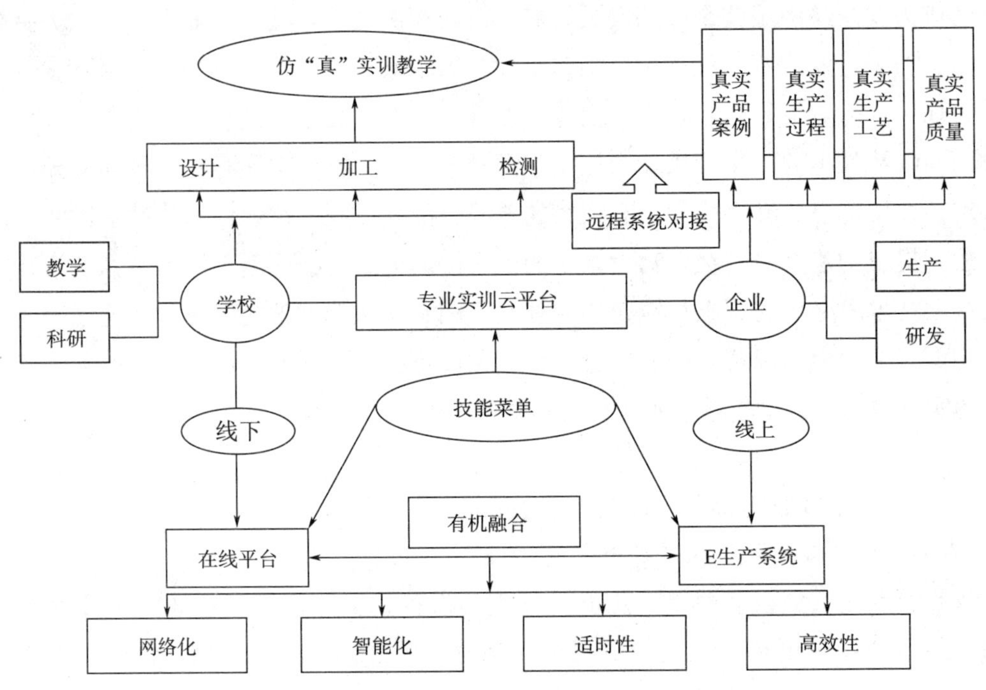

图1 纺织服装专业实训云平台的总体构架

（1）与江苏悦达棉纺有限公司、盐城纤维检验所建成可供学生自主学习的“技能菜单”，并形成良好的产业升级转移背景下“技能菜单”式培养实施机制，对联系不太紧密的“技能菜单”，可以根据需要在课程上课时间顺序上灵活安排，可以在同一学期完成、也可以在不同学期分别完成，采取“现代学徒制”与“翻转式”学习相结合的方法。

（2）与江苏悦达棉纺有限公司、盐城市纤维检验所等企业共建专业云平台检测中心，能通过网络在线采集企业的检测、工艺数据，将其进行归纳整理用于“纺织材料检测”“纺纱技术”“机织技术”等教学案例中，与江苏悦达棉纺有限公司合作共建棉纺、织造车间

MES实景教学中心。

（3）与江苏悦达棉纺有限公司合作共建智慧型生产实训车间，在原有国家级纺织服装实训基地的基础上，完成专业实训云平台内纺织实训车间（清梳联、并条、粗纱、细、剑杆织机等设备）的智能化改造，用于满足校内学生“技能菜单”进行仿真实训教学。

三、纺织服装专业实训云平台的建设过程

1. 全面整合多方资源，多形式共建专业实训云平台

通过校企人员互兼互聘，形成数量充足、结构合理、相对稳定的专兼职实训指导教师团队，建立“双向引进、双向互聘、双向培训、双向服务”的校企合作运行机制，实训云平台与企业协作建设，引入现代企业的理念，营造企业化的职业氛围，协作单位参与实训平台建设规划、实训项目开发、实训设施选型、实训教材建设等。由学校、江苏悦达棉纺有限公司、盐城纤维检验所、江苏中恒集团有限公司四方投入经费，形成混合所有制管理模式，基于互联网技术建成仿真检测、仿真设计、仿真加工三级实训平台，具体内容见表1。

表1　专业实训云平台

平台名称	功能	地点
仿真检测	发布企业检测供需求信息，采集企业纺织服装产品检测数据，提供纺织服装检测虚拟仿真实训项目操作及数字化学习资源，供不同学习对象的在线学习培训用	纺织检测中心
仿真设计	为师生、中小企业或个人提供纺织服装产品研发设计的素材信息，搭建中小企业产品设计沟通交流平台	纺织设计中心
仿真加工	对悦达纺织的生产车间实现远程实景教学，将企业真实加工的产品引入实训课堂教学，实现企业生产现场与教学现场同步	纺织实训中心

2.配合仿真技术和远程系统，打造成智慧型实训云平台

围绕“技能菜单”的培养方法智能化改造纺纱、机织等生产实训设备，对设备进行机械和电气设计的安装、增加工艺设计参数人机对话界面及功能，实现工艺参数的人机自动输入选择，增添NI虚拟仪器平台、机器视觉系统等设备，开发织机HMI模拟仿真软件，实现厂中校中的教学现场与企业生产现场同步，从实现现代织机仿真实训，为学生“技能菜单”的学习创造良好的实训条件；与悦达纺织合作共建棉纺、织造车间MES实训中心，实现对纺纱、织造车间的生产情况实时了解和对质量情况进行实时分析，建设纺织实景教学中心，帮助企业分析和解决产品质量问题，提出合理化建议，协助企业完成智能化生产E系统的建设与使用。

四、纺织服装专业实训云平台下的“技能菜单”实践过程

专业实训云平台的建设既能高效的服务于学校（“技能菜单”的培养），也能真实有

效的服务于企业（产品质量监督）；既能服务于教学，也能服务于科研，在云平台的设备结构、“技能菜单”运用、校企合作、教科研运用上取得以下成效。

1. 构建“技能菜单式”自主学习菜单

由学校和企业共同根据专业课程的性质提供一套完备的、详细的“技能菜单”，“技能菜单”包括“素质必备菜单”和“专业技能菜单”，如图2所示实例，素质必备菜单主要对接职业礼仪、创业指导、心理教育、企业文化、人文交际等人文素质课程，专业技能菜单对应“纺织材料检测”“新型纺织产品工艺设计”等专业核心课程，学生充分依靠专业实训云平台内的各种设备，按照自己的职业定位进行相应“技能菜单”的自主学习。

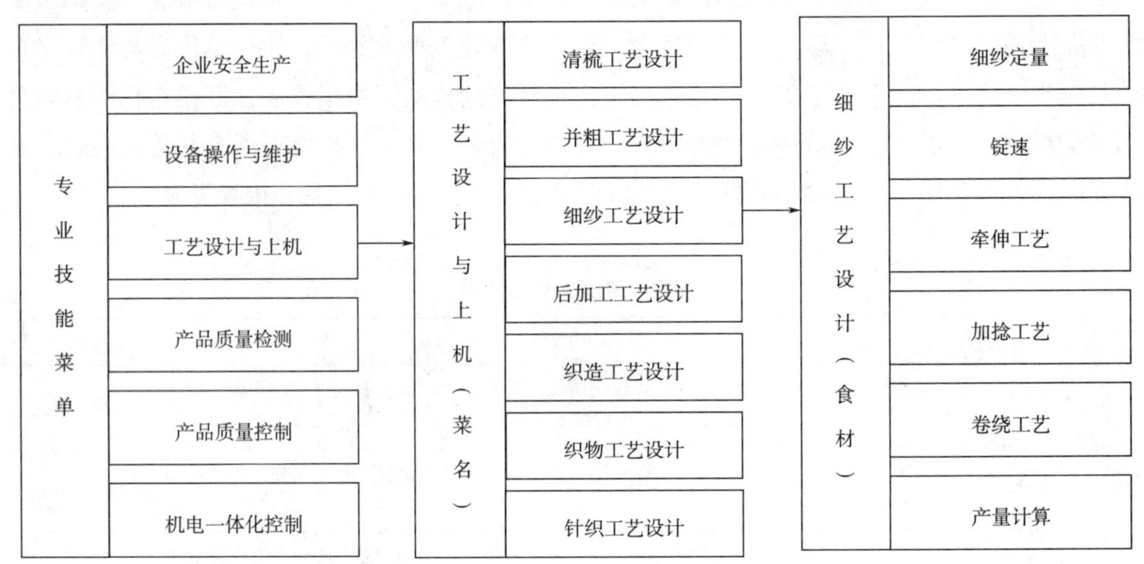

图2 专业“技能菜单”案例

2. 推进课程实现仿真实训“教学做”一体化

现阶段实训平台因设备陈旧及智能化水平滞后，没有应用网络信息技术，导致实训平台服务教学的功能不突出，通过纺织服装专业实训云平台可以采集企业新产品的真实生产案例与加工工艺，将采集到的产品案例进行“仿真”区别于传统意义上的仿真，学生按照企业真实的产品加工案例，在校内云实训平台内进行的产品加工实训教学，构建“基于新型纺织产品开发的生产过程”的项目化课程体系，有效地推进纺织类专业核心课程围绕“技能菜单”开展的“教学做”一体化，依赖专业实训云平台，及时收集企业加工纺织新产品的真实案例，引入“纺织材料检测”“纺纱工艺设计与质量控制”“机织工艺设计与质量控制”等专业实训核心课程中作为课程教学载体，借助远程系统实时查看企业纺织产品的生产工艺过程，模仿参考纺织企业新产品加工的工艺参数，完全达到企业纺纱工艺过程再现的要求，使技能学习及提升与企业真实的生产过程不产生脱节，充分实现多种新型纺织新产品的“仿真”加工及其交叉组合产品的创新设计，进一步深化了“技能菜单”的培养方法。

3. **实现校企科教深度融合，高效服务于校企双方**

纺织类高职院校现有的实训平台存在一个共性为过度强度实训平台服务于教学的功能，弱化了实训平台对科研的促进作用，专业实训云平台的建立能够赢利校企双方，校内教师能在线随时查看江苏悦达棉纺有限公司产品生产工艺过程，帮助企业分析在线品种出现的生产质量问题，协助解决产品质量问题，提出切实可行的合理化建议，提高企业的信息化、智能化管理水平，建成成熟可靠的E生产系统即棉纺设备在线监控和管理系统，用于工艺、质量等数据的采集，随时随地浏览车间生产情况，使江苏悦达棉纺有限公司打造成数字工厂，实现精益生产，并以现有的关键技术需求与难点为支撑，依托专业实训云平台申报各级各类项目及协助企业完成省级新产品的鉴定。

五、结语

纺织服装专业实训云平台的建设保障了课程“技能菜单”的顺利实施，进一步完善了《现代纺纱与操作技术》《纺织导论》等校企合作开发教材的建设，近两年学生在全国纺织面料检测技能、全国纺织面料设计技能等大赛等获得的成绩在全国纺织类高职院校处于前列，系列教学改革研究成果获得2016年中国纺织工业联合会教学成果奖一等奖、二等奖各一项；专业实训云平台的改造与建设推进纺织类专业核心课程实现仿真实训“教学做”一体化，从而提升学生在新型纺织产品上的创新开发能力，专业实训云平台内的建设与运用明显提升了专业教师在新型纺织产品开发上的科研水平，教学团队的老师在申报项目、论文发表、专利申请上、课堂教学研究、课程建设研究等方面均提供了较好的实施保障；团队老师依靠专业实训云平台开发的信息化课堂教学设计、课件等在校级以上多次获奖；同时，帮助江苏悦达棉纺有限公司解决了众多的技术工艺难点及质量瓶颈问题，在纺织类专业核心期刊上发表论文近35篇，同时也为紧密型校企合作企业如江苏悦达棉纺有限公司、江苏东华纺织集团等开发新型纱线产品提供良好的研发场所，近年来与校企合作企业共参与完成了“有机棉.麻赛尔.大豆蛋白纤维赛罗混纺纱线”等近15项省级新产品、新开发的鉴定工作。

参考文献

[1] 李静.我国大学分类分层问题的现状与思考[J].黑龙江教育，2007(11)：6-9.

[2] 唐玉林，陈良，袁潇.现代职教体系中的高等职业教育考试招生改革新趋向[J].中国职业技术教育，2014(21)：102-105.

[3] 谢海琼，杨建国. 论高职教师的分类分层管理[J].天津职业大学学报，2010，19(3)：77-80.

[4] 龙洋.“3+2”中高职衔接课程体系设计的实践探索[J].中国职业技术教育，2014(5)：67-70.

[5] 赵磊，张荣华，刘华. 基于职业特质的纺织类专业学生分类分层教学[J].纺织服装教育，2015，30(21)：102-105.

产教深度融合的绿色智慧纺织服装云实训平台的建设思路

摘　要： 目前，纺织服装行业正面临区域结构调整和产业转型升级的关键时期，高职纺织服装教育在清洁化生产、机械智能化程度、信息化经营与管理水平等方面滞后明显。因此，及时跟踪产业发展前沿，对接职业新标准、新规范，建设绿色、智慧型产教深度融合的纺织服装云实训平台已经成为培养“现代纺织服装技能人才”的紧迫课题。以盐城工业职业技术学院“绿色智慧纺织服装云实训平台”的建设为例，探讨云实训平台的整体架构思路。

关键词： 纺织服装；实训平台；产教融合

随着社会经济的发展，我国纺织服装行业面临一个新的发展阶段，区域结构调整和产业转移升级不断进行，绿色化、智能化、互联化是纺织服装产业的发展方向。我国纺织服装职业院校实训条件相对滞后产业发展需求，特别是，纺织服装职业教育人才培养难以适应产业快速转型升级形势下对于人才的需求，因此，及时跟踪产业发展前沿，持续对接行业企业职业新标准、新规范，建设绿色、智慧型产教深度融合的纺织服装云实训平台已经成为培养适应纺织服装产业转型升级新形势的“现代纺织服装技能人才”的紧迫课题和必由之路。

文章以盐城工业职业技术学院“绿色智慧纺织服装云实训平台”的建设为例，探讨云实训平台的整体架构思路。

一、运用虚拟技术，借助大数据园区，开展数据挖掘，合作悦达棉纺，共建云检测中心

依托国家级纺织服装实训基地，发挥区域政府牵头组建学校周边的大数据产业园区，打造智慧云平台，运用仿真和虚拟技术，与周边紧密型合作企业共建云检测中心，帮助企业发布检测供需求信息，与企业合作共建仿真检测项目及其操作过程，采集来自不同企业的检测数据，运用云计算技术对采集的数据进行诊断和分析，一方面帮助企业解决生产实践中的产品质量问题，另一方面将数据进行归纳整理用于《纺织材料检测》《纺纱技术》等教学案例中。纺织材料检测仿真平台可用作校内教学及社会人员的云培训在线资源。

二、坚持绿色设计，设计师个人智力入股，实现市场运作，合作悦达家纺，共建云设计中心

依托校企共建的校内企业研发中心和服装设计中心，采用设计师个人智力入股的合作模式，以引领行业发展为目标，依托江苏省生态纺织研发中心，建设线下的绿色智慧纺织服装研发实训基地和线上的云设计中心，重点建设生态环保的绿色纺织材料实训室和服装智能研发中心，拓宽学生对于纺织前沿科技的知识面，培养学生将先进材料、创新设计理念应用于

纺织服装产品设计领域的创新思维能力。通过搭建云设计中心，帮助校内师生和设计师实现所设计和研发作（产）品市场化运作，新型纺织材料实训室主要购置静电纺丝设备、接触角测试仪等仪器设备，用于纺织新材料研究和产品设计。整合现有的企业女装工作室和职业装研发中心，借助现有的三维人体扫描仪和三维试衣系统扩建成服装智能研发中心，与企业技术骨干人员共同组成三维服装产品研发团队，承接服装企业的产品开发项目和服装的个性化定制项目。

三、配合仿真技术，打造智慧型车间，架构远程系统，合作悦达纺织，共建云加工中心

利用仿真技术，打造智慧型生产车间，搭建校企远程系统建设实景教学中心，是解决人才培养脱节企业生产需求的重要手段。在原有国家级纺织服装实训基地的基础上，通过改建细纱、机织生产实训室，增添NI虚拟仪器平台、机器视觉系统等设备，用于智能化、节能型纺织生产设备的教学与研究；与企业合作共建棉纺、织造车间MES实训中心，实现对细纱、织造车间的生产情况实时了解和对质量情况进行实时分析；开发织机HMI模拟仿真软件，实现现代织机虚拟仿真实训。建设纺织实景教学中心，实现厂中校中的教学现场与企业生产现场同步，帮助企业分析生产中出现的质量问题，帮助其分析和解决产品质量问题，提出合理化建议，不断提高企业的信息化、智能化管理水平，帮助企业打造数字工厂，实现精益生产。

四、坚持绿色供应，借助“互联网+”，服务创新创业，合作亨威实业，共建云营销中心

借助“互联网+”，依托学院的省示范性创业实训基地，建设服装电子商务实训中心，搭建电子商务营销平台，通过对学生进行电商创业认知、创业培训、创业模拟和创业实战，与企业合作，整合企业教育资源，校企合作共同开发服装电商实训教学资源和实训项目，以企业电子商务业务流程为导向，开展纺织服装相关专业学生的电子商务技能训练，指导学生完成以服装项目为载体的电子商务营销工作任务，服务部分学生今后从事网络产品运营与网上创业，并引进大型企业先进的管理理念，并融入企业优秀文化，由企业业务部门提供相关岗位供学生开展网络营销实践训练，不断强化学生职业道德、职业技能、职业精神和就业创业能力，培养学生掌握电子商务运作知识，并能进行网站策划、网站设计、网站运营或网络创业。结合纺织服装学院成立电商社团，建设服装创业孵化中心，开展电商知识培训和网络产品运营实战训练，帮助有梦想的学生成功创业。

五、坚持服务理念，突出技能包建设，创新网络培训，合作行业协会，共建云培训服务中心

依托国家级的纺织服装实训基地和学院设有的国家级纺织行业特有工种职业技能鉴定

站，通过信息技术将校内纺织服装专业数字化网络教学资源和合作纺织服装行业企业的各种专业教学资源进行深度整合，建立纺织服装专业人员云培训平台，打通各方专业人士沟通交流学习平台，促进师生全面发展和业内人士不断学习进步，实现学校、行业、企业和学习者之间的互联互通、有效整合，共建共享各方优质专业学习资源，实现专业知识和技能的在线学习、学校师生、行业企业管理者、技术人员、一线员工之间的广泛交流互通，促进从业人员知识和业务水平不断提高。

在线下培训平台建设方面，通过改造更换部分仪器设备，重点新建国际职业能力训练中心，打造纺织服装国际贸易实践教学平台，添置电脑、传真机、语音设备等设备，环境模拟外贸公司的布局与风格，以营造出全真的实训环境；修缮和改造升级生产设备，将各实习实训教室模拟成对应生产加工基地，以完成国际贸易业务的全流程模拟。以校中厂的形式探索实践与企业合作在云培训服务中心建设远程实景教学系统，实施现代学徒制。

项目建成后，将为现代纺织专业群、服装相关专业、经管类专业提供生产真实环境。与合作企业开展产学研合作，切实解决智能制造和信息化背景下纺织服装企业在生产管理过程中遇到的问题，同时，进行新产品、新工艺、新技术和新模式的引进和改进。依托实训平台，可开展纺织服装新产品、新工艺、新技术和新管理及营销模式的研究开发和推广工作。面向全社会纺织服装企业推广智慧纺织服装云实训平台上的信息化专业学习资源、信息化管理经验和质量管理和控制指导等，将产生较大的社会经济效益和行业社会影响力。

参考文献

［1］张圣忠，周彬，赵菊梅，等. 基于企业用人需求的“产教融合、校企合作”纺织服装实训平台的建设［J］.轻纺工业与技术，2017，12（6）：102–104.

基于企业用人需求的“产教融合、校企合作”纺织服装实训平台的建设

摘 要： 目前，我国绝大多数高职院校的实训基地主要还是以学校建设、学校管理的形式进行。如何让实训基地更好地和行业企业结合，如何让实训基地既服务于学生实践能力的提升，达到与企业需求的无缝对接，又能将高职院校和企业的研发成果转化为现实生产力，推动企业技术进步和产业转型升级，更好地服务地方经济发展，是一个值得关注的问题。本文结合盐城工业职业技术学院纺织服装实训基地的建设实践，阐述“产教融合、校企合作”实训平台建设的意义和思路。

关键词： 用人需求；产教融合；校企合作；纺织服装；实训平台

高职院校的学生重点是培养其动手实践能力，而搞好实训教学是高职教育发展的关键，是高职教育人才培养的核心，关系到学生的就业、生存与发展，而实训基地的建设是实训教学的前提与保障，探索一种有效的实训基地建设方案具有重要的意义。长期以来，职业教育人才培养与企业用人“脱节”的现象一直存在。职教人才培养的层次、规模、质量难以适应企业转型升级的需求。深层次的原因，是在于“校企合作”不够紧密，没有通过校企合作搭建一个“产教融合”促进学生实践能力培养的实训平台。党的十八届三中全会强调，要“加快现代职业教育体系建设，深化产教融合、校企合作，培养高素质劳动者和技能型人才。”因此，要牢牢把握服务发展、促进就业的办学方向，深化体制机制改革，创新各层次各类型职业教育模式，坚持产教融合、校企合作，坚持工学结合、知行合一，引导社会各界特别是行业企业积极支持职业教育，努力建设中国特色职业教育体系。校企合作、产教融合就要求校企共建人才培养机制，共建实训平台，让学生在学校里能感受到现代企业的氛围，在企业中能感受到学习的乐趣，只有这样学校才能真正为企业培养人才、提供技术支持，企业才能真正帮助学校提升办学水平。

本文将以盐城工业职业技术学院纺织服装实训平台建设为例，探讨搭建“校企合作、产教融合”实训平台的意义及策略。

一、建设“产教融合、校企合作”纺织服装实训平台的意义

目前，我国经济形势面临一个新的阶段，而对于纺织产业来说，区域结构调整与产业转移同样也迈入了新的阶段。单纯依靠成本优势吸引产业转移的模式已经逐步减弱，原有的模式已经不能适应产业的发展需求。

纺织服装电子商务、智能数字化生产、节能环保等方面将成为纺织工业发展风向标，纺织产业有望向绿色低碳、数字化、智能化、柔性化和废旧纺织品的循环利用等方向发展。

目前纺织服装职业院校实训基地条件相对滞后于纺织服装产业发展步伐，工学结合岗位不足，实验实训条件机电一体化程度和信息化经营与管理水平明显滞后，人才培养模式还不适应新型纺织服装企业对人才的需求。因此，对接产业的职业标准、行业标准和岗位规范，跟踪现代纺织服装产业发展前沿，产教融合、校企共建实训基地已成为培养国际化“现代纺织服装人才”的紧迫课题。加大纺织服装类职业教育投入，为国家纺织服装业的振兴和崛起而培养适应产业转型升级需求的高素质技术技能人才，尤其是在校企联合开展实训平台建设，实现实训平台向全社会开放共享，是破解现代纺织服装产业转型升级和技术发展缺人难题的关键。

二、建设产教融合、校企合作纺织服装实训平台的思路

1. 资源开放，改革组织管理模式

以现代纺织服装产业为主线，构建集纺织服装产品检测、设计、加工、营销、培训于一体的绿色智慧云实训平台，形成纺织服装的材料创新、技术研发、成果转化、生产应用等上、中、下游的有机链，开放科研、专业、人才资源，把人才、资本、信息、技术统筹融合，并使创新主体的各要素相互作用、相互适应，逐步形成有序、优化的组织结构，创新多方共建共管共享机制，建立依托平台的校企双主体协同育人机制，实现协同发展。

2. 整合资源，探索实训平台运行机制

借助现有的学校和企业的人力资源，完善校企人员互兼互聘制度，形成数量充足、结构合理、相对稳定的专兼职实训指导教师团队，探索并建立“双向引进、双向互聘、双向培训、双向服务”的校企合作运行机制，实现校企之间、学生与岗位之间有效对接。重点探索校校间骨干教师和管理人员互派，加强校企之间教师和技术人员互派挂职培训、走进课堂担任兼职教师等工作力度。基地与企业协作建设，引入现代企业的理念，营造企业化的职业氛围，协作单位参与实训基地建设规划、实训项目开发、实训设施选型、实训教材建设、实训质量评价。建立多方持续投入机制，探索与实践设计中心的设计师个人智力入股的多元股份合作模式、加工中心的校企多元入股混合所有制合作模式，鼓励企业或个人持续投入经费，确保平台设备和技术持续更新。

3. 专创融合，改革人才培养模式

纺织服装、智能制造、信息和国际贸易等专业的融合是现代纺织服装产业转型升级的内在需求，是现代纺织服装产业发展的有效支撑，也是创新人才培养的必然选择。协同开展科技推广和人才培养，联合培养现代纺织服装高素质技术技能型专门人才，不断提升“人才、专业、服务”三位一体的创新能力，从而把平台建设成为国内知名的智慧纺织服装学生专业实践和创新创业平台、企业技术服务和员工培训平台。同时，实施产教融合、工学结合的人才培养模式，培养大批现代纺织服装技术技能人才。建立实训平台协同创新机制，构建“专创融合”的创新创业教育课程体系，将学生的创新创业能力培养融入专业技能菜单之中，培

养大批创新创业型人才。

4. 建好平台管理系统，实现科学高效管理

系统搭建平台框架，编制建设方案，遵循长期规划、分步实施的原则，逐步完善各子实训平台，通过建设管理系统，打通各子平台应用间的通信渠道，实现组织间协同，为纺织服装企业和设计师个人提供整体的检测、设计、加工、营销和人才等需求解决方案，强化沟通，提升工作效率。通过建立监督反馈机制。对实训平台中的各子平台运行情况进行过程控制，由学术委员会和行业企业专家共同进行效果评估，根据平台开放运营情况和产业服务效益的考量结构，进行资源配置调整和绩效考核管理，促进各平台从个体、封闭方式向流动、开放方向转变；对开发程度高、推广效果好、社会认可度高的实训子平台予以经费重点支持。

5. 参照《悉尼协议》，搭建闭环质量保障体系

参照《悉尼协议》标准，结合专业教学标准，遵照工程教育认证的核心理念及做法，参照专业认证标准，搭建多元多层次闭环质量保障体系，保障专业人才培养质量适应产业需求。

校企共建实训教学体系中各项岗位技能的教学质量监控与评价标准体系，重点研究实践课程、理论课程和理实一体化课程差异化标准体系的建立；构建由企业专家、督导、学生和认证机构四主体构成的多元多层次监控和评价机制。建立校、院、系、教研室四级督导体制；建立教学信息员、优秀学生代表和学生主体等在内的多层次学生样本监督评价机制；采纳纺织服装行业企业实践专家的建议，邀请校内督导及优秀学生代表共同制订和完善课程教学质量评价标准体系。运用PDCA循环理论，构建教学质量持续改进的动态良性闭环质量保障体系，形成更加合理有效的监控与评价反馈机制，正确激励和引导教学活动，实现教学质量循环上升。

6. 弘扬文化，营造创新环境与氛围

坚持“开放、包容、协同、持续”的基本原则，打破创新主体壁垒和管理隶属的隔阂，建立以基地为主体、参与企业密切协同的创新文化体系，创造优越的实训和研发环境，激发校企双方参与人员的创新热情，培育绿色智慧纺织服装产品设计、智能制造、智能检测、智慧管理与营销等创新精神，营造利于校企合作共建实训基地健康、科学、可持续发展的创新氛围。

三、结语

高职院校要努力提高人才培养质量，必须做到培养目标面向市场，办学形式适应市场，专业建设瞄准市场。使学校的专业建设与经济发展相适应，使学生的素质与企业的需求相适应。只有这样，才能赢得社会、企业的信任与支持，校企合作才能取得丰硕成果。

通过校企合作共建产教融合实训基地，共同培养适应现代企业所需要的应用型技术人

才，将丰富高职的教学内容，推动专业建设和课程改革。在校企共建实训基地教育模式中，双方的关系由松散变为紧密，学校通过与企业的紧密联系，探索校企合作模式下，高职院校人才培养方式、课程体系、教学内容、教学方法等一系列教育教学改革，使校外实训基地的建设出成效、见特色，为提升教师的科研能力和解决实际生产问题的能力，促进学生的基本能力、专业能力、职业能力及学习质量与技能水平起到积极的推动作用。通过与企业共同研究课题、研制开发新产品、解决生产实际问题，为企业提供人才、技术与信息支持，以充分体现高职院校的社会服务功能。校企共建实训基地使合作双方互惠互利、合作共赢。学校对教育、教学的全过程负责，为企业培养员工。企业为学校提供实训场所或设备援助，在人力、物力、财力上给予支持，直接参与人才培养。校企紧密型产学结合之路，无论对高职人才培养，还是对企业创造财富，都将是一个“双赢”的过程。

参考文献

[1] 何银平.高职院校实训室建设与技术技能型人才培养的思考[J].电子制作，2014(15)：115-116.

[2] 张小冰，刘杰.产教结合的生产型实训基地建设与研究[J].教育与职业，2011(6)：160-162.

[3] 周兰菊，顾青.高职实训基地建设模式的探索与研究[J].中国职业技术教育，2013(14)：45-47.

[4] 张辉.分析高职院校实训基地的建设与管理[J].才智，2014(30)：27-28.

[5] 郑风玉.我国高职实训基地建设研究综述[J].中国教育技术装备，2010，189(35)：17-20.

[6] 李坚利.高职教育实训基地建设的探索与实践[J].职业技术教育，2003，368(22)：20-21.

第五篇

师资队伍

校企七合作、产教八融合，建设双优专业团队的研究与探索

摘　要：通过校企合作、产教融合，对专业教学团队的建设进行全面的改革与实践，构建了“校企七合作，产教八融合”的校企合作模式，同时将该模式融入于人才培养体系、教学改革、科技服务、科研创新、学生培养等方面，建设了一支教学、科研双优秀的专业团队，也提升了校企合作的深度。

关键词：校企合作；产教融合；专业团队

一、专业团队在高职院校中的建设

1. 专业团队建设现状

自2007年教育部提出建设高水平教学团队以来，对专业教学团队建设的关注越来越多，全国也涌现出一批国家级、省级优秀专业教学团队。但是，在当前高职院校专业团队建设中，对科研团队建设的关注较少，将教学团队与科研团队共同建设的研究更少。同时，在目前的教学团队建设中亦存在一些问题。专业教学团队理论强、专业技能不足，校企结合、产教融合的程度不高。教学团队建设目标不明确，管理制度不够完善。

2. 专业团队建设的成效

《国家中长期教育改革和发展规划纲要（2010—2020年）》提出加强教师队伍建设，“提升教师素质，努力造就一支师德高尚、业务精湛、结构合理、充满活力的高素质专业化教师队伍”。“以中青年教师和创新团队为重点，建设高素质的高校教师队伍。大力提高高校教师教学水平、科研创新和社会服务能力。促进跨学科、跨单位合作，形成高水平教学和科研创新团队。”盐城工业职业技术学院经过10多年的改革实践，校企七合作、产教八融和，现代纺织技术专业团队建设取得一定成效。2008年，获得江苏省高等学校优秀教学团队称号；2015年，获得江苏省高等学校优秀科研团队称号。

二、校企合作，建设双优纺织专业团队（图1）

1. 校企合作，共同建设专业，提高教师的专业建设水平

大力创新人才培养模式，围绕“以就业为导向，以服务为宗旨”的职业教育目标，全面实施“校企合作共建专业”。

（1）构建“基于企业典型职业岗位”的二级课程体系，实施“毕业证书+职业资格证书”的双证书制度，课程实行“项目化+阶段化+一体化”的教学组织形式。

（2）校企合作共同编写十多部全国纺织高职高专规划教材，其中包括《纺织材料基础》《纺织实用技术》等三本省级精品教材，《机织物分析与设计》《纺织材料基础》两本省级重点教材。

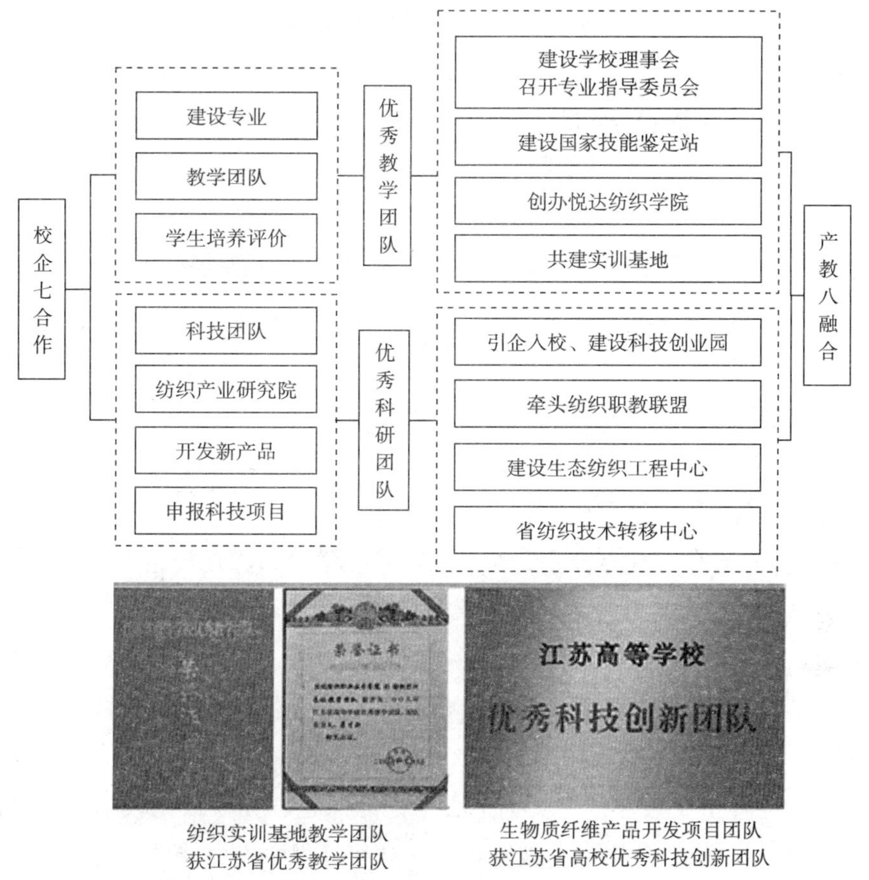

纺织实训基地教学团队
获江苏省优秀教学团队

生物质纤维产品开发项目团队
获江苏省高校优秀科技创新团队

图1 校企合作、产学融和，建设双优专业团队的路线

2. **校企合作，共建教学团队，优化专业团队结构**

工学结合、校企合作是高职院校是提高育人质量的必要途径，这就需要建设一支“校企结合、双师结构”的教学团队。

（1）与企业共同研究并实施“岗位引领，学做合一”的教学模式。

（2）教师直接参与企业生产、经营等活动，在深入企业一线的过程中总结归纳课程教学项目、任务，取得相关技能证书或工程师称号，实践能力得到提升。

（3）聘请企业能工巧匠作为兼职教师，加强兼职教师的理论水平培训，专兼职教师教学课时比例达1：1。

3. **校企合作，共同培养学生，加强教师的实践考核水平**

（1）企业人员参与毕业论文指导和答辩，毕业设计真题真做。

（2）企业深度参与课程建设，打破传统的重理论知识、考核内容单一等形式，创新技能考核评价体系。

（3）毕业生拿到企业认证的上岗证书，入职后能够立即胜任分析与检测试验员、面料设计师、工艺员等企业核心技术岗位，真正实现毕业即顶岗，顶岗即出色。

4. 校企合作，共建科技创新团队，提升教师科技创新能力

以学科建设为龙头，以平台建设为依托，以科技项目为纽带，以凝聚优秀创新人才为主体，校企合作共建优秀科技创新团队。

（1）学校教师与企业人员共建科技创新团队，人员结构合理。

（2）企业人员将任务带到学校，与教师共同进行科技创新。

（3）学校教师以企业需求为出发点，解决企业当前所面临的技术难题。

5. 校企合作，牵头盐城纺织产业研究所，提升教师的科技服务能力

为突出研究工作为生产服务、引领生产，聚焦行业热点、整合学科优势、促进成果转化，发挥科技对经济发展的引领和支撑作用，联合南纬悦达纺织研究院共建盐城纺织产业研究院。

（1）产品开发在学校、产品生产在企业。

（2）与多家企业合作共建工作室，企业人员常驻学校，深化校企合作。

6. 校企合作，共同开发新产品，提高教师的技术攻关水平

（1）教学是教师的基本任务，在长期的教学过程中，教师要运用专业基本原理分析生产实际问题，并从理论上总结提高，再去指导生产实践，在教学过程中捕捉课题，在科研中凝练教学项目。

（2）教学与科研相互融合，在实训中心中论证课题、在项目化教学中模拟课题、在毕业设计中研究课题、在校企合作中突破课题、在日积月累中支撑课题、在技术攻关、新产品开发中争取课题。

7. 校企合作，共同申报科技项目，提升教师的项目申报能力

产学研合作是高校服务区域经济发展的重要形式之一，是高校自身加强内涵建设的重要载体之一，是合作企业提升核心竞争力的重要手段之一。

（1）学校牵头、校企共商、教师提炼，积极申报科研课题、项目，成果丰硕。

（2）校企共同策划，理论研究类课题由学校申报，产品开发类项目由企业申报。

（3）承担省市级各类科技项目30多项，在《纺织学报》《棉纺织技术》等杂志发表论文300余篇，多项成果转化企业。

（4）申请了一批发明专利和实用新型专利，其中发明专利32项、实用新型42项，授权56项。

三、产教融合，建设双优纺织教学团队

1. 产教融合，建设学校理事会，召开专业指导委员会，提高教师人才培养水平

（1）为提升专业建设水平，完善人才培养模式，建设学校理事会，政府参与学校决策，邀请企业专家成立专业指导委员会。

（2）每年组织教师开展行业、企业调研，召开企业专家实践研讨会，共同讨论制订人

才培养方案，充分发挥行业企业和专业教学指导委员会的作用，加强推行工学结合，突出实践能力培养，在专业建设、课程建设和工学结合等方面起到了一定的作用。

2. 产教融合，牵头盐城纺织职教联盟，加大教师的校企合作深度

加强校企紧密合作、产教深度融合，推动盐城纺织职业教育创新发展，盐城工业职业技术学院牵头、联合相关职业院校、行业企业和科研机构成立盐城市纺织职教联盟。

（1）定期组织召开企业家、学校专家教授职教联盟会，听取企业对职业教育人才培养的需求，邀请企业家参与到人才培养评价的全过程。联盟成员单位合作办学、合作育人、合作就业、合作发展。

（2）学校技术服务企业，企业为学校提供校外实训基地。

（3）开展3+3中高职衔接、3+2专本连读，提供多种求学方式。

3. 产教融合，创办悦达纺织学院，加强教师与企业人员的合作

引企入校、共建二级学院，是坚持校企合作、产教融合，强化教学、学习、实训相融合的教育教学活动，是实现校企深度合作的有效模式。

（1）与江苏悦达纺织集团共建悦达纺织学院，在专业建设、课程建设、实验实训室建设、学生技能培训等方面展开全方位的深化融和与改革。

（2）共同制订培养方案，共同编写教材，共同为学生上课，共同考核学生，企业提供学生顶岗实习岗位，吸纳学生实习，共同建设校内实习工厂等。

（3）与江苏悦达家纺联合开展作品设计大赛，优秀作品被企业选用并投入生产。

4. 产教融合，引企入校，建设科技创业园，提升教师的创业能力

为提高科技成果转化率，盐城工业职业技术学院引企入校，共建科技创业园，校企深化合作，助力“创客”成长，积极推进“大众创业、万众创新”。

（1）“政行校企合作‘四层递进式’大学生创业训练基地”获批为江苏省教育体制改革试点项目。

（2）科技创业园获批“江苏省大学生创业示范基地”，同时获批“盐城市创业孵化示范基地”和“盐城市创业培训（实训）基地”。

（3）学校先后有120多名毕业生创业成功，为社会提供就业岗位4000多个。

（4）全校学生创业知识学习覆盖面100%，创业成果体验覆盖面80%，创业过程模拟覆盖面50%，创业实战人数占当年毕业生数的10%。

5. 产教融合，建设国家技能鉴定站，提高教师的技能水平

学院建有的国家级纺织特有工种技能鉴定站是江苏省第一家纺织行业特有工种技能鉴定站，每年鉴定千余人次。

（1）“内培外引”，组建了一支实力过硬的实践教学和考评员队伍。

（2）鼓励教师将职业技能标准的要求和培训内容纳入相关专业的教学计划中，使专业课程的教学内容涵盖职业资格标准，着力构建完备的实践教学体系。

（3）近几年来，学生在全国纺织面料检测大赛中蝉联四届团体一等奖，面料设计大赛和外贸跟单大赛成绩也多次获得一等奖，更有一名同学荣获2012年全国纺织面料设计大赛中唯一的“全国纺织院校学生职业技能标兵”称号。

（4）为区域内纺织企业员工开展技能鉴定服务，提高工人学技术的积极性。

6. *产教融合，共建实训基地，提高教师的实践能力*

（1）建成中央财政支持的纺织服装实训基地、新型纺织机电实训基地和省级生态纺织工程技术研发中心，形成“全真式”的实训教学平台，建有四十多个专业实验实训室、一体化教室，购置同步甚至超前于企业的设备总值1300多万元。

（2）建成融教学、科研、师资培养、社会化服务、技能鉴定于一体的校内实训中心。

（3）建成顶岗实习、技能培养、教师跟岗、技术攻关为一体的校外实训基地。

7. *产教融合，建设生态纺织工程中心，提升教师生态纺织品研发水平*

与江苏悦达纺织集团旗下的台湾南纬纺织研究院、悦达纺织研究所、悦达纺织有限公司等合作共建江苏省生态纺织工程中心。

（1）为行业企业提供各种技术咨询、新产品开发、合作申报项目、共同开展关键技术攻关等。

（2）与江苏悦达纺织集团、江苏东华纺织有限公司、江苏新金纺织有限公司等紧密型合作企业共同开展横向课题近30项，合同金额超过1000万元。

（3）引进多名企业高水平研发人员，坚持校企合作，为承担各类生态纺织产品的开发和产业化推广奠定了人才基础。

8. *产教融合，促进纺织技术转移，提高教师的技术转移能力*

2015年，盐城工业职业技术学院技术转移中心立项，为推动学院产学研联合工作向纵深发展奠定了有力的基础。

（1）盐城市各区县可成立技术转移分中心，全面加强科技服务、人才培养等方面合作。

（2）高校在企业成立研究生工作站，构建企业与高校产学研合作的重要平台，也构建高校研究生培养的重要创新实践基地。

（3）高校派老师担任科技特派员，从事纺织科技成果转化、优势特色产品开发。

四、结语

推行工学结合的教育模式是高职教育模式改革的重点，一支具有双师素质、专兼职结合，教学、科研双优秀的专业团队就是目前高职教育培养具有一定专业知识同时又具有较强操作能力的高技能人才的需要。

参考文献

［1］张雪莲.高水平专业团队建设研究［J］.当代经济，2010（11）：14-16.

［2］于训全.高职专业教学团队建设探讨［J］.现代企业教育，2013（1）：63-64.

［3］韦抒.高职院校专业教学团队建设的现状与对策［J］.广西教育，2012（27）：74-75.

［4］朱小萍.工学结合模式下电气自动化专业团队建设实践［J］.宜宾学院学报，2012，12（12）：101-103.

［5］王静，杨春.职业院校“四位一体”专业团队建设的探索与实践：以北京政法职业学院安全保卫专业为例［J］.教育教学论坛，2014，14（4）：236-237.

基于目标管理建设高职双优教学团队的实践

摘 要：概述了目标管理的内容、方法、流程，论述了高职教学科研双优秀团队实施目标管理的具体过程，即首先引入目标管理，解决专业团队建设内容的细化、具体化和标准化问题；其次研究开发管理信息系统，解决目标管理在专业团队建设中的落实问题；最后利用系统的数据收集和沟通反馈功能，解决专业建设过程控制问题。同时，分析了团队建设实施目标管理的价值与优势，并结合实践提出了团队建设实施目标管理应注意避免的问题。

关键词：目标管理；过程控制；团队建设；信息系统

高职院校教师团队建设，对保障人才培养质量的不断提升，加快学校内涵建设和发展、适应经济发展新常态、助力区域经济发展具有十分重要的意义。当前，我国正在加快建设推进中国特色高水平高职院校（简称“双高”）建设，高职院校教师团队建设与双高建设具有协同性，两者互为补充，相互依存，教师教学管理关系到双高建设的效度及进度。

作为过程激励管理理论之一的目标管理理论，是20世纪50年代在科学管理和行为管理理论的基础上形成的一套管理理论。1954年，美国著名管理学家杜拉克在他所著的《管理实践》一书中，以“目标管理与自我控制”为命题，系统地阐述了这一思想。之后，美国麻省理工学院工业管理系教授麦格雷戈提出的“XY理论”，有力支持并进一步发展了目标管理理论。1965年管理学家乔治·奥迪奥恩出版了专著《目标管理》，逐步使这一理论得到充实与深化。著名管理学家哈罗德·孔茨最终对目标管理理论作了经典性的概括与总结一，他认为目标管理理论的优点体现在三个方面：一是有利于明确组织机构的作用，为合理授权奠定了基础；二是有利于吸收下属参与管理，促使人们去承担任务，从而把组织利益与个体利益有机统一起来；三是有明确的目标与清晰的指标体系，有助于开展检查、监督、评价等有效的控制活动。20世纪70年代末到80年代初，目标管理理论在我国的一些企事业单位得到初步的运用，比如在管理中提出的“计划管理”“归口管理”都反映了这一理论内容。经过20多年的实践，目标管理理论在理论上得到进一步的深化，在内容上得到进一步的充实。在这种背景下，探讨运用目标管理理论对我国高校教师进行管理无疑具有一定的现实指导意义。

一、目标管理概述

目标管理在20世纪50年代就运用到企业管理中，在企业中起到了很大的作用。那么什么是目标管理呢？即在企业内部，从基层人员到企业领导者都以企业的总目标为核心，根据自身的工作特点，制订出适合自己的目标，通过行动指针，并据此对工作的进度进行安排，从而严格施行，还要对施行的结果进行严格考核的一种管理制度。学校也可以将这种管理方法很好地运用起来。学校里的每个成员都行动起来，为了学校的总目标，制订自己的行动指南，并付诸行动。这看似分散的行动指南，实际上是相互关联的。因为每个人的行动目标都是和学校的总目标结合在一起的，这样就能更全面、有效地管理学校各方面的事务了。

二、目标管理的工作流程

1. 制订目标

目标的制订包括三个方面，即学校的总目标、管理层的目标、教师的目标。当然除了这些目标的制订，还有达到目标的标准、所施行的办法以及应需要加些财力、物力等。

2. 目标的分解

建立学校的目标管理网络，从而形成一个目标网络体系。“纵向”目标体系的整合。“纵向”目标体系就是指下级必须严格服从上级，目标的制订是由上到下的，下级的任何一项活动都是为了实现上一级的目标。当然，各个阶层在制订各自的目标分解时，可以进行互相协商、沟通，达成一致意见。“横向”目标体系的整合。在付诸行动的过程中，必然会遇到困难，这时要发扬团队精神，教师与教师之间，部门与部门之间可以进行互相帮助、配合，并可以就自己的行动进行沟通。这对实现学校的总目标具有很大的促进作用。

3. 目标的实施

完成了目标分解之后，就要使之付诸行动，关注所完成的工作情况，并对目标在实施中所遇到的问题和是否产生偏差进行检查。

4. 检查实施的结果并进行相应的奖惩

根据之前所制订的目标完成标准进行认真的考察，将目标的实施情况和个人的考核联系起来。

5. 反馈与及时处理信息

在对目标实施情况进行控制时，会出现一些问题，有些是可以解决的，而有些则是人力所无法控制和预测的。因此，在实际考核中，应考虑到这些特殊的问题，并对之前所制订的标准进行相应地调整。

三、高职院校教学科研双优秀团队实施目标管理的过程

1. 引入目标管理，解决专业团队建设内容的细化、具体化和标准化问题

将专业建设划分为培养模式、教学资源、教学模式、实训条件、教学团队和社会服务六个方面，按照德鲁克的目标管理原理，围绕面向领域与目标定位为其制订具体的目标，用描述型语言加以明确，作为全员努力的方向。目标完成制订完成后，继续细化为若干二级目标，每个二级目标分为定性和定量二级目标，一般以SMART原则描述，如培养模式下的二级目标，其下设专业调研、人才培养规格、课程体系、课程进度、教学评价方法等。所有一级目标二级目标的制订，均采用专业带头人与普通教师共同参与选择设定的方法，每年年初制

订一次，纳入年初工作计划。目标制订完成后，通过管理信息系统付诸实施，根据后台目标认领数据、完成情况数据和追加功能逐年完善，从而形成标准化的专业一、二级目标。图1所示为教学团队目标管理的目标体系，其不是适用所有学校的最终版本，各校各专业可在此基础上结合工作重点进行修改。

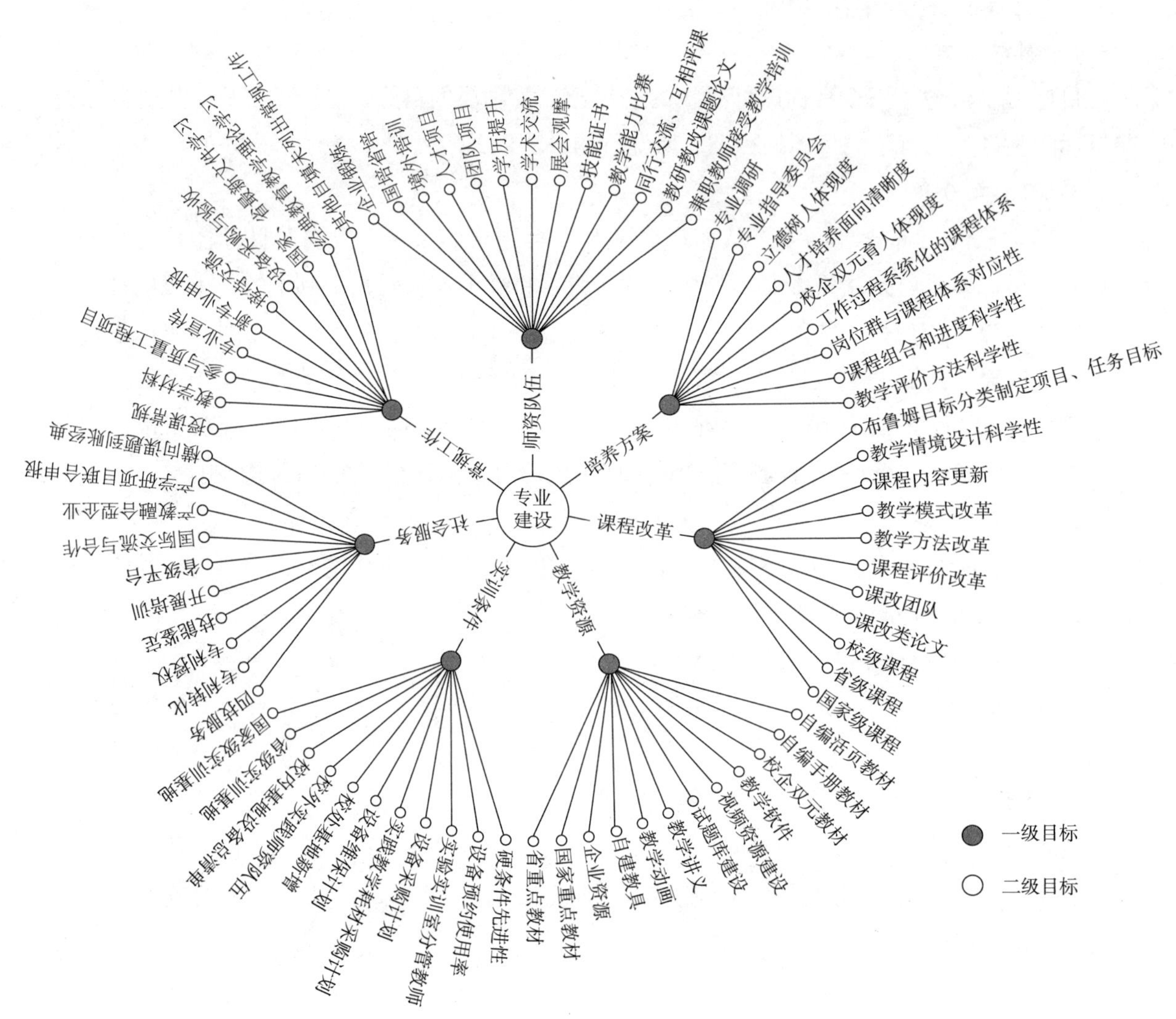

图1 专业建设各级目标构成的目标网络

2. **研究开发管理信息系统，解决目标管理在专业团队建设中的落实问题**

将上述指标形成管理信息系统，一级目标下钻二级目标，并在后台建立多字段数据库，为科学调配、激励落实打下基础。具体的，每年初专业管理层明确年度各个方面的目标，然后每位教师对照二级目标，规划出自己可以完成哪些，并通过系统上报汇总。后台汇总后，对超额二级目标进行二次论证，适当扩大二级目标数；仍落选的教师，或选择完成其他二级目标，或与其他教师组队完成；对无人认领的二级目标或数额不够的同样进行二次论证，适当降低二级目标，并提高其在绩效分配中的比重，激励老师前来完成。如此，通过高校反馈的信息系统，实现目标的合理调配，使得个人目标与团体目标趋于一致，保证目标管理得以落实的同时，实现了人人甘于完成常规性目标，勇于挑战突破性目标。

开发的产业学院目标管理信息系统架构如图2所示，系统涵盖了目标的科学设定、目标达成的监控执行、目标成果的评价诊断等全过程，以此全面促进目标管理的实施。目标管理信息系统以便捷的目标认领与调整促进了目标设计的科学合理，以目标关联和互助提高了团队效率和战斗力，以实时的预警和督促防止了目标偏离，以开放的引导指导实施了目标达成的主动控制，以客观的考核评价保障了目标达成质量，以精确的诊断与改进实现了整个目标管理的良性循环。

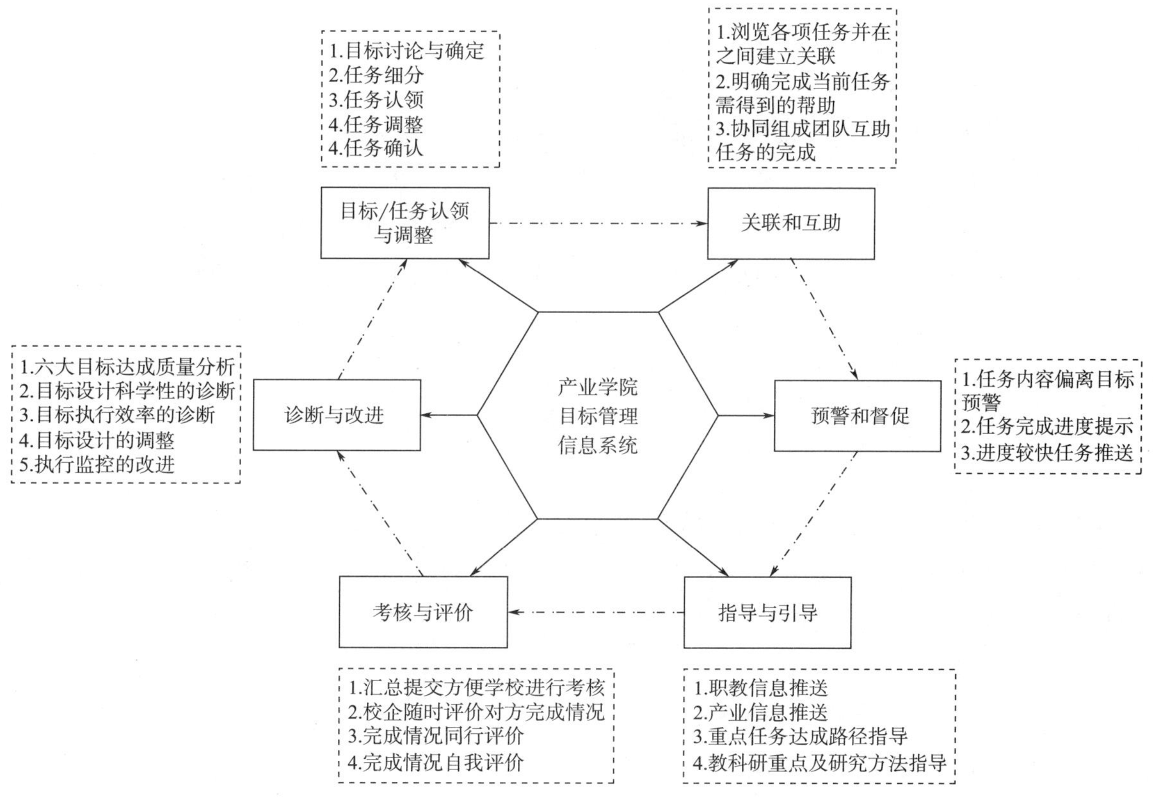

图2 目标管理信息系统架构及运转原理

3. **利用系统的数据收集和沟通反馈功能，解决专业建设过程控制问题**

目标管理信息系统能够让教师及时了解自己的任务并实现自我管理，但仍然不能排除目标完成质量的问题，同时单纯的目标管理也缺乏对教师完成任务的指导。对此，在被动层面，利用系统的数据收集功能，形成月度自评、季度汇总、学期末总结的制度，督促教师完成任务；在主动层面，利用管理信息系统的高效沟通能力，在完成目标的方法路径上加以指导，引导教师完成任务。如此，被动和主动相结合、数据收集和沟通反馈相结合，使得专业建设的目标管理“过程中有目标、目标中有过程”。

四、高职院校教学科研双优秀团队实施目标管理的绩效考核

1. 统一绩效管理思想

将绩效管理这个思想灌输到每个人的心里，并做好宣传和教育工作，从而在学校里形成积极的氛围，最终在学校领导层和管理者中，确定切实有效的绩效管理思想。同时还应经常与其他学校进行学术交流，将本校的老师派到其他学校去学习、培训，这样才能更好地使绩效管理思想、目标、方法得到切实有效的统一。同时各个部门还应做好宣传工作，加强宣传力度，耐心与教师进行交流，让每个教师都深入地了解绩效管理的概念、意义和目标，并为这个目标而努力。如果宣传做得好，那么在学校里就会形成谈绩效、追求绩效的良好氛围，从而打消教师的抵触情绪，这是绩效管理取得成功的起点。

2. 确定教师的绩效目标

基于学校的发展战略与工作目标的要求，当教师在对目标实施的过程中遇到了无法解决的问题，教师可与各部门的管理者进行充分的沟通和交流，各部门可就教师所遇到的问题进行考虑、调整，然后确定切实可行的教师绩效目标，并根据职务不同的教师确定相应的教师绩效评估指标等级表，向教师明确所实施的目标，让教师知道学校对自己的要求，自己应该做什么等。有个确定的目标，可以让教师工作起来更加有信心。将教师的个人目标与学校的目标挂钩，教师会更用心地在绩效管理上花更多的时间和精力，这样绩效管理在无形中就改变了他们的行为和业绩。

3. 建立科学合理的反馈机制

在对各教职员工进行相关的考核后，建立专职考核小组，认真对考核的结果进行分析和研究，并与教师面对面地对考核结果的准确性进行探讨。通过交谈，让教师们充分了解组织的目标，并深刻地认识自身工作各项方面与组织目标存在的差距，在工作中不断改进，找出适合自己的培养方向和专业岗位，从而为以后的职业生涯制订出长远的发展策略。另外，也可将绩效考核与教师进修、薪酬管理等联系在一起，调动教师的积极性，奖优罚劣。

4. 细化教师绩效考核运行机制

教师工作比较复杂，对其工作业绩进行全面准确的考核，存在一定的难度。因此，应实行院系二级考核体系，并制订与其相关的一系列考核细则。在教师绩效考核的所有工作中，教师课堂教学的教学工作量为重中之重。学校在这一方面一定要制订统一的工作量计算办法，在一个学期快结束时，让教师自己根据计算方法，算出工作量，然后经系部审核，最后由教务处核定。在这过程中，最关键的当属学校统一制订的教学工作量计算办法，这个计算办法应体现盐城工业职业技术学院的特色，重视实践教学的效果，尤其是校企合作教学的效果。系部的主要工作是考核教师的教学效果，其内容多种多样，比较重要的几点就是教师的职业道德，通过学生对教师的评价，教师与教师之间的互评，领导对其的了解，以及根据所

提供的教学资料等。当然这些都是学期快结束时的考核，平时还可以在其上课期间进行突击检查，将其作为考核的一部分。教师在对教学过程进行研究并提出一系列的改革措施时，是否对其进行采用，这也要通过向系部提供相关资料，然后才能确定下来。学校还应制订一个统一量化的标准，主要针对科研工作的成果。成绩突出者可由教师自己进行量化，并说明过程，再经系部进行审核，最后由科研处核定是否真实。师资建设这方面的考核，学校也应制订统一的考核细则，当然可先由教师自己提供相关的资料，系部根据学校制订的统一考核细则，按正常程序执行。进行教师工作的考核主要目的在于及时发现教师在工作中遇到的问题并给予一定的支持，从而为教师排忧解难。同时还能提高整个学校的科研水平，从而也提升学校的知名度。

五、团队建设实施目标管理的价值与优势

1. 课题研究推动了专业建设的高质、高效发展

课题在专业建设中引入目标管理，同时重视过程控制，以目标层层分解保持建设方向的一致，以目标民主决策、科学调配保证目标设置科学性，并在完成目标的方法路径上实施主动过程控制，从而保证专业建设高质发展；以目标管理明确成员需要从他人获取何种帮助，以工作关联促进团队合作，以分析自定目标化解工作分配难题，并形成月度自评、季度汇总的制度，从而保证专业建设高效发展。

2. 课题研究促进了教师个人的自我管理

将目标管理落实为信息化管理系统，教师首先通过其参与到目标制订，目标细化和层层分解后，教师有通过信息系统进行认领，从而为自我管理奠定了基础。同时，利用信息系统，教师能方便地查询自身工作任务进展情况，甚至于信息系统能配合预警功能，及时提醒待完成任务，进一步实现自动化的自我管理。

3. 课题研究有助于形成专业建设标准化管理

将专业建设划分各种一级目标和二级目标，利用信息系统的反馈功能不断追加、优化各类目标数，利用目标认领数据、完成情况数据逐年完善评价方法，从而促进标准化专业建设管理体系的形成。

4. 课题研究有利于学校信息化水平的整体提升

专业建设目标管理信息系统能方便接入学校的信息化管理系统，学校对各专业的规划能够畅通的到达专业团队，同时也能方便收集专业建设情况，从而推动信息技术和智能技术深度融入学校管理全过程，大幅提升学校信息化整体水平，并提高决策和管理的精准化科学化水平。

六、团队建设实施目标管理应注意避免的问题

1. 决策目标难以确定

高等学校既要积极主动地适应市场经济和社会发展的需要，又要遵循教育的内在规律办

事。面对来自社会和学校内部的种种压力，决策目标很难确定。因此，要求教育管理者必须有十分清醒的头脑，具有较高的思想理论水平、战略眼光和协调能力，加强学校与社会之间的联系，加强教育预测，加强教育科学研究，努力制订最佳决策目标。

2. **目标的时间性引起行为上的短期性**

任何目标都有一定的时间限制，尤其是一些短期目标容易造成短期行为，这对于“百年树人”的教育来说是不利的。因此，要妥善处理好短期目标与长期目标之间的关系。

3. **个体目标与集体目标冲突会产生消极影响**

虽然个体目标分解于总体目标，但在现实工作中二者难免会出现矛盾或冲突。因此，要加强目标调节功能，使局部服从整体，个体服从集体。学校领导要了解他们的目标的进展情况，及时收集信息，把个体目标的达成建立在更好地实现总体目标的基础之上。

4. **目标定量评价的局限性**

目标管理希望通过量化的目标或指标体系，客观公正地评价客体，但不是所有的指标都能量化，这就要求在定量分析的基础上还要慎重地进行定性分析。

基于过程控制与目标管理融合的高职院校创新型科研团队管理机制实践研究

——以盐城工业职业技术学院“江苏省优秀科技创新团队”为例

摘　要：高职院校承载了创新人才培育和创新技术成果转化、促进社会和行业经济发展的重任，科研团队的有效管理直接影响其产出效能，探索高效的科研团队管理机制，是当前和未来高职教育领域的重要课题。盐城工业职业技术学院“生物质功能纤维的制备团队”在运行和发展过程中，紧扣校企合作、产教融合主线，逐渐探索形成团队建设、运行和评价为一体的基于过程控制与目标管理融合的高职院校创新型科研团队管理机制，实现全过程动态高效管理，成为同类院校中“贴近企业做学问”的先锋，取得一定的社会美誉。

关键词：高职；科研团队；目标管理；过程控制；管理机制

自21世纪起，随着经济社会发展，创新已成为全球竞争和发展的核心和主流。高职院校承载着创新人才培育和创新技术成果转化、促进经济社会和行业经济发展的重任；职教20条也应时代要求而指出：职业院校要探索组建高水平、结构化教师创新团队。高职院校这一神圣使命的达成，离不开高效的科研团队管理机制，然而限于高职院校的行政体系、管理机制，以及人才晋升渠道不畅等多重因素，目前，高职院校科研团队管理整体结构松散、产出效能较低，急需改革创新。

盐城工业职业技术学院“生物质功能纤维的制备团队”在团队运行和发展过程中，逐渐探索形成集团队建设、运行和评价于一体的基于过程控制与目标管理融合的高职院校创新型科研团队管理机制，取得了一定成效，为高职院校科研团队的有效管理提供了有价值的实践经验指导。

一、高职院校科研团队管理存在的普遍问题

科研人员的技术创新必然是受到管理制度的制约，当前，我国高职院校科研团队的管理受限于多重因素，而在一定程度上限制了科研人员的积极性和创造性。

1. 传统观念有待挣脱，对新时代高职教育的理解不深入

网络信息时代的到来，加剧了产业结构的调整，同时对高职院校的人才培养需求产生了重大和深远的影响。传统的技术技能人才已不能满足产业转型升级的需求，未来的教育必将在技术技能和专业核心素质培养的基础上复加创新实践能力的培养，创新型科研团队的管理和培养已经成为时代需求。

2. 团队结构松散、动力不足，难以形成长效稳定机制

高职院校的教师大多需要承担教学与教学改革、学生管理、招生就业等工作，工作内容

繁杂，能用于潜心研究的时间和精力不足，团队难以形成长效稳定机制；多年来，职称晋升机制的限制，也在一定程度上影响着教师科研工作的方向和质量，为晋升而科研、为论文而科研、各自为战的现象难免存在。

3. 团队缺乏领军人物的指引，难以形成团队特色和凝聚力

领军人物是一个团队的核心人物和价值指引，高职院校的职责和使命使其与本科院校存在体制区别，科研团队缺乏领军人物的现象较为普遍，团队成员间难以形成共同的价值目标，从而很难形成团队特色和凝聚力。

4. 团队研究方向定位不明，社会服务能力较弱

高职院校的教师大多来源于高校毕业生，受本科科研思维的影响深远，注重基础研究和创新，而对新技术、新产品的开发和应用研究较为漠视；注重成果的开发，而忽视成果的转化，加之校企合作的维系纽带缺乏政策的有效引导，高职院校科研团队的社会服务能力还有待提高。

二、目标管理在高职院校科研团队管理中的应用现状

目标管理是一种科学、先进的管理理念和方法，管理者通过前期调查研究和局部研讨指定工作目标，并对目标进行分解和下达，辅助考核和评价体系，构建成员的自我调节和管理机制，最终完成预设目标的过程。我国在20世纪80年代就将目标管理理论引入了高校管理领域，针对科研团队的目标管理已经较为常见，各高职院校也结合自身情况发展了较为有效的目标管理模式。但由于制度体制的限制和实际复杂因素构建的困境，目标管理在高职院校科研团队管理中也表现出了较为显著的共性难题。

（1）科研管理部门注重目标体系的构建和成果的达成度，而忽视了过程的管理和控制，导致因目标而科研的现象较为突出，缺乏创造力和创新性。

（2）将明确和量化的科研任务分配给每一位科研工作者，将论文级别、专利和项目数量作为绩效考核和职称晋升的标准，忽视了科研人员的个性、特长和追求，部分科研人员疲于应付，难以将课题研究进行深入。

（3）目标达成的过程缺乏有效的指导和关怀，科研成果的突破不仅需要团队成员的通力，还需要高层次的指导和带领，教师在组织课题选题、申报、实施的各关键环节中都需要适时的指导和关怀，而目前高职院校的整体运行机制还不足以满足这一需求。

三、基于过程控制与目标管理融合的管理机制构建

基于高职院校科研团队管理的现状，以及目标管理在高职院校科研团队管理中的应用现状，在盐城工业职业技术学院省级高校优秀科技创新团队“生物质功能纤维的制备团队”发展的探索进程中，逐步形成并完善了基于过程控制与目标管理融合的创新型科研团队管理机制。

1. 指导思想的确立

以习近平新时代中国特色社会主义思想为指引，贯穿社会主义核心价值观，更加注重“以人为本”，充分考虑科研人员研发工作的特殊性，满足其个性化需求，发扬民主、构建互信、突出创新，营造团结进取、包容共享、创新活力的科研团队。

2. 团队师资建设机制

师资建设是科研团队创新能力的动力源泉，也是团队战斗力的根本保障，只有建立师资建设长效机制，才能不断凝聚力量，打造新的发展平台，保证科研团队长久蓬勃的生命力，激发团队更高层次的发展。

（1）年度目标的制订。重点强调校企合作，柔性融入“产业教授”和实践专家、工匠，打造产教融合型高水平、结构化科研创新团队。以团队中长期发展规划为指导，以上一年度团队建设目标达成度为基础，以核心成员相对稳定为原则，制定师资多维建设目标，逐步完善与提升队伍结构，凝练团队师资特色亮点。

（2）子目标的制订。从素质和数量双线并行，制订包括职称晋升、学历提升、继续教育、人才项目等多个维度的分解任务，形成个人年度工作计划指导意见并下发具体成员，成员结合个人职业规划和学校教师培养计划与政策，自我调整和提升，形成更为详尽的个人年度工作目标和工作计划。

（3）过程控制与目标管理的融合。持续监控目标完成情况，与人事部门、教务部门等通力协作，在人才引进、职称晋升、培训教育、人才建设等多方面给予全方位、全流程指导，特别是在学历提升、学术交流培训、省“产业教授”、省“兼职教师”、省培国培项目、省“青蓝工程”项目、省“科技副总”项目、省企业实践、省高端研修等项目计划中，打通绿色通道，塑造发展平台，打消教师顾虑，提供充分的政策保障和支持。未能按期完成的子目标，从数量调整或项目互认两个方面在节点内自行适时调整，保证个人年度目标在数量和质量上的达成度。

（4）目标达成与展望。将个人年度工作计划指导意见涉及的子目标项目进行量化，根据团队建设总体目标分配权重，组织填写年度考核表，形成团队师资建设年度成果，分析量变、质变因子，为下一年度工作重心找明方向。

3. 团队运行机制

（1）年度目标的制订。以上一年度团队运行机制成效为基础，在校企“双主体”办学机制的影响下，进一步明确产教双主体融合机制，走近课堂搞研究、贴近企业做学问，以助推办学模式创新、深化教育教学改革、促进校企深度合作和增强社会服务能力为总体目标。

（2）子目标的制订。通过二级教授、国家级创新创业导师和江苏省“产业教授”等高端人才为领军，借助技术优势，全面提升执教能力和科研水平。教育教学能力培养实施“三提升”工程，即提升课程创新开发与建设能力、提升课堂创新设计与执教能力，以及提升师德师风和工匠精神。科学研究紧密围绕企业，实施“四个一”工程，即联系一家企业、解决一个生产技术难题、从事一个项目、取得一项成果。将指导意见下发团队成员，结合自身情况从课程建设、教学能力大赛、学生技能大赛、“四技”合作、论文发表、课题立项、专利申报等方面，制订形成可量化子目标和工作计划。

（3）过程控制与目标管理的融合。在横向合作、课题申报、论文和专利撰写等重点前期环节，搭建专业领域专家指导团队，通过走访企业、面对面研讨、会议预评审、专家讲座等多种形式创造有利条件。在项目实施、科技成果转化等重点后期环节中，积极搭建校企互信平台，为成员科技工作保驾护航。鼓励教师发扬自身技术优势，取长补短、互帮互助，形成团队效应。

（4）目标达成与展望。根据年度目标分配量化子目标考核权重，组织团队成员申报成果，形成团队年度成果，总结经验教训，凝练特色，为下一年度工作计划制订指导意见。

4. 团队综合评价机制

团队综合评价体系的设计，是衡量团队效率的关键所在。目前，相关的评价方法常包括问卷调查法、层次分析法、熵值法、随机前言法和数据包络法（Data Envelopment Analysis，简称DEA）等。其中，DEA评价方法适用于多指标投入和多指标产出领域，直观展现科技投入与产出比率，应用更为主流和科学。

（1）年度综合评价体系的制订。高职院校科研定位技术应用研究，着眼于解决行业企业实际生产技术问题，同时开展教育教学改革研究。梳理团队运行科技投入的资源主要包括人力、物力和财力，其中人力主要包括人员的吸纳和岗位设置，物力主要指办公场所、实验器材场地等，而财力则是指团队运行的经费支出和科技成果奖励等。根据投入的实际情况，结合财务计算规范，将各项投入折算具体金额x_i。

团队产出的成果主要包括师资内涵建设和技术研发成果两大方面，师资内涵建设成果主要包括职称晋升、人才项目、学历提升等；而技术研发成果主要包括专著、课题、“四技”合作、论文、专利授权与转让、成果获奖等方面。根据成果取得的级别制订积分认定体系，将各项成果输出量化展现为y_j。

优选投入产出权系数v和u，构建如式（1）所示的函数模型，投入产出效率h为各项产出的加权和与各项投入加权和的比例。建立团队年度成果数据库，作为投入产出效率h是否取得提升和突破的重要依据。

$$h = \frac{\sum_{j=1}^{q} u_j \cdot y_j}{\sum_{i=1}^{p} v_i \cdot x_i} \tag{1}$$

式中：h——投入产出效率比率；

u——产出指标权系数；

v——投入指标权系数；

y_j——第j项产出积分；

q——共有q项产出；

x_i——第i项投入金额；

p——共有p项产出。

（2）过程控制中的动态调整。实际工作中，评价指标的构成并不是一成不变，如人才项目的调整、科研课题的变迁等，发生调整和变动；另外，权系数也会随着经济和政策变化而变化。因此，评价体系实施的过程也一定是指标体系动态调整的过程。

（3）综合评价意见的形成和反馈。团队运行综合评价是团队运行效率的重要考量，也是团队生命力的重要表征，综合评价按照年度计算比率，参照省内同类院校及盐城工业职业技术学院往年数据，形成综合评价意见，及时预警和纠偏。

四、团队管理机制的经验探索

1. 团队文化的创建和维系

团队文化的创建一定是围绕具有领军才能的灵魂人物来构建的，“生物质功能纤维的制备团队”负责人不仅是优秀的团队学科带头人，更是带领团队成员多年如一日开展教育教学研究和应用科学研究的“老首长”，和绝大部分团队成员有着深厚的知遇和师徒之谊，具有较强的向心力和号召力。不仅如此，团队还有来自深度合作企业悦达纺织集团的2位“产业教授”为领军。多年来，团队在二级教授、国家级创新创业导师和“产业教授”等第一阵营高端人才的拉动下，深度开展校企合作，共建省级产教融合技术平台2个，打通了校企合作的隔阂，形成了以“拼搏（Struggle）、创新（Innovation）、合作（Cooperation）、共赢（All-win）”为价值核心的SICA团队文化。团队成员间形成高度协作和信任的良好关系，对团队的目标追求高度一致。

2. 平台和阶梯的打造

闭门造车在一定程度上体现了科技工作的基本性质，但科技成果的达成一定需要更高更广的平台。平台和阶梯的打造是过程控制与目标管理融合的重要抓手。

面向行业需求，从应用研究入手，实施“四个一”工程，组建科技项目申报专家指导委员会，激发团队创新活力，提升科研服务水平。近5年，团队获得省自然科学基金面上项目2项，省高校自然科学基金项目4项，省科技厅产学研前瞻性项目10项，省科技厅苏北科技发展计划项目10项，省双创计划“科技副总”产学研合作项目11项，纵横向科技经费到账700万元。

打造专兼结合创业导师团队，将创新创业教育融入纺织卓越技术技能人才培养，师生科技创新创业实践能力得到稳步提升，师生共创作品获得2018年“挑战杯—彩虹人生”全国职业学校创新创效创业大赛特等奖。

依托盐城工业职业技术学院江苏省生态纺织工程技术研发中心、江苏省生态染化料工程技术研发中心和江苏省高校联合技术转移中心，为成果孵化提供基础，打通科研项目落地“最后一公里”，技术转移项目70余项、技术转移成交额500余万元、服务企业数量100多家。举办科技成果转移转化洽谈交易会，积极组织专家参加“江苏产学研合作成果展示会”等高层次产学研会议，组织团队走进纺织企业开展科技系列活动，开发省级新产品（技术）25个，成为学院在服务社会方面的一大亮点和特色。

3. *人文关怀和考核并举*

高职院校的科技工作者区别于本科院校，他们通常还兼任教学、学生管理、党建、专业和课程建设等工作，占据了大量的时间和精力。科技团队创建的根本目的之一便是帮助教师不断实现自我成长与提升，如果一味以量化考核对团队成员采取标签化管理，不注重人文关怀，则很难形成良好的团队合作氛围。因此，团队成员的考核应以校级绩效考核为基础，而团队考核评价的对象应为团队总体目标达成度。

五、结语

高职院校科研团队管理工作中应重点关注师资培养机制和团队运行机制的构建，师资培养是根本，是一切科技成果取得的根源，团队成员只有站在更高的平台和基础上，才能造就更有价值的成果；而团队运行机制则是团队成员取得各项成果的根本路径和方法，采用基于过程控制和目标管理融合的科研团队管理机制，构建科学的综合评价机制，在团队目标实施的过程中，多途径全方位进行过程控制，动态调整目标体系，促使团队发展趋于更加稳健的方向。盐城工业职业技术学院“生物质功能纤维的制备团队”经历多年的探索和实践，逐渐凝聚特色，成为同类院校中“贴近企业做学问”的先锋，取得一定的社会美誉。

目前，高职院校基于过程控制和目标管理融合的科研团队管理机制仍处于不断探索和完善的进程之中，特别是过程控制的抓手及长效机制、目标调整与重构机制、考核评价指标体系的运行机制等问题，还存在较大的探索空间。高职院校作为一种类型教育，走着产教融合的鲜明路线，科研团队的有效管理是当前和未来高职教育领域的重要课题，具有重要的研究价值。

参考文献

［1］关于印发国家职业教育改革实施方案的通知（国发〔2019〕4号）［A］.2019-01-24.

［2］赵淑琪.高职院校教师教科研能力现状调研及提升策略［J］.教育与职业，2019（21）：85-88.

［3］刘燕.高职院校教师科研现状及影响因素的调查分析［J］.中国职业技术教育，2019（15）：54-59.

［4］饶莉，廖奕.目标管理在优化高校科研管理模式过程中的应用［J］.管理观察，2019（28）：114-115.

［5］杨劲松.高职院校科研效率的影响因素分析［J］.科技管理研究，2018（12）：156-162.

［6］VAN BEVEREN I. Total factor productivity estimation：a practical review［J］. Journal of Economic Surveys，2012，26（1）：98-128.

［7］郑晋鸣，许应田.高职院校如何“贴近企业做学问”［N］.光明日报，2019-09-08（4）.

［8］张国兵，王曙东.精准定位服务生产一线打造高职院校科研品牌［N］.新华日报，2017-08-08.

［9］王曙东.唱响科研服务地方高质量发展的“四重奏”［N］.中国青年报，2018-12-26（4）.

实施“三大工程”，建设“德技兼修、科教互哺”省级双优团队的研究与实践

摘　要：通过实施“塑造匠心精神工程”“锻造执教能力工程”“打造科创队伍工程”三大工程，推进团队教师德技兼修、理实一体、科教互哺，提升教师的职业道德和塑造匠心精神，打造了一支师德高尚、业务精湛、结构合理、充满活力的高素质专业化教师队伍，教师的专业实践应用能力、科研能力和社会服务能力迅速提升，构建了集教学、科研于一体的省级双优团队，全面提升专业建设水平。

关键词：匠心精神；执教能力；科创队伍；德技兼修；科教互哺

一、成果研究与实践的背景

1. 专业团队建设的意义

《国家中长期教育改革和发展规划纲要（2010—2020年）》提出加强教师队伍建设，“提升教师素质，努力造就一支师德高尚、业务精湛、结构合理、充满活力的高素质专业化教师队伍”。“优化队伍结构，提高教师专业水平和教学能力”，同时，“以中青年教师和创新团队为重点，建设高素质的高校教师队伍。大力提高高校教师教学水平、科研创新和社会服务能力。促进跨学科、跨单位合作，形成高水平教学和科研创新团队。”

2. 专业团队建设的现状

自2007年教育部提出建设高水平教学团队以来，对专业教学团队建设的关注越来越多，全国也涌现出一批国家级、省级优秀专业教学团队。但是，在当前高职院校专业团队建设中，对科研团队建设的关注较少，将教学团队与科研团队共同建设的研究更少。同时，在目前的教学团队建设中也存在一些问题。比如，湖南铁路科技职业技术学院的于训全老师提出，专业教学团队理论强、专业技能不足，校企结合、产教融合的程度不高，服务企业实践能力不强。广西电力职业技术学院的韦抒指出目前教学团队建设目标不明确，管理制度不够完善。新常态下高职教师队伍还存在的匠心精神缺乏、专业动手能力不足、工程实践应用能力不强、服务企业能力不够，教学与科研脱节等核心问题。

二、成果研究与实践的主要内容

自现代纺织技术专业实训基地教学团队于2008年获江苏省优秀教学团队以来，该专业依托省示范高职院校重点专业建设项目、省“十二五”重点专业群建设项目、省品牌专业建设工程项目和省科技厅高校优秀科技创新团队建设项目等项目建设平台，建成了德技兼修、科教互哺的省级实训教学与科研服务双优教师团队。2015年，“生物质功能纤维的制备”团队

获得江苏省高等学校优秀科研团队称号。

通过实施“塑造匠心精神工程”“锻造执教能力工程”“打造科创队伍工程”三大工程，推进团队教师德技兼修、理实一体、科教互哺，提升教师的职业道德和塑造匠心精神，提高教师在教育教学中的专业实践应用能力，提升教师的科研和社会服务能力，建成集教学、科研结合的省级双优团队，全面提升专业建设水平（图1）。

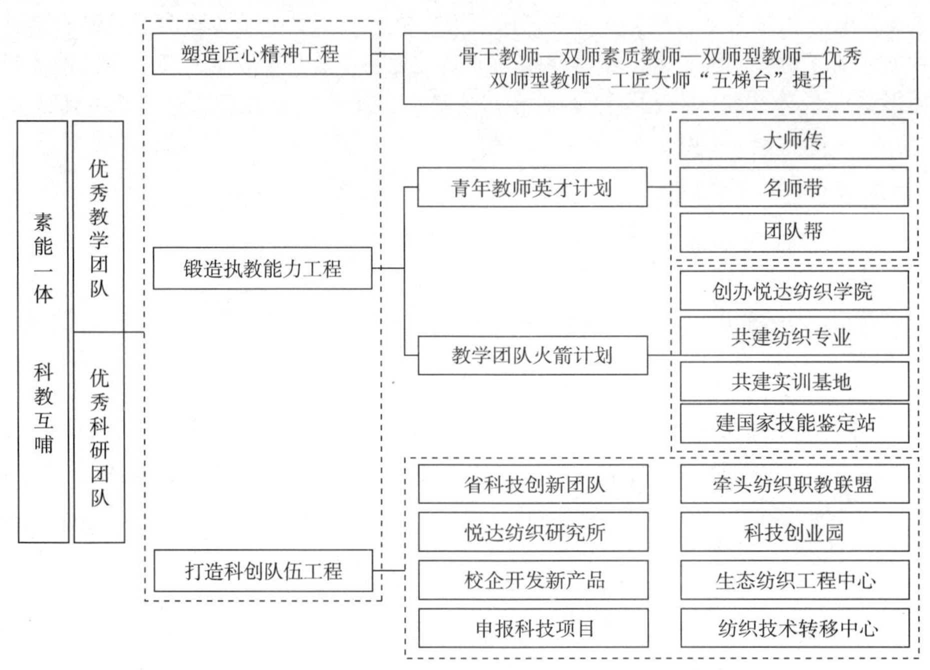

图1 实施“三大工程”，建设德技兼修、科教互哺省级双优团队的路线

1. 围绕德技兼修，实施“师德塑造工程”，塑造团队教师的工匠精神

为专业教师明确了“骨干教师—双师素质教师—双师型教师—优秀双师型教师—工匠大师”清晰的“五梯台”发展路径图。在专业团队教师中树立教书育人、立德树人的教育理念，提升教师的道德修养，营造积极向上的团队氛围；推行德技兼修，以三育人标兵活动、校园工匠评比为抓手，以校园工匠带头人张圣忠和悦达纺织工匠大师范中勤为标杆，培育教师的工匠精神，拥有良好的职业道德，担任学生的人生导师，用踏实工作的态度、刻苦钻研的精神、谦逊礼貌待人的品质影响学生，让爱岗敬业、无私奉献、为人师表、严谨治学成为团队的标志，培育教师的工匠精神，让每位教师专注培育学生犹如子女一般。在人生导师的指导教育下实施学生素质系统化培养方案，学生综合素养逐年提高。学生定期赴潘黄社区进行艺术表演，宣传党的方针政策，传播祖国发展中“真”的一面；李闪闪、韩伟等同学带领本班同学连续五年志愿服务于花斋公益机构，向社会传播了善良是美德的善文化；联合盐城广播电视台分赴不同社区，展示学生设计作品和个人才艺，传播美的文化。

形成以“三育人标兵”刘华教授、实训团队和科技创新团队带头人瞿才新教授以及校园工匠带头人张圣忠教授为引领的纺织专业团队，专业团队教师均能全心全意投入教学，践行“以生为本，生生皆可成才”的学校育人理念，专业团队教师坚持不懈，持之以恒地从事教科研工作，通过校企合作建设“双师型”教学团队，专业教学团队中双师素质100%，双师型92.3%。通过不断学习与研究，更新知识和实践技能，创新教学方法和手段，按照学校的优秀双师型教师标准评选出优秀双师型教师，逐渐养成追求完美，精益求精的工作态度，树立终身学习的理念和不断创新的意识，紧跟时代和社会发展的步伐，不断提升自己，更好地满足新时期学生的学习需求。我们坚持不懈、执着追求“工匠精神”，在校园工匠带头人和企业工匠大师的引领下，致力于培养更多“优秀双师型”教师，并打造出一批“工匠型名师”，为社会培育更多行业优质人才。

2. 遵循理实一体，实施“锻造执教能力工程”，提升团队教师的专业实践能力

（1）实施“两个计划”，通过“传、帮、带”，提升省级优秀实训教学团队。实施“青年教师英才计划”，通过邀请学术大师讲学、企业大师指导，聘请、柔性引进企业实践专家和能工巧匠参与教学研究和教学过程，实现“大师传”；通过组建校企混编教学团队共同施教，组建教研团队共同研究教改项目，实现“团队帮”；通过企业挂职锻炼、访问工程师和国培省培等项目，实现“名师带”，培养领军式专业带头人和青年骨干教师；实施“教学团队火箭计划”，围绕提升团队的实践教学能力和教育教育改革能力，提升省级实训基地优秀教学团队。以“主攻一个专业方向，联系一家企事业单位，担任一个社会兼职，主持一个项目，参加或指导一项技能大赛，开发一项技能菜单”的“六个一”为标准，落实“锻造执教能力工程”，理论实践一体化，进一步提升省级优秀实训基地教学团队的专业实践能力和教育教学改革能力。

建设期间，2名教师成为访问学者，2名教师成为访问工程师，晋升教授5人，晋升副教授6人，校教学名师2人，在读博士4人。骨干教师境外培训13人次，国内培训80人次，下企业挂职或实习48人次，进一步提升了省级优秀实训教学团队的实践水平。积极指导学生开展各类创新实践及全国职业技能大赛活动，30人次获得“优秀指导教师”荣誉称号。

（2）创办悦达纺织学院，加强教师全方位校企合作能力（图2）。引企入校，共建校企双主体二级学院，共组行业职教联盟，坚持校企紧密合作、产教深度融合，强化教学、学习、实训相融合的教育教学活动，是实现校企深度合作的有效模式。

① 与江苏悦达家纺有限公司共建悦达纺织学院，在专业建设、课程建设、实验实训室建设、学生技能培训等方面展开全方位的深化融和与改革。

② 共同制订培养方案，共同编写教材，共同为学生上课，共同考核学生，企业提供学生顶岗实习岗位，吸纳学生实习，共同建设校内实习工厂等；

③ 与悦达家纺联合开展作品设计大赛，优秀作品被企业选用并投入生产。

④ 为推动盐城纺织职业教育创新发展，盐城工业职业技术学院牵头、联合相关职业院校、行业企业和科研机构成立盐城市纺织职教联盟，联盟成员单位合作办学、合作育人、合

与悦达纺织集团校企合作办学研讨会

创办悦达纺织学院

图2 校企共建悦达纺织学院

作就业、合作发展，开展了3+3中高职衔接、3+2专本连读，提供多种求学途径。

（3）校企合作共建纺织专业，提高教师专业建设水平。

① 为提升专业建设水平，创新与完善人才培养模式，全面实施“校企合作共建专业”，建设学校理事会，政府参与学校决策，邀请企业专家成立专业指导委员会（图3）；

② 每年组织教师开展行业、企业调研，召开企业专家实践研讨会，共同讨论制订人才培养方案，充分发挥行业企业和专业教学指导委员会的作用，加强推行工学结合，突出实践能力培养，在专业建设、课程建设、实训平台建设等方面取得诸多成果；

图3 专业指导委员和企业实践专家

③ 构建“基于企业典型职业岗位”的专业课程体系，实施“毕业证书+职业资格证书”的双证书制度，实行“项目化+阶段化+一体化”的教学组织形式；

④ 围绕岗位能力要求，校企课程开发团队制订课程标准、教学内容和建设方案。通过重构专业平台课，再造专业核心课，创新专业拓展课，全面提升学生综合职业能力；

⑤ 校企合作共同编写十多部全国纺织高职高专规划教材，其中包括《纺织材料基础》《纺织实用技术》等三本省级精品教材，《机织物分析与设计》《纺织材料基础》两本省级重点教材（表1）；

表1　近几年主、参编的部分规划教材

教材名称	主编或参编	出版社	出版时间	合作企业	备注
现代纺纱与操作技术	王前文	学林出版社	2012.12	江苏悦达纺织集团有限公司	
纺织专业英语	毛雷	中国劳动社会保障出版社	2010.6	江苏悦达纺织集团有限公司	
纺织导论	张荣华	学林出版社	2012.8	江苏悦达纺织集团有限公司	
机织物分析与设计	刘华	学林出版社	2012.8	江苏悦达家纺有限公司	省重点教材
针织服装设计	吴益峰　秦晓	东华大学出版社	2014.4	江苏华艺时装股份有限公司	
针织产品分析与设计	秦晓　吴益峰	化学工业出版社	2015.3	江苏华艺时装股份有限公司	
纺织检测基础	瞿才新　张荣华	中国纺织出版社	2015.9	江苏悦达纺织集团有限公司	省重点教材

⑥ 教师直接参与企业生产、经营等活动，在深入企业一线的过程中总结归纳课程教学项目、任务，取得相关技能证书或工程师称号，实践能力得到提升（图4）。

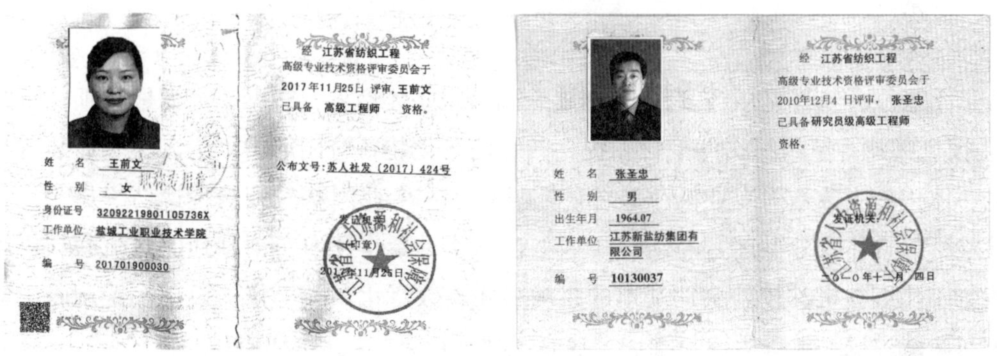

图4　部分教师的工程师资格证书

（4）实施三化融合，提升教师信息化教育教学能力。

① 通过内培外训、三化融合，提升教师信息化素养，团队教师在各项工作中严格按照ISO9001标准，执行标准化运行；实施信息化驱动，教学工作中善于创新利用信息化教学方法与手段，搜集和制作信息化网络教学资源；充分利用校园数字化学习平台、信息化教务管理系统、科研管理系统、学生管理系统、办公系统等实施精细化管理，做到各项事务精细化分工，以实现高效管理，提高管理质量。

② 校企共建立体化教学资源，提升教师信息化教学应用能力。依托悦达纺织学院的资源优势，以项目、任务、案例为载体，坚持学做合一，完善了专业教学资源库。收集了行业资源库信息，纺织品检验方面国内外标准和纺织行业信息资源等。坚持专业课程内容与职业标准对接，校企共建数字化专业教学资源，实现信息化教学资源的广泛共享（图5）。

目前现代纺织技术专业已建成院级精品资源共享课程5门，网络平台课程及其教学资源库9门，5名专业教师获得省教育厅信息化教学设计大赛二、三等奖各1项，多名教师获院级信

国家精品在线开放课程1门

国家教学资源库课程7门

省在线开放课程5门

图5 部分课程的网络课程平台截图

息化教学大赛一、二等奖7项，近两年开展全国纺织服装信息化教学研究课题15项。

③ 校企共建智慧纺织实训平台，提高教师信息化装备应用能力。为满足企业装备智能化和机电一体化升级改造对专业岗位人才的需求变化，专业团队教师与悦达纺织集团、盐城市纤维检验所等合作企业共建智慧纺织实训平台，通过参与校内实训基地的清梳联、粗纱机、多功能数字化细纱机和校外实训基地的粗细络联、数字化车间等仪器设备购置调研论证、设备安装与调试过程、设备运行与维护，提高了教师信息化装备应用能力。

（5）引企入校建设科技创业园，提升教师创新创业能力。为提高科技成果转化率，盐城工业职业技术学院引企入校，共建科技创业园，校企深化合作，助力“创客”成长，积极推进“大众创业、万众创新”。

① “政行校企合作‘四层递进式’大学生创业训练基地”获批为江苏省教育体制改革试点项目；

② 科技创业园获批“江苏省大学生创业示范基地”，同时获批“盐城市创业孵化示范基地”和“盐城市创业培训（实训）基地”；

③ 学校先后有120多名毕业生创业成功，为社会提供就业岗位4000多个；

④ 全校学生创业知识学习覆盖面100%，创业成果体验覆盖面80%，创业过程模拟覆盖面50%，创业实战人数占当年毕业生数的10%（图6）。

（6）实施赛证课融合改革和学生素质系统化培养，全面提高人才培养质量。围绕职业核心能力，实施课程、职业资格和赛项融合的“赛、证、课”融合改革，“以赛促学、以赛促教、赛学一体”，学生职业能力优异，技能大赛成绩全国同类院校领先。学生在全国纺织面料检测大赛中蝉联五届团体一等奖，面料设计大赛和外贸跟单大赛成绩也多次获得一等

荣誉证书

绿色深呼吸创业团队：

荣获2014年盐城市首届科技创业大赛创业团队组一等奖。

特发此证，以资鼓励。

团队成员：盐城工业职业技术学院

二〇一四年八月

盐城市首届科技创业大赛创业团队组一等奖

荣誉证书

《基于“互联网+”创新纳滤高科技产品商务电子化新常态项目创业项目》荣获首届江苏省“互联网+”大学生创新创业大赛创意组三等奖。

特发此状，以资鼓励。

指导老师：赵磊、陈贵苹、何吉欢

团队成员：李闪闪、胡杨、孙浩

江苏省教育厅

二〇一五年九月

省首届“互联网+”创新创业大赛优秀指导老师

图6　教师指导学生参加创新创业大赛获奖

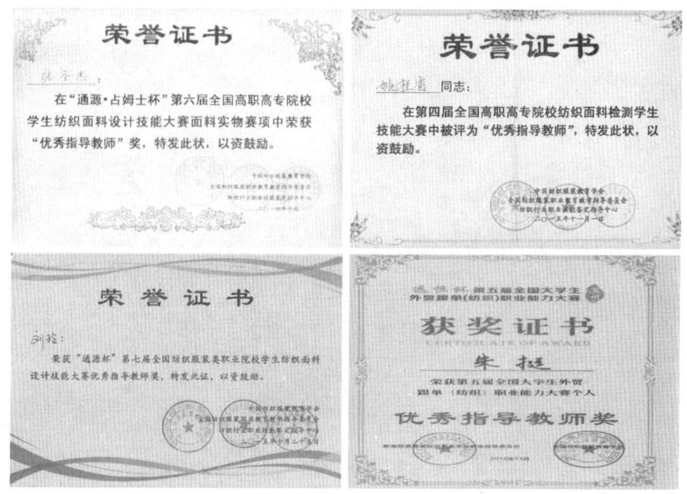

荣誉证书

在“通源·占姆士杯”第六届全国高职高专院校学生纺织面料设计技能大赛面料实物赛项中荣获“优秀指导教师”奖，特发此状，以资鼓励。

荣誉证书

同志：

在第四届全国高职高专院校纺织面料检测学生技能大赛中被评为“优秀指导教师”，特发此状，以资鼓励。

荣誉证书

荣获“通源杯”第七届全国纺织服装类职业院校学生纺织面料设计技能大赛优秀指导教师奖，特发此证，以资鼓励。

逸恒杯 第五届全国大学生外贸跟单(纺织)职业能力大赛

获奖证书

CERTIFICATE OF AWARD

朱挺

荣获第五届全国大学生外贸跟单（纺织）职业能力大赛个人

优秀指导教师奖

图7　技能大赛优秀指导老师（部分）

第三届全国纺织面料检测技能大赛获团体一等奖

第五届全国纺织面料设计技能大赛获团体一等奖

第四届全国纺织面料检测技能大赛获团体一等奖

第五届全国外贸跟单（纺织）大赛获团体一等奖

图8　教师指导学生参加全国专业技能大赛多次获团体一等奖

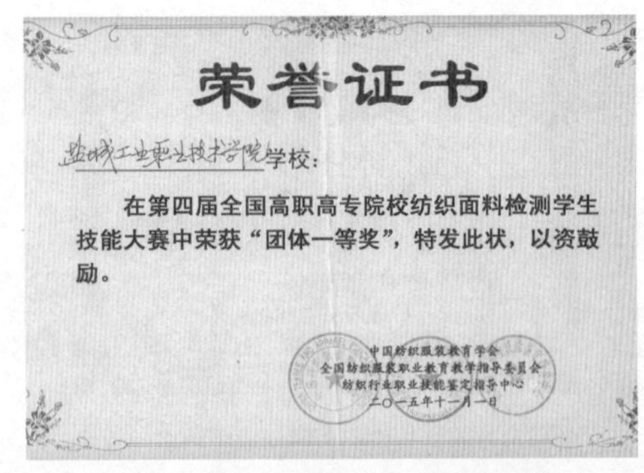

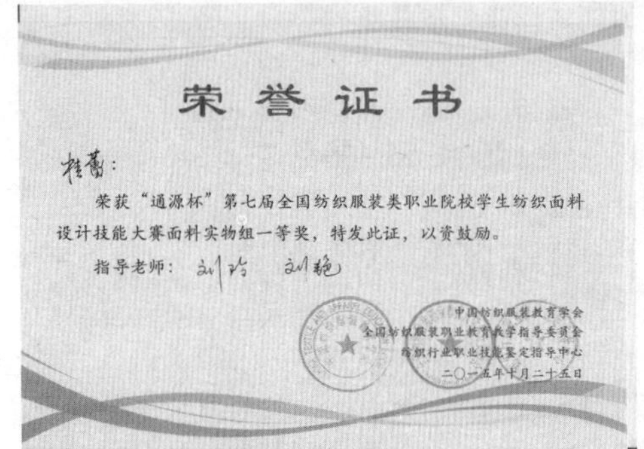

图9 技能大赛单项奖和团体奖（部分）

图10 部分职业资格证书

奖，更有3名同学荣获“全国纺织院校学生职业技能标兵”称号（图7~图10）。

制订和实施学生素质系统化培养方案，依托省级大学生创业园，通过志愿服务、专题讲座、特色活动和创业培训等环节，系统培养学生素质，提升了学生的综合素养和就业竞争力。

（7）共建校内外实训基地，提高教师实践教学与管理能力。

① 建成中央财政支持的纺织服装实训基地、新型纺织机电实训基地和省级生态纺织工程技术研发中心，形成“全真式”的实训教学平台，建有四十多个专业实验实训室、一体化教室，仪器设备总值1300多万元；

② 校企共建纺织检测中心、纺织品设计中心、纺织生产中心和技能鉴定与培训中心的校内技能训练平台，建成融集技能训练、技能鉴定、项目研发和创新创业于一体的校内实训基地（图11）；

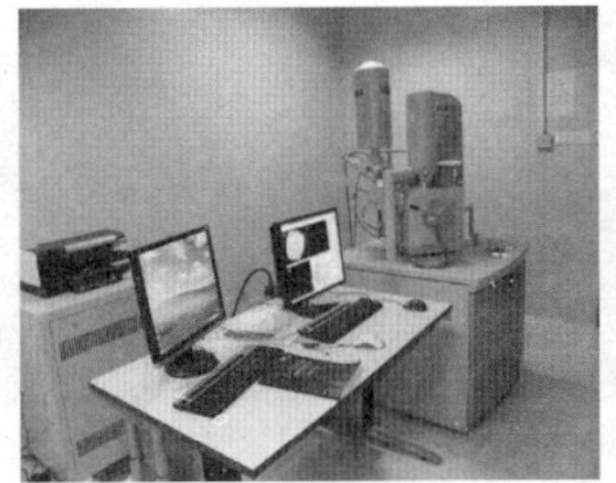

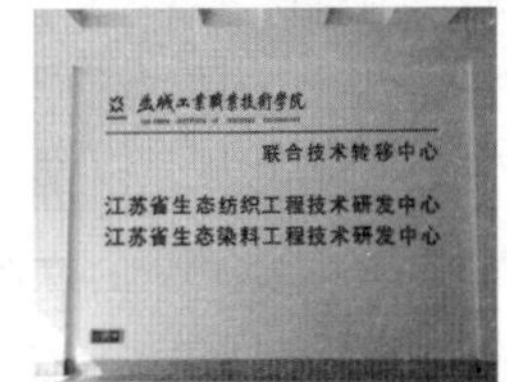

大提花面料设计中心

色织产品设计中心

家纺产品设计中心

凤凰庄面料分析展示实训室

图11　校企共建的部分校内实训基地图片

③ 为服务学生实施阶段性实习实训项目和就业创业项目，与以悦达纺织集团企业为代表的36家企业联建顶岗实习、技能培养、教师跟岗、技术攻关多功能的校外实训和就业基地（图12）。

3．推进科教互哺，实施“打造科创队伍工程”，提升团队教师的应用研究和社会服务能力

以专业建设为龙头，以平台建设为依托，以科技项目为纽带，以凝聚优秀创新人才为主体，校企合作共建优秀科技创新团队。通过校企联合开展科技攻关、产品研发、技术改造、社会培训、培育省青蓝工程学术带头人、开展省科技创新团队项目研究等多举措并举，落实“打造科创队伍工程”，提高专业团队教师的应用研究和社会服务能力。

悦达家纺签约仪式

悦达家纺签约仪式

斯尔克校企合作协议

“震纶杯”颁奖仪式

图12　部分紧密型校外实训基地校企合作图片

（1）校企共建科技创新团队，提升教师科技创新能力。以学科建设为龙头，以平台建设为依托，以科技项目为纽带，以凝聚优秀创新人才为主体，校企合作共建优秀科技创新团队。

① 学校教师与企业人员共建科技创新团队，人员结构合理；

② 企业人员将任务带到学校，与教师共同进行科技创新；

③ 学校教师以企业需求为出发点，解决企业当前所面临的技术难题。

（2）校企联建盐城纺织产业研究所，提升教师科技服务能力。为突出研究工作为生产服务、引领生产，聚焦行业热点、整合学科优势、促进成果转化，发挥科技对经济发展的引领和支撑作用，联合南纬悦达纺织研究院共建盐城纺织产业研究院。

① 产品开发在学校、产品生产在企业；

② 与多家企业合作共建工作室，企业人员常驻学校，深化校企合作。

（3）校企共同开发新产品，提高教师的技术攻关水平（图13）。

① 教学是教师的基本任务，在长期的教学过程中，教师要运用专业基本原理分析生产实际问题，并从理论上总结提高，再去指导生产实践，在教学过程中捕捉课题，在科研中凝练教学项目，实现科教互哺；

② 教学与科研相互融合，在实训中心中论证课题、在项目化教学中模拟课题、在毕业设计中研究课题、在校企合作中突破课题、在日积月累中支撑课题、在技术攻关、新产品开发中争取课题，实现科教相融。

（4）校企共同申报科技项目，提升教师项目申报能力（表2）。产学研合作是高校服务区域经济发展的重要形式之一，是高校自身加强内涵建设的重要载体之一，是合作企业提升

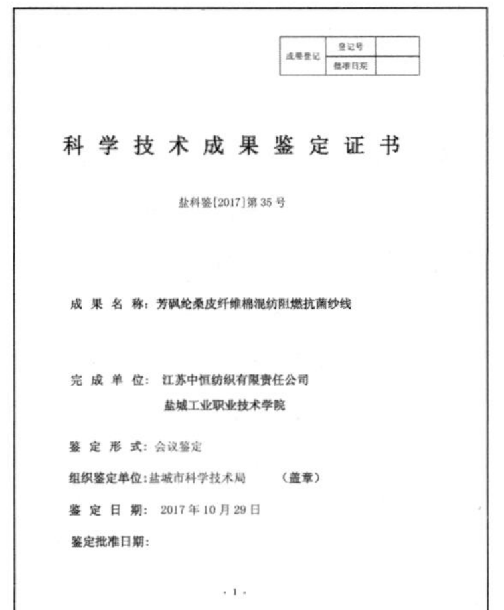

成果登记 | 登记号 | 批准日期

科学技术成果鉴定证书

盐科鉴[2017]第35号

成果名称：芳砜纶桑皮纤维棉混纺阻燃抗菌纱线

完成单位：江苏中恒纺织有限责任公司
盐城工业职业技术学院

鉴定形式：会议鉴定

组织鉴定单位：盐城市科学技术局　（盖章）

鉴定日期：2017年10月29日

鉴定批准日期：

-1-

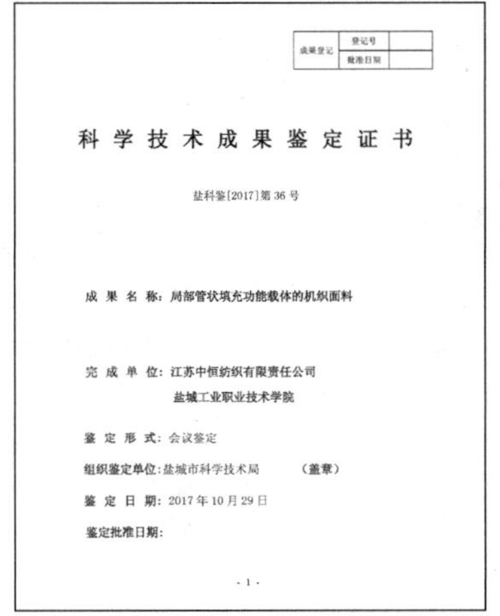

成果登记 | 登记号 | 批准日期

科学技术成果鉴定证书

盐科鉴[2017]第36号

成果名称：局部管状填充功能载体的机织面料

完成单位：江苏中恒纺织有限责任公司
盐城工业职业技术学院

鉴定形式：会议鉴定

组织鉴定单位：盐城市科学技术局　（盖章）

鉴定日期：2017年10月29日

鉴定批准日期：

-1-

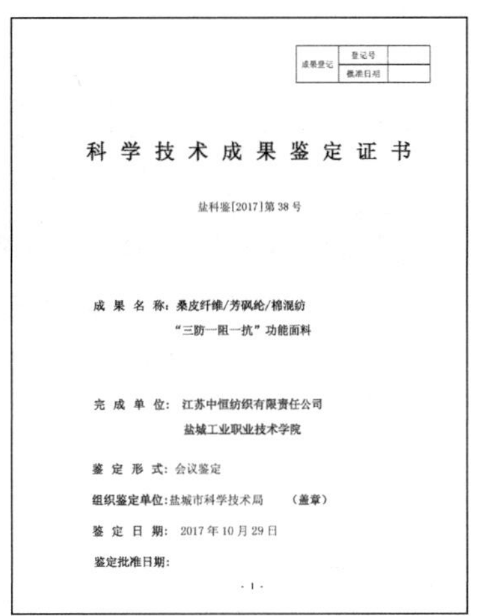

成果登记 | 登记号 | 批准日期

科学技术成果鉴定证书

盐科鉴[2017]第38号

成果名称：桑皮纤维/芳砜纶/棉混纺
“三防一阻一抗”功能面料

完成单位：江苏中恒纺织有限责任公司
盐城工业职业技术学院

鉴定形式：会议鉴定

组织鉴定单位：盐城市科学技术局　（盖章）

鉴定日期：2017年10月29日

鉴定批准日期：

-1-

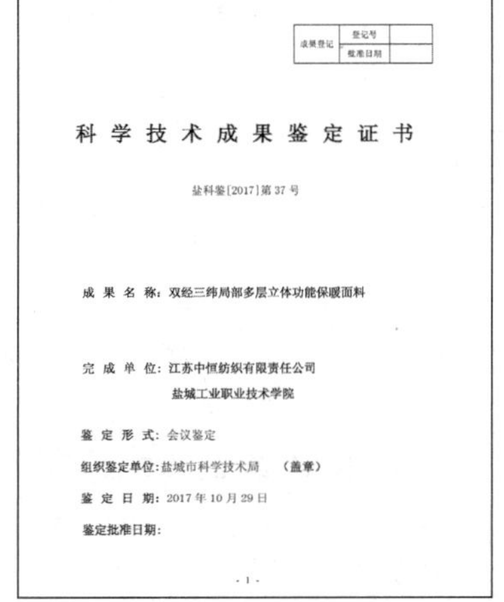

成果登记 | 登记号 | 批准日期

科学技术成果鉴定证书

盐科鉴[2017]第37号

成果名称：双经三纬局部多层立体功能保暖面料

完成单位：江苏中恒纺织有限责任公司
盐城工业职业技术学院

鉴定形式：会议鉴定

组织鉴定单位：盐城市科学技术局　（盖章）

鉴定日期：2017年10月29日

鉴定批准日期：

-1-

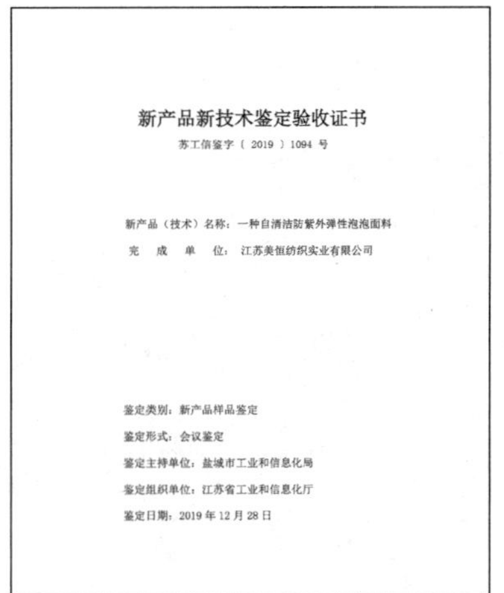

新产品新技术鉴定验收证书

苏工信鉴字（2019）1094号

新产品（技术）名称：一种自清洁防紫外弹性泡泡面料

完成单位：江苏美恒纺织实业有限公司

鉴定类别：新产品样品鉴定

鉴定形式：会议鉴定

鉴定主持单位：盐城市工业和信息化局

鉴定组织单位：江苏省工业和信息化厅

鉴定日期：2019年12月28日

图13　与南纬悦达纤维科技有限公司开展的技术服务

核心竞争力的重要手段之一。

① 学校牵头、校企共商、教师提炼，积极申报科研课题、项目，成果丰硕；

② 校企共同策划，理论研究类课题由学校申报，产品开发类项目由企业申报；

③ 承担省市级各类科技项目30多项，在《纺织学报》《棉纺织技术》等杂志发表论文三百余篇，多项成果转化企业。

表2　承担的主要市厅级及以上科研项目一览表

序号	项目名称	负责人	项目来源	级别	立项年度
1	涤绵针织物生化练染同浴染色技术及其推广	陈宏武	高校得研成果产业化推进项目自筹资金项目	省级	2010
2	蚕桑废弃物—桑皮纤维的可纺性研究	瞿才新	省产学研联合创新资金计划立项项目	省级	2010
3	抗菌抗皱辐射植物的研究与开发	瞿才新	省科技型企业技术创新项目	省级	2010

续表

序号	项目名称	负责人	项目来源	级别	立项年度
4	天然植物染料色纺牛奶纤维Modal混纺纱的开发	刘华	省科技型企业技术创新项目	省级	2010
5	盐土植物海滨棉葵茎皮纤维及其纺织品的开发与利用	樊理山	省科技型企业技术创新项目	省级	2010
6	抗皱抗菌功能性真丝面料的研究与开发	钱飞	第二批省科技型企业技术创新资金项目	省级	2011
7	沿海地区蓖麻高效种植及其产品开发	王文中	第九批省级科技创新与成果转化（苏北科技富民强县）专项项目	省级	2011
8	江苏省（东台富安）特种茧丝绸科技公共服务中心	瞿才新	第七批省级科技创新与成果转化（科技服务平台）专项项目	省级	2011
9	新型纸尿裤复合吸水芯材的研发	宜志强	广东省高新技术产业化项目-工业攻关	省级	2011
10	“商陆、落葵”等植物染料	张林龙	高校科研成果产业化推进拨款项目	省级	2012
11	纱线线密度及重量不匀率测试装置及方法	樊理山	高校科研成果产业化推进自筹经费项目	省级	2012
12	利用桑树秸秆制取纤维及其高品质色纺服装面料的产业化开发	瞿才新	江苏省科技厅农业支撑项目立项	省级	2012
13	蚕蛹蛋白纤维功能性新型复合面料的研究与产业化开发	王美红	江苏省科技厅苏北专项项目	省级	2012
14	高效清洁化纤维素散纤维连续式湿短蒸染色工艺研究及其产品开发	高兆昶	江苏省科技厅苏北专项项目	省级	2012
15	氯化聚丙烯生产新工艺研究及产品开发	项东升	江苏省科技厅苏北专项项目	省级	2012
16	含纳米级凹土料子涤纶/聚乳酸纤维/绵混纺户外休闲面料的研发	林元宏	江苏省科技厅苏北专项项目	省级	2012
17	沿海根茎类耐盐蔬菜优质高效栽培技术研发	李萍	江苏省科学技术厅科技支撑计划	省级	2012
18	“三防一阻一抗”童装面料的产业化开发	瞿才新	江苏省标准化研究院-标准信息服务及应对技术性贸易壁垒信息平台专项项目	省级	2013
19	欧盟REACH法规对江苏省纺织品服装出口影响的实证分析对策研究	刘华	江苏省标准化研究院-标准信息服务及应对技术性贸易壁垒信息平台专项项目	省级	2013
20	采用浆印工生产功能性家纺产品的前瞻研究	瞿才新	省产学研前瞻性联合研究面上项目	省级	2013
21	超短细柔纤维聚绒纺关键技术前瞻性研究	张圣忠	省产学研前瞻性联合研究面上项目	省级	2013
22	离子液体无浆料生态印花技术的研究与应用	张荣华	省产学研前瞻性联合研究面上项目	省级	2013

续表

序号	项目名称	负责人	项目来源	级别	立项年度
23	三维生物打印制备结构可控丝蛋白小口径血管支架材料关键技术的研究	王曙东	省基础研究计划（自然科学基金）面上项目	省级	2013
24	汉麻粘胶/莫代尔PTT长丝金银线嵌入纺花色纱抗菌记忆产品的开发	张圣忠	苏北科技发展计划–科技型企业技术创新资金项目	省级	2013
25	三防一阻经编童装面料的产业化开发	瞿才新	苏北科技发展计划–科技型企业技术创新资金项目	省级	2013
26	棉/木纤/羊绒/绢丝混色柔洁纺清洁化生产及其产品开发	李桂付	苏北科技发展计划–科技型企业技术创新资金项目	省级	2013
27	基于喷水引纬生产的交织角度可控的UHMWPE纤维高速传动带用广角布的关键技术研究	姚桂香	江苏省科学技术厅产学研前瞻性课题	省级	2014
28	《基于技术性贸易壁垒的户外休闲针织童装面料的前瞻性研究》	郁兰	省产学研前瞻性联合研究面上项目	省级	2014
29	基于喷水引纬生产的交织角度可控的UHMWPE纤维高速传动带用广角布的关键技术研究	姚桂香	省产学研前瞻性职合研究面上项目	省级	2014
30	环境友好型垂挂式高分子活性染料的设计合成及其构效关系	张伟	省基础研究计划（自然科学基金）面上项目	省级	2014
31	汉麻粘胶/莫代尔PTT长丝金银线嵌入纺花色纱抗菌记忆产品的开发	张圣忠	苏北科技发展计划–科技型企业技术创新项目	省级	2014
32	具有自清洁和防紫外功能的高仿真貂绒休闲面料的研究及其产业化开发	张永革	江苏省科技厅产学研前瞻性项目	省级	2015
33	生物质功能纤维的制备	瞿才新	江苏省优秀科技创新团队项目	省级	2015
34	三防一阻一抗童装面料的产业化开发	瞿才新	江苏省财政绩效专项项目	市厅级	2014
35	欧盟REACH法规对江苏省纺织品服装出口影响的实证分析及对策研究	刘华	江苏省财政绩效专项项目	市厅级	2014
36	“三防一阻一抗”复合功能轻质柔性防护篷盖面料的研究与开发	张立峰	中国纺织工业联合会指导性项目	市厅级	2014
37	凹土/壳聚糖微胶囊功能性整理涤纶织物在户外运动服装上的应用与产业化研究	高小亮	中国纺织工业联合会指导性项目	市厅级	2014
38	蚕蛹蛋白竹/薄荷/桑皮纤维凉感抗菌驱蚊美肤保健段彩系列纱线产品开发	杜梅	中国纺织工业联合会指导性项目	市厅级	2014
39	超细旦莫代尔高密超柔芯类家纺面料开发的关键技术研究	周红涛	中国纺织工业联合会指导性项目	市厅级	2014
40	基于浆纱机生产印经家纺产品的应用研究	徐帅	中国纺织工业联合会指导性项目	市厅级	2014
41	芦荟粘胶抗菌护肤针织面料的开发及性能研究	刘玲	中国纺织工业联合会指导性项目	市厅级	2014
42	欧盟REACH法规对中国纺织服装出口的影响及对策分析——以江苏省为例	郁兰	中国纺织工业联合会指导性项目	市厅级	2014

续表

序号	项目名称	负责人	项目来源	级别	立项年度
43	轻薄型针织无胆羽绒面料的开发	黄素平	中国纺织工业联合会指导性项目	市厅级	2014
44	桑皮/棉天然染料虎杖色纺产品开发	位丽	中国纺织工业联合会指导性项目	市厅级	2014
45	双层高密丝棉面料的研究与开发	钱飞	中国纺织工业联合会指导性项目	市厅级	2014
46	乌拉草纤维制备技术及棉毛混纺产品开发	陈春侠	中国纺织工业联合会指导性项目	市厅级	2014
47	一浴低温低压低能耗染色涤纶及混纺织物工艺的研究	陈瑜	中国纺织工业联合会指导性项目	市厅级	20142014
48	荧光防水透湿特种防护面料的关键技术研究	王可	中国纺织工业联合会指导性项目	市厅级	2014
49	预分绞无浸压式上浆设备的开发与研制	周彬	中国纺织工业联合会指导性项目	市厅级	2014
50	生态植物胶功能性整理针织毛绒休闲面料的产业化研究	张永革	中国纺织工业联合会指导性项目	市厅级	2014
51	三层提花保暖面料的研发	王慧玲	中国纺织工业联合会指导性项目	市厅级	2014
52	生态阻燃特种防护面料的关键技术研究	张圣忠	中国纺织工业联合会指导性项目	市厅级	2013
53	含纳米级凹土胶体粒子的PTT/桑皮/棉抗菌防紫外户外休闲服装面料的研究与开发	刘华	中国纺织工业联合会指导性项目	市厅级	2013
54	汉麻黏胶/莫代尔PTT长丝金银线嵌入纺花色纱抗菌记忆产品的开发	秦晓	中国纺织工业联合会指导性项目	市厅级	2013
55	阻燃腈氯纶短纤/绵色纺服装面料的开发与推广	王建明	中国纺织工业联合会指导性项目	市厅级	2013
56	经编间隔织物舒适性能的研究	陈燕	中国纺织工业联合会指导性项目	市厅级	2013

④ 申请了一批发明专利和实用新型专利，其中发明专利32项、实用新型42项，授权56项（表3）。

表3 部分授权发明专利一览表

序号	专利名称	专利号
1	自动络筒机自动捕纱纱库	201310140172.4
2	一种利用超声波和微波的染色方法及其装置	201110028467.3

续表

序号	专利名称	专利号
3	一种纱线线密度检测装置	201120075895.7
4	广角布织造用滑动钢筘	201120525206.8
5	钢筘横动机构	201120552808.2
6	功能性立体机织物	201320271704.3
7	桑皮纤维和粘胶基甲壳素纤维混纺纱线机器加工工艺	201010178564.6
8	一种整浆联合小样机	200610096803.7
9	一种织布机机架	201010121901.8
10	桑赛尔纤维基纱线及其制备方法	201010045891.3
11	一种桑塞尔纤维及其制备方法	201210041506.8

（5）建设纺织工程研发中心，提升教师科技研发水平。与江苏悦达纺织集团旗下的台湾南纬纺织研究院、悦达纺织研究所、悦达纺织有限公司等合作共建江苏省生态纺织工程中心和生态染化料工程中心。

① 为行业企业提供各种技术咨询、新产品开发、合作申报项目、共同开展关键技术攻关等；

② 与江苏悦达纺织有限公司、盐城悦弘织造有限公司、南纬悦达纺织有限公司等深度合作企业共同开展横向课题近30项，合同金额超过1000万元；

③ 引进多名企业高水平研发人员，坚持校企合作，为承担各类生态纺织产品的开发和产业化推广奠定了人才基础；

④ 工程中心现有的功能性生态纺织材料开发团队、现代纺织应用技术研究团队以及生态纺织染化料研究团队均立足于生态纺织技术创新和产品开发，定期例会、研讨，掌握生态纺织领域最新动态。

（6）开展纺织技术转移，提高教师的技术转移能力。2015年，盐城工业职业技术学院联合东华大学、天津工业大学等3所省外知名高校获批省科技厅高校技术转移中心，为推动学院产学研联合工作向纵深发展奠定了有力的基础。

① 通过专业团队教师的技术创新辐射企业，提高企业产品竞争力；

② 在盐城市各区县成立技术转移分中心，全面加强科技服务、人才培养等方面合作；

③ 派现代纺织技术专业团队教师担任苏北纺织企业的科技特派员，从事纺织科技成果转化、优势特色产品开发，协助企业实现科技创新，企业产品结构调整和转型升级。

④ 组织召开“2014盐城纺织产业科技成果交易洽谈会暨产学研合作与人才培养高层次论坛”，促进科技成果转化。

（7）开展企业员工培训鉴定，提高教师的社会服务能力。依托盐城工业职业技术学院建有的全国纺织行业特有工种职业技能鉴定站，通过“内培外引”，组建了一支实力过硬的实践教学和职业技能鉴定考评员队伍，将职业技能标准要求和培训内容相结合编制教学计划，确保培训课程的教学内容涵盖职业资格标准，为悦达纺织、悦达家纺、江苏金昉纺织等企业提供员工技能培训或鉴定，三年累计为企业培训员工达3772人次，技能鉴定3241人次，对提高行业竞争力，推进产业升级，加快绿色纺织经济的形成做出了巨大贡献。

三、成果应用及主要成效

1. 专业办学效应显著增强

现代纺织技术专业通过实施“三大工程”，建成“德技兼修、科教互哺”的省级双优教师团队，该项成果不仅使盐城工业职业技术学院现代纺织技术专业教师团队的教科研能力实现了质的跃升，也全面提升专业办学水平和人才培养质量，该学院其他专业团队也效仿本成果经验做法在教科研和专业建设方面成果逐年增加，同时本成果的实施得到了其他兄弟院校的普遍认可，相关研究成果已在纺织教育学会及其他同类院校中进行成果交流汇报，为其他同类高职院校专业团队建设提供了典范，产生了显著的社会效应。现代纺织专业人才培养工作和教科研工作得到了社会和用人单位的广泛赞誉，先后30多次被《江苏教育》《盐阜大众报》、中国纺织工业联合会官网、中国高职高专教育网等新闻媒体专题报道，有25批省内外兄弟院校领导相继来盐城工业职业技术学院参观交流，2014年荣获“全国纺织行业人才培养示范单位”称号，2015年荣获“全国纺织行业人才建设先进单位”称号，纺织服装学院2016年荣获“全国纺织服装教育先进集体”称号。

2. 培养的学生综合职业能力国内领先

通过专业团队教师参与承办技能大赛、指导学生参加技能比赛和创新训练，学生创新创意及实践动手能力得到极大提高，培养出的学生综合职业技能国内领先，五次蝉联全国高职高专院校学生纺织面料检测技能大赛团体一等奖，二次纺织面料设计实物组团体一等奖，各类技能竞赛一、二等奖95项，毕业生双证书获取率达99%以上，现代纺织技术专业团队教师获得全国纺织类职业技能大赛优秀指导教师30人次，专任教师双师率100%，双师型92.3%。

同时发挥示范引领作用，带动了全校各专业技能大赛成绩提高。有近20家兄弟院校来校交流学习。凤凰（江苏）网全面报道。

3. 专业团队教师教科研成果和社会服务能力不断增加

开展各级各类的教育教学改革项目达90多项，获中纺联教学成果奖43项，其中6项成果获得中国纺织工业联合会、江苏省教育厅教学成果一等奖。主持或参编了20多种教材，建成十多种规划教材，其中2种教材分别获2014年、2015年省重点教材建设立项，15门优质专业课程，省级优秀毕业设计10项。

承担省市级各类科技项目48项，其中省产学研前瞻项目和省自然科学基金面上项目数量居全省同类院校前位，授权专利56件，在《纺织学报》《棉纺织技术》等杂志发表论文300余篇，其中SCI等源期刊收录论文16篇，多项成果转化企业，累计为企业开展员工职业技术培训与鉴定7013人次。1件专利获首届世界发明创新论坛金奖，科研团队研发产品及科技成果成功转化，并参展国际纺织展览会高校科技成果宣传专区，与行业本科院校同台竞技。

4. 专业建设水平不断提升

现代纺织技术专业现有国家级实训基地1个，省级实训基地2个，省级工程研发中心2个，省级技术转移中心，省优秀实训基地教学团队，省优秀科技创新团队，省级重点教材4部，评优精品教材2部，为省级品牌专业建设点、省重点专业、省示范院校重点专业。

高职院校专业教学团队实施教管研一体化建设的探索

摘　要：专业教学在高职院校教育中占据核心地位，对学生产生重要影响。针对当前专业教学团队所存在的师资、知识、学历、职称结构不合理、建设目标不明确等诸多问题，提出实施教学团队“教管研一体化”建设概念及具体措施。基于专业教学团队“教管研一体化”建设，学生的学习兴趣明显提升，教学效果大幅提高；毕业生的综合职业能力得到用人单位高度肯定；校企合作加强，科研项目取得了丰硕的成果。

关键词：专业教学；教管研；一体化；措施；成效

一、专业教学团队在高职院校教育中的建设

1. 专业教学团队建设的意义

专业教学是高职院校教育中的核心工作，专业教学质量直接影响到毕业生的自身质量。目前，建设一支好的专业教学团队，加强专业教学团队的建设已成为提升专业建设水平和质量的一个重要举措。

推行工学结合的教育模式是高职教育模式改革的重点，一支具有双师素质、专兼职结合的专业教学团队就是目前高职教育培养具有一定专业知识同时又具有较强操作能力的高技能人才的需要。

2. 专业教学团队建设现状

自2007年教育部提出建设高水平教学团队以来，全国涌现出一批国家级、省级优秀专业教学团队。但是，当前高职教学团队建设中还存在一些问题。张喜顺等提出专业教学团队的师资结构、知识结构、学历结构、职称结构等存在建设不合理的现象，教师团队中双师型和双师素质的教师人数偏低。湖南铁路科技职业技术学院的于训全老师提出，专业教学团队理论强、专业技能不足，校企结合程度不高。广西电力职业技术学院的韦抒指出目前教学团队建设目标不明确，管理制度不够完善。

3. 专业教学团队实施“三个一体化”建设

（1）“三个一体化”的理解。教管研三个一体化是指教学一体化、管理一体化、科研一体化，也即教学做一体化、教管学一体化、教产研一体化。教学做一体化，就是理论与实践相结合，教中学，学中做，教学做一体化的教学模式。它具有两大特点：一是体现技能训练的目标地位。根据技能训练要求，设计理论教学内容，设置教学环节，理论教学服从于技能训练。二是理论教学与技能训练相互融合。教管学一体化，就是在高职院校二级院系中将党组织建设、教学教研和学生培养与管理工作结合在一起，以实现“降低管理重心、加强教师主人翁意识、提高人才培养质量”。教产研一体化，就是生产、教学、科研相互渗透、相互促进、相互包容，做到“以学出研，以研促产，以产助学，以产养研”，实现

教师作为科研人员的优势互补、资源共享，充分发挥产学研合作的综合优势，形成更强的核心竞争力。

（2）专业教学团队实施“三个一体化”建设的理论依据。近年来，我国的高职教育发展迅速，办学规模不断扩大。高职教育的发展坚持以人为本，突出能力本为，根据高职培养目标要求来建立新的理论教学体系和实践教学体系以及学生相关能力培养体系，开发职业能力实训模块。加强学生的基本实践能力与操作技能、专业技术应用能力与专业技能、综合实践能力与综合技能的培养。

沈建厅长在2014年江苏省教育工作会议上指出：要“全面推行工作结合、校企合作、顶岗实习的人才培养模式，探索现代学徒制”。苏教高〔2008〕15、16号文中也强调，课程建设要以就业为导向，以工学结合为切入点，融教、学、做于一体，重视学生校内学习与实际工作的一致性。我国陶行知先生提出的“教学做合一”理论，也是要求“教”“学”与“做”结合起来，要求教师尊重学生，注意教学之外的生活，指导学生在实际的活动中学好本领，培养他们的生活能力。

可以看出，专业教学与教师能力有一定关系，与专业团队的建设也是密不可分。在专业教学团队建设过程中实施教学做一体化、教管学一体化、产学研一体化有着重要意义。

二、如何实施专业教学团队“三个一体化”建设

1．如何实施专业教学团队教学一体化建设

（1）提高专业教师的实践动手能力。在教学过程中，实施教学做一体化，打破原来“三段式”的课程教学组织，取消阶段实习环节。将专业核心课程与专业职业岗位核心技能训练相结合，通过采用理论和实践一体化相结合的教学模式，将理论知识与所学知识相联系的实验、实训，纺织生产、管理过程中的工艺设计、工艺上机、半成品或成品检测、设备维护等核心技能相结合，使学生毕业后尽快适应企业生产一线的实际工作。同时，为提高学生的实践应用能力，促进就业，提高他们的社会竞争力，将主干课程与考证相结合，做到课证相通。

教学做一体化的采用，改变了教师重课堂轻实践，重理论轻技能的观念问题，这同时也要求专业教师要经常下企业挂职锻炼，提高自身的实践动手能力。为满足教学做一体化的需求，开发适合进行教学做一体化的课程，编写适合一体化教学的教材，建设满足一体化教学的全真型生产实训基地。

专业教师授课时采用教学做一体化模式，解决了理论教学和实践教学脱节问题，减少了理论课与实操课之间知识的重复，增强教学直观性，充分体现学生主体作用，有助于高技能人才的培养和教学质量的提高。

（2）建设一支双师结构优化的专业教师团队。随着示范性高等职业院校建设项目的推进，我国高职教育步入快速发展时期，工学结合、校企合作成为高职院校发展的目标，这就

需要建设一支“双师结构”优化的教学团队。

传统的教学模式和方法，不善于调动学生的学习积极性，难以开展师生间的互动交流，教学活动缺乏系统设计，教学无积极性和创造性，难以科学有效地按照示范院校建设课程设置要求进行教学改革。

在实施教学做一体化过程中，专业教师的实践能力得到提升，师资队伍的整体水平也得到提高。为了做好项目驱动的教学实施，专业教师要有和兼职教师一样的理念，同时参与企业生产、经营等活动，在深入企业一线的过程中总结归纳课程教学项目、任务。在这个过程中，专业教师取得了相关技能证书或者工程师的称号，整个教师队伍的双师结构得到优化。

2. 如何实施专业教学团队管理一体化建设

（1）管理重心下移，细化目标提高效率。在专业教学团队建设中实施教管学一体化，改变过去党支部按党员对象划分的做法（教师党支部和学生党支部），以专业相同的教师党员和本专业的学生党员组成党支部，破除支部只单纯开展思想政治工作的单打一局面，而将本单位（专业教学团队）教学工作和学生管理作为支部工作成效的两个方面综合考核，赋予党支部更多的责能，使高等职业技术学院二级院系管理的重心下移，目标更加细化。

在专业教学团队建设中实施教管学一体化，党支部、专业教学团队和辅导员有机融合地一起，专业教师直接面对学生、处理问题，尤其是在学生顶岗实习过程中流动党员的管理与专业教师指导学生实习和毕业设计有机地结合起来，共同检查、指导与考核，这大大减少了管理的中间环节，提高管理效率。同时，专业教学团队负责本专业的专业建设、教学文件的制订、教学组织与管理、教学评价和校企合作。同专业的教师研究方向相同，其在教学、管理和科研方面可以互相借鉴、互相学习、互相促进、彼此合作、共同提高，大大增强了专业教学团队的凝聚力。

（2）重视学生参与，以人为本，师生一体管理实验实训场所。在专业教学团队建设中实施教管学一体化，将支部建立与专业教学团队合二为一。专业教学团队负责教学与专业建设，支部负责本专业班级学生的管理。同时，学生活动是专业建设的直接载体，各党支部根据各专业教学需要开展一些学生活动，如赴企业开展对口专业团员联谊活动，赴纺织品市场开展社会调查，以支部为单位开展学生专业技能大赛等，参与实验实训场所的管理，也可参与到专业教师的科研项目和社会服务中，这大大提高了人才培养质量，同时也构建了和谐的师生关系。

3. 如何实施专业教学团队科研一体化建设

（1）教学与科研融合，提高专业教师的科研能力。教学是教师的基本任务，在长期的教学过程中，教师要运用专业基本原理分析生产实际问题，并从理论上总结提高，再去指导生产实践，在教学过程中捕捉课题，在科研中凝练教学项目。教学与科研相互融合，在实训中心中论证课题、在项目化教学中模拟课题、在毕业设计中研究课题、在校企合作中突破课题、在日积月累中支撑课题、在项目申报中争取课题。专业教师的科研能力不断提高，同时也促使教学做一体化教学能力的提升。

（2）促进工学结合、校企合作的开展。实施教产研一体化，专业教师在教学过程中不断探索凝练选题，与紧密型合作企业共同申报课题，科研过程中提炼子项目实施于教学，科研成果转化为企业真实产品。专业教学、科学研究、企业生产相互渗透，并使相互促进，同时也促进高职院校工学结合、校企合作的开展。

三、专业教学团队实施“三个一体化”建设的保障条件

1. 实验实训场所建设

全面加强实验、实训教学设施的建设，建成国家级纺织服装实训基地、新型纺织机电实训基地和省级生态纺织工程技术研发中心，形成“全真式”的实训教学平台，建有四十多个专业实验实训室、一体化教室，仪器设备总值1300多万元。拥有全国纺织行业特有工种技能鉴定站，保障了“双证融通”有效实施，实现了毕业生与企业的无缝对接。

2. 双师素质建设

按照身份互认、角色互换的原则，以提高专兼职教师能力为重点，坚持教师“服务一个企业，研究一个项目，贡献一项成果，教好一门课程，带好一批学生，联系一个师傅”，加强访问交流，培养专业带头人；实施“青蓝工程”，培养骨干教师；培养人生导师、专业教师和技能训练工程师，建成一支“三师型”的优秀教学团队；提升教师业务能力，建立一支专兼结合的师资队伍。培养专业带头人3名，骨干老师6名；聘请能工巧匠作为兼职教师，确保专兼职教师教学课时比例达1∶1。

3. 教材课程建设

大力创新人才培养模式，围绕“以就业为导向，以服务为宗旨”的职业教育目标，全面实施教学做一体化，构建基于典型职业岗位的二级课程体系，实施“毕业证书+职业资格证书”的双证书制度，实行“项目化+阶段化+一体化”的教学组织形式，突出了技术应用型、技术技能型和操作型高技能人才的培养，体现了“行知和谐、双证融通”的人才培养创新模式，培养了学生良好的职业道德和职业素质、熟练的职业技能、可持续发展的能力。专业教师先后承担了7项省级教改课题，主编、参编了10多部全国纺织高职高专规划教材。建设有“纺织材料”“纺纱技术”“针织服装技术”等10余门学校精品课程和教改课程立项，“纺织材料基础”“纺织实用技术”3门省级精品教材。这些为专业教学团队实施“三个一体化”建设提供有力的保障（表1）。

表1 近几年主编、参编的部分规划教材

教材名称	主编或参编	出版社	出版时间	合作企业
机织物分析与设计	刘华	学林出版社	2012.8	
现代纺纱与操作技术	王前文	学林出版社	2012.12	江苏悦达纺织集团有限公司

续表

教材名称	主编或参编	出版社	出版时间	合作企业
纺织专业英语	毛雷	中国劳动社会保障出版社	2010.6	
纺织导论	张荣华	学林出版社	2012.8	江苏悦达纺织集团有限公司
纺织检测基础	瞿才新　张荣华	中国纺织出版社	2012.8	江苏悦达纺织集团有限公司
针织服装设计	吴益峰　秦晓	东华大学出版社	2014.4	江苏华艺时装股份有限公司

四、专业教学团队实施“三个一体化”建设的成效

1. 毕业生素质

毕业生的综合职业能力得到用人单位高度肯定，毕业生入职后，能够立即胜任分析与检测试验员、面料设计师、工艺员等企业核心技术岗位，实现了毕业即顶岗，顶岗即出色。现代纺织技术专业通过省特色专业验收，建设了江苏省现代纺织重点专业群。

2. 技能大赛

基于“教管研一体”育人模式的教学改革大大提升了学生的学习兴趣，培养了学生自主创新能力、动手实践能力等，通过在现代纺织专业群全面推广与实践，教学效果大幅提高。近几年来，学生在全国纺织面料检测大赛中连续三届荣获团体一等奖，2012年，在全国纺织面料设计大赛中荣获团体一等奖同时，一名同学更是荣获大赛唯一的“全国纺织院校学生职业技能标兵”称号。

3. 科研项目

产学研合作是高校服务区域经济发展的重要形式之一，是高校自身加强内涵建设的重要载体之一，是合作企业提升核心竞争力的重要手段之一。专业教学团队实施“三个一体化”建设，加强校企合作，积极申报科研课题、项目，成果丰硕。近几年来，在新产品开发、重大技术攻关、科技成果推广、生产技术服务、科技咨询和科技开发中都取得了优异的成绩，承担省市级各类科技项目30多项（表2）。在《纺织学报》《棉纺织技术》等杂志发表论文300余篇，其中在权威核心期刊发表论文数十篇，并有数篇论文被CA、SCI、EI、ISTP等收录。

表2　承担的主要省市级科研项目

序号	项目编号	项目名称	主持人	项目来源	总经费（元）
1	BC2012451	含纳米级凹土粒子涤纶/聚乳酸纤维/棉混纺户外休闲面料的研发	林元宏	江苏省科技厅苏北专项项目立项	40000
2	SBE201230460	利用桑树秸秆制取纤维及其高品质色纺服装面料的产业化开发	瞿才新	江苏省科技厅农业支撑项目立项	10000

续表

序号	项目编号	项目名称	主持人	项目来源	总经费（元）
3	BY2013059	采用浆印工艺生产功能性家纺产品的前瞻研究	瞿才新	2013年省产学研前瞻性联合研究面上项目	150000
4	BY2013058	超短细柔纤维聚绒纺关键技术前瞻性研究	张圣忠	2013年省产学研前瞻性联合研究面上项目	150000
5	BC2013123	三防一阻经编童装面料的产业化开发	瞿才新	2013年省苏北科技发展计划-科技型企业技术创新资金项目	300000
6	BC2013127	汉麻粘胶/莫代尔 PTT长丝金银线嵌入纺花色纱抗菌记忆产品的开发	张圣忠	2013年省苏北科技发展计划-科技型企业技术创新资金项目	300000
7	BC2013128	棉/木纤/羊绒/绢丝混色柔洁纺清洁化生产及其产品开发	李桂付	2013年省苏北科技发展计划-科技型企业技术创新资金项目	300000
8	190	三维生物打印制备结构可控丝蛋白小口径血管支架材料关键技术的研究	王曙东	2013年省基础研究计划（自然科学基金）面上项目	100000
9	2013JX-X001	“三防一阻一抗”童装面料的产业化开发	瞿才新	江苏省标准化研究院-标准信息服务及应对技术性贸易壁垒信息平台专项项目	80000
10	2013JX-X007	欧盟REACH法规对江苏省纺织品服装出口影响的实证分析及对策研究	刘华	江苏省标准化研究院-标准信息服务及应对技术性贸易壁垒信息平台专项项目	60000
11	2013002	生态阻燃特种防护面料的关键技术研究	张圣忠 毛雷	2013中国纺织工业联合会科技指导性项目	
12	2013007	含纳米级凹土胶体粒子的PTT/桑皮/棉抗菌防紫外户外休闲服装面料的研究与开发	刘华 王圣杰	2013中国纺织工业联合会科技指导性项目	
13	2013014	汉麻黏胶/莫代尔PTT长丝金银线嵌入纺花色纱抗菌记忆产品的开发	秦晓	2013中国纺织工业联合会科技指导性项目	
14	2013023	阻燃腈氯纶短纤/棉色纺服装面料的开发与推广	王建明	2013中国纺织工业联合会科技指导性项目	
15	2013049	经编间隔织物舒适性能的研究	陈燕	2013中国纺织工业联合会科技指导性项目	
16	2013053	竹浆纤维弱捻转杯纱及其巾类产品的开发	毛雷	2013中国纺织工业联合会科技指导性项目	

近两年来，专业教学团队的建设依托技术服务平台，在科学研究的过程中，先后申请了一批发明专利和实用新型专利，其中发明专利32项、实用新型42项，已授权44项（表3）。

表3　部分授权专利一览表

序号	专利名称	专利类型	专利号	专利状态
1	自动络筒机自动捕纱纱库	发明专利	201310140172.4	已授权
2	一种利用超声波和微波的染色方法及其装置	发明专利	201110028467.3	已授权

续表

序号	专利名称	专利类型	专利号	专利状态
3	一种相变调温机织物及其制备方法	实用新型	201110058428.8	已授权
4	一种纱线线密度检测装置	发明专利	201120075895.7	已授权
5	一种浆纱上浆率测试装置	实用新型	201120099833.X	已授权
6	并条机用折叠踏板机构	实用新型	201120147184.6	已授权
7	一种桑皮脱胶装置	实用新型	201120140349.7	已授权
8	一种高精度配色仿样染色装置	实用新型	201120184211.7	已授权
9	桑枝剥皮机	实用新型	201120222646.6	已授权
10	一种快速成卷开清棉小样机	实用新型	201120314954.1	已授权
11	一种纺织用浆液相对黏度自动测试装置	实用新型	201120369409.2	已授权
12	广角布织造用滑动钢筘	发明专利	201120525206.8	已授权
13	钢筘横动机构	发明专利	201120552808.2	已授权
14	特宽型缩幅定型机	实用新型	201220207488.1	已授权
15	特宽型缩幅定型剪切机	实用新型	201220207496.6	已授权
16	托盘络筒机输出筒管掉头装置	实用新型	201220247225.3	已授权
17	功能性立体机织物	发明专利	201320271704.3	已授权
18	自动络筒机自动捕纱纱库	实用新型	201320204984.6	已授权
19	一种双经三纬提花保暖机织面料	实用新型	201320117094.1	已授权
20	一种含胶类纤维成膜装置	实用新型	201320088348.1	已授权
21	一种浆纱印经联合机	实用新型	201320088356.6	已授权

五、结语

专业教学团队的建设是高职院校改革发展的重要任务，是实现高校发展目标的根本保证，同时也是提高高职教育质量的根本保证。

在专业教学团队建设中实施教管研一体化，将教学团队的建设与“三个一体化”紧密相连。建设优秀高职专业教学团队的同时，凝练出“学案导学”的教学模式特色、创新了“校园合作”的办学形式，提高了师生的实践动手能力，促进高职教育的发展。

参考文献

[1] 瞿才新，刘华，等.教学、管理、科研三个一体化模式探析[J].教育与职业，2011（35）：30–31.

[2] 瞿才新，周红涛.纺织类专业产学研一体化模式的探索与实践[J].中国职业技术教育，2013（5）：46–48，67.

[3] 林元宏，瞿才新.高职院校校系部实施党建、教研、学工一体化管理的实践与思考[J].教育与职业，2011（5）：36–37.

[4] 刘华.苏北高职院校会（园）合作“订单式”人才培养模式的探索与实践[J].中国职业技术教育，2011（26）：44–47.

第六篇

社会服务

基于过程控制和目标管理融合的高职院校SSPRT科研机制研究与实践

——以盐城工业职业技术学院为例

摘　要： 针对当前高职院校科技与服务社会普遍存在与地方高端产业要求不相适应、成果转化率不高等问题，且存在项目重立项轻管理、唯论文、唯专利数等现象，系统构建科研项目开发（Search）、科研团队建设（Staff）、科研路径实施（Path）、科研项目运行（Run）和科研成果转化（Transfer）的全过程科研工作机制（SSPRT），将目标管理理念和科技创新发展深度融合、同频共振，切实发挥科技创新的"助推器"和"催化剂"作用，努力为地方产业转型升级和区域经济社会发展提供强有力的技术支撑和人才支持。

关键词： 科研工作机制；目标管理；过程控制；社会服务

一、高职院校科研管理现状分析

1. 科研基础薄弱

高职院校主要培养生产、建设、管理、服务第一线的高素质技能型专门人才，因此这也决定了高职院校科研的特点。高职院校的科研人员主要是以该院校的教师为主，一方面，由于教学任务重，对于适合高职教育发展、与区域经济联系密切的应用研究和开发研究，没有投入足够的时间和精力，缺乏足够的认识和了解，教师对科研有心无力，缺乏主动性和广泛参与性。另一方面，认为众多本科高校科研实力雄厚，高职院校无法比拟，申报课题、成果均难以有效果，产生了畏难情绪。

2. 科研管理机制不完善

高职院校科研工作起步晚，科研定位不明确，导致科研管理机制不完善。与很多本科高校相比，在科研管理机构、管理制度、管理水平等方面均有较大差距。据有关资料显示，我国很多高职院校没有专门的科研管理机构，把科研管理部门与教学管理部门合二为一，部分高职院校的科研管理部门还要兼办学报；有的高职院校虽然设立了专门的科研管理机构，但机构设置简单，缺乏专门的科研管理人员，部门工作职责混乱，科研工作形式化、表面化，缺乏科学规范的管理平台。

3. 科研资源不足且利用率不高

一是科研团队尚未形成。高职院校内部院系之间、实验室之间以及研究人员之间合作交流不够，研究力量分散，课题组中单干的多，科研团队难以形成。二是科研设备小而散。高职院校的科研设备就是教学设备，真正为科研而添置的设备极少，且教学设备片面追求大而全、小而全，导致教学仪器设备重复购置，投资绩效不高，科研资源相互封锁也较为严重，使跨专业交叉研究开展面临许多困难。

二、高职院校科研管理创新对策

1. 高校科研管理的必要性

高校是需要有效管理的组织，管理对高水平高职院校的创建和维护至关重要，这就要求高职院校必须建立一个既能围绕着统一的目标运行，又能调动各级学术机构及其成员积极性、主动性和创造性，确保目标实现的有效管理体系。一流科研是高水平高职院校最具显示度的指标之一，而一流科研则离不开一流的科研管理。科研上不去，缺乏有效的科研目标管理、制度严重老化是一个必究的原因。

2. 目标管理的内涵

目标管理（management by objective，MBO）的概念最早是由美国管理学家彼得·德鲁克针对企业管理提出的。目标管理是一种程序或过程，它是组织中的上级和下级一起协商，根据组织的使命制订一定时期内组织的总目标，围绕总目标确定组织内部各单位的分目标，然后再将分目标分解落实为各单位所属成员应完成的目标任务，使组织的全部活动都按规定的目标进行，从而保证总目标的实现，最后以这些目标作为组织经营、评估和奖励每个单位和个人贡献的标准。作为一种现代科学管理理念，目标管理首先在企业生产管理中得到广泛运用并取得了显著成果，后来逐步被引入多种管理活动中，目前已成为各类事业单位进行管理改革与创新的一种方向选择。

3. 目标管理对高校科研管理的意义

目标管理是一种面向未来的管理方式，它具有未来引导性，是由领导者决策，引导全体组织成员共同追求未来新成果的组织行为。高校的目标管理是凝聚全校共识，实现学校科技工作跨越式发展的保证。我国高等教育科技工作系统目前处在一个改革和发展的关键时期，任何有抱负的高校都应当抢抓机遇，在此期间实现学校科技工作的跨越式发展，而实现跨越发展的首要前提便是制订切实可行且雄心勃勃的发展战略规划，并将其转化为可操作的目标。目标管理作为一种面向未来的现代管理模式，可以使目标的实现具有可控性。目标管理可以促进整合高校内部科研资源，集中优势科研力量，实现学校在高水平科研基地建设、重大科研项目上的新突破。整合性是目标管理的一个突出特点，其核心功能在于通过对学校科研整体目标的追求，促使校内分散的科研资源以及学校其他资源，如财务资源、物化资源、技术资源、创新资源、人力资源和组织资源等的集聚，形成新的优势资源。在学校制订科研工作整体目标时，可通过目标分解，让各个二级学院、研究中心等单位和科研人员明确各自的任务和责任。这样就可以将整个学校科研系统用纵横交错整合一致的目标链有机地链接起来。通过成果考评，增强每个单位和成员整体观念的实现，为学校在国家重要科研基地建设、重大科研项目申请等需要众多学科和大量人员参与的整体目标的实现中提供积极向上的合力，从而极大提高学校科研实力和核心竞争力。通过目标管理，学校能够充分了解、掌握全校科研工作发展的全貌，及时整理和发布学校科研情况的报告，适时调整、更新科研管理目标，及时使用最新成果来获取政府、企业和社会的肯定和支持，促进学校科研工作的良性循环。

目标管理的本质要求更能体现高校“以人为本”的管理理念，也是理顺学校科研系统内部错综复杂矛盾的一把钥匙。人才队伍培养与科研能力提升是高校科技工作管理的核心，这与目标管理的本质要求是相互契合的。目标管理是建立在“人性”假设基础上的一种管理理论，它非常重视主体的参与性，通过各基层科研单位和人员对学校科研总体目标制订的“参与”和“协商”，将“他控”变为“自控”，在制度、执行和检查过程中也都强调科研工作者的参与，这对改变过去“一切行动听指挥”、弱化科研人员参与意识的传统管理方式具有积极的意义，有助于在学校科研管理者与科研工作者之间建立起相互间的信任，减少和消除科研工作者对学校科技管理工作中的误解，有利于调动科研人员的工作积极性。另外目标管理强调实效，重视成果，可以对各基层单位或个人对学校科研工作整体目标的实现所发挥的作用进行合理的、可量化的评估，从而更加科学地指导学校科研资源的再分配过程，减少基层单位和个人在学校科研工作中因利益分配而产生的矛盾。

三、基于过程控制和目标管理融合的高职院校SSPRT科研机制研究

“把论文写在祖国的大地上，把科技成果应用在实现现代化的伟大事业中。”这也是盐城工业职业技术学院科研工作追求和践行的目标。学校二次党代会明确“高质量人才培养，高契合社会服务”两个主题，不断强化“根植地方、厚植师生、深植融合”三植办学理念，始终坚持“特色发展、开放发展、融合发展、创新发展”四大发展思路，系统构建科研项目开发、科研团队建设、科研路径实施、科研项目运行和科研成果转化（SSPRT）全过程科研工作机制，将目标管理理念和科技创新发展深度融合、同频共振，切实发挥科技创新的“助推器”和“催化剂”作用，努力为地方产业转型升级和区域经济社会发展提供强有力的技术支撑和人才支持。

1. 构建科研项目开发机制，深度融合助力地方产业

科研项目的开发决定了科研工作的方向，因此科研项目开发的目标应当是追求数量的同时兼顾效益，应当构建以项目效益为一级指标，实用性、先进性、市场前景等为二级指标的目标体系，做企业应用导向和前沿技术应用的“顶天立地”式应用型科学研究。

积极策应创新驱动发展战略，以服务区域经济社会发展为立足点，面向地方经济主战场和行业企业一线重大需求，校企合作开展项目申报、课题研究、科技攻关、成果转化等，解决技术难题；为促进产学研成果的孵化提供基础，打通科研项目落地“最后一公里”。2019～2020年开展企业技术服务100余项，实现省技术市场交易金额达1800余万元，服务重点企业实现经济效益3460万元，联合服务企业成功立项省科技厅产学研合作项目27项，立项数位列全省高职院第一位。

2. 构建科研团队建设机制，整合力量解决一线难题

高水平人才团队建设是科研项目开展的保证和核心竞争力的体现，团队建设应坚持人才

与科技资源共享，以产业教授和科技副总为核心，树立愿景、明确角色、形成文化，提高团队凝聚力和创新力，并构建以效能为一级指标，团队构成合理性、团队文化和团队成果等为二级指标的目标体系。

全面聚优聚合“政行园企校”各方资源，集成提档升级现有高层次人才培养与技术创新平台，联合国内外知名高校，设立产业教授、企业博士工作站，支撑学校发展高层次人才需求，把科技人才建成为地方发展提供强大动力、地方行业企业技术攻关首选合作院校。科技副总、产业教授在开展产学研合作、推进科技成果转化、推进技术需求研发、推进研发机构建设、引进培养人才团队、完善企业创新体系等方面全方位服务企业技术创新，有效促进了企业创新发展。2019~2020年立项江苏省双创计划科技副总19人、省产业教授3人、盐城市科技副总21人，省双创计划科技副总获批数位列全省高职院校第一位。

3. 构建科研实施路径机制，协同创新树立服务标杆

科研项目实施路径可参照OKR方法实施，在此过程中，学校应定期对其进行评估反馈，形成科研路径实施与动态调整机制，积极促成“校校、校企、国际”三元合作，并构建以效率为一级指标，科技引智成效、校企协同的广度和深度、阶段目标达成度等为二级指标的目标体系。

全面贯彻落实省科技体制改革落地，推进新兴交叉领域科研基地新建工作，实现所有二级都有科技研发平台，形成了重点突出、覆盖全面的重点科研基地体系，按照产业关键技术研发平台、技术产品化加速器和产品产业化基地三位一体化模式，实施省级平台开放课题研究机制，成立协同创新中心，构建整合高校与社会科技资源的科技创新体系，不断提高自主创新能力，引领区域产业转型升级。通过“校校、校企、国际三元合作，带、培、引三措并举”，有效实现了科研与专业建设相结合、科研与人才培养相结合、科研与创新创业相结合，取得了服务企业与自身发展的双赢，2019年首次获得江苏省科学技术三等奖，成为全省为数不多的第一单位获批江苏省科学技术奖的高职院校。2019~2020年教师共授权专利543件，其中发明专利56件，发表核心以上学术论文70篇，其中高水平SCI源期刊论文24篇，学校核心论文发表量、发明专利授权量位双双进入全国高职院校50强行列。

4. 构建科研项目运行机制，多拳组合树立服务标杆

项目运行按照产业关键技术研发平台、技术产品化加速器和产品产业化基地三位一体化模式，协调国有资产、财务、后勤、图书馆等部门，构建运行中的项目跟踪管理软件系统APP，并以构建效能为一级指标，研发产品的产出率、经费使用率、资源配置优化程度等为二级指标的目标体系。

修订完善学校《科技成果转化管理办法》《科研团队管理办法》《专业技术职务评审办法》《纵横向科研项目与经费管理办法》《知识产权管理办法》《科研绩效奖励管理办法》等制度，推进工作机制落实落地。

5. 构建科研成果转化机制，服务经济社会能力实现新跨越

科研成果转化机制的目标就是尽可能将成果转化落地，按照“机构实体化、运作市场化、队伍专业化、服务特色化、条件信息化和资源国际化”模式，构建转移转化中的项目评价模型，并构建以效益为一级指标，以企业产生经济效益、社会效益和生态效益等为二级指标的目标体系。

实施科技引智工程，拓展与本科院校合作。联合东华大学、天津工业大学、西安工程大学，成立省联合技术转移中心，建立了以知识产权管理、技术攻关、技术转移服务等全套技术转移体系，并先后在山东乳山、陕西铜川、盐城东台市、建湖县、射阳县、响水县、阜宁县等地建立了技术转移分中心11个，多层次、全方位开展技术转移服务。学校牵头成立江苏沿海经济带职业院校技术转移联盟，集成拥有的教育部协同创新中心、省级联合技术转移中心、省工程研发中心、省优秀科技创新团队的优势，既做“顶天”的产业前沿研究，又做“立地”的技术应用研究，着力破解了“在市场日新月异的新形势和日渐激烈的竞争下创新创造不活跃，科研与产业发展‘两张皮’”的问题。2019~2020年开展企业技术服务100余项，实现省技术市场交易金额达1800余万元，服务重点企业实现经济效益3460万元，联合服务企业成功立项省科技厅产学研合作项目27项，立项数位列全省高职院第一位。《光明日报》以“高职院校如何贴近企业做学问”为题报道盐城工业职业技术学院高质量社会服务情况。

四、结语

学校将积极贯彻习近平总书记在科学家座谈会上重要讲话精神，大力弘扬科学家精神，继承和发扬老一辈科学家胸怀祖国、服务人民的优良传统，肩负起历史赋予的科技创新重任，把个人的科学追求融入全面建设社会主义现代化国家的伟大事业中去。下一步学校将继续将目标管理理念贯穿于科研管理全过程，并党建引领优势、人才智力优势、科技创新优势转化为产业发展优势和竞争优势，为学校高质量发展提供强劲动力。

参考文献

[1] 朱晓明，张贞齐，李凌云. 地方高校二级单位科研工作目标管理：以青岛大学为例［J］. 中国高校科技，2019，4：32–35.

[2] 谢为群，施利毅. 高校科研管理工作中目标管理体系建设：以上海大学试行全系统目标管理为例［J］. 研究与发展管理，2014，5：129–133.

[3] 高聪，殷军杰. 任务型科研团队创新系统的特性与协同机制［J］. 中国高校科技，2016（11）：28–30.

[4] 刘向丽. 高职院校科研管理工作创新对策研究［J］. 中国成人教育，2014（3）：42–43.

[5] 马国强，王磊，鲍玉斌. 基于多种评价机制的高校目标管理体系创新［J］. 实验室研究与探索，2020，（7）：151–153.

[6] 王秀清. 基于目标设置理论的高职院校科研管理创新实证研究［J］. 中国职业技术教育，2012（26）：81–83.

高职院校应用型科研项目开发机制研究与实践

摘　要：应用型科研项目的研究是盐城工业职业技术学院科技工作的特色之一，其开发机制决定了高职院校科研工作的方向和成效。在开发过程中聚力科研工作效益效能，需要融入先进的目标管理理念，针对目标管理对象，制订科研目标规划来加强学校顶层设计，增加科研成果奖励来提高科研动力，搭建平台中心致力行业企业特色服务，定期开展学术交流来增加科研培训，贴近企业真实做学问，有效地推进了产学研协同创新，并开展全流程的过程控制，提高高职应用型科研项目开发的水平，为应用型科研项目的高效开发提供有力保障。

关键词：项目；开发机制；目标管理；过程控制；开发机制

科研工作，是高职院校教育教学内涵建设的一项重要体现。目前，很多高职院校没有与地方企业建立完善的产学研合作机制，科研工作缺少对行业市场需求的精准判断，科研项目开发和项目鉴定从立项、研究到结项都存在脱离企业、行业和地方的实际需求，很难实现产业化，不能发挥职业院校服务地方经济的作用。盐城工业职业技术学院科研项目开发聚力于应用项目研究，健全产学研合作机制，秉承“源于企业、用于企业”，突出应用型。学校的科研项目来源于企业生产一线，科研人员将具有应用价值的研究成果应用到企业，服务于生产实践。以纺织服装学院为例，其研究的科研项目，直接产生于江苏纺织类企业生产实践中迫切需要解决的生产问题或任务，如面料产品的设计、纺织设备元件的研制、纺织品设计应用软件的开发等。

科研项目的开发决定了高职院校科研工作的方向，为使科研项目开发实现良性循环，科研项目在开发过程中应注重向注重效益效能和过程控制转变，融入先进的目标管理理念，开展全流程的过程控制。本文创新性地融合先进目标管理和过程控制理念，系统研究并构建高效的高职院校应用型科研项目开发机制，实现项目开发过程中有明确目标、目标达成中有过程控制。科研项目开发构建以项目效益为一级指标，实用性、先进性、市场前景等为二级指标的目标体系，通过有效地开发目标管理与过程控制，提高研制项目开发的水平，为应用型科研项目的高效开发提供有力保障，做企业应用导向和前沿技术应用的“顶天立地”式应用型科学研究。

一、科研项目开发机制的目标管理和过程控制管理概述

科研项目开发目标管理是一种科学的、先进的管理方法，是一种以既定项目开发目标为导向的管理模式，科研管理部门在项目开发过程中进行目标分解，制订评价标准和激励政策，开展项目开发的指令性管理指导。科研项目开发过程管理是一种以既定项目开发管理过程活动为基础进行的质量控制，可以实现高职应用型科研项目开发的全过程管理，确保项目

开发质量，提高科研水平。

应用型科研项目目标管理的重心在于预期目标和项目经费，因而项目开发立项关注的目标是承担企业的研究资质、项目团队的科研能力、预期目标的实现概率。定时掌握研究进度是项目目标管理模式实现过程控制的基本要求，当科研项目在实施过程中出现研究成员变动、研究流产等复杂情况时，项目开发过程方能根据开发过程的实际情况进行实时调整，开展新的研究。尽管项目变更行为会造成科研开发项目的研究周期延长、研究成本上升等问题，但可避免项目开发失败和无法结项的可能。通过项目例会、开题报告、中期报告和经费结转等形式进行研究进度检查，并依照研究进度对项目进展情况进行开发评估，协调项目执行中的过程管理问题。

二、高职院校应用型科研项目开发机制的目标管理对象

高职应用型科研项目的开发是一个系统过程。项目的开发机制，主要是依据校企双主体制订的项目四技合同、项目任务书中相关的研究内容、性能、结项要求，开发出满足要求的合同要求的产品以及产品鉴定报告等，并获得产品测试相关报告等。按照科研项目的过程管理又可以细分为项目开发论证阶段、项目开发方案阶段、项目开发阶段、结项（鉴定）阶段。在项目目标实现过程中，采用过程方法对设计和开发阶段进行控制和管理。在科研项目具体开展过程中，需要对学校科研团队承担的设计开发任务进行控制，也需要对外协、外包企业相关过程进行必要的质量控制与管理。整个过程管理中，项目组、项目开发管理部门、项目相关职能部门领导和技术专家的参与都是不可或缺的。各部门的技术人员各司其职、协调沟通，充分发挥各自的特长和专业优势，确保项目开发过程质量受控、项目开发成果达到合同要求，项目开发产品满足生产运行阶段使用要求。

三、高职院校应用型科研项目开发机制

1. 健全目标管理

（1）加强顶层设计，制订科研目标规划。学校科研职能部门进行顶层设计，制订明确可实施的科研目标规划。根据省市级文件精神，结合学院专业团队发展规划、盐城地方行业企业特色、技术技能型人才培养等实际情况，不断完善科研制度建设。首先根据地方行业发展的最新现状对现行的科研制度进行修订；其次根据学院定位和科研发展目标需求，制订中长期科研发展规划。制订《盐城工业职业技术学院科研发展规划（2016—2020）》，明确科研开发整体方向和阶段任务；根据发展形势动态修订《盐城工业职业技术学院科研经费管理办法》《盐城工业职业技术学院重要学术期刊目录》《盐城工业职业技术学院创新强校项目自主创新能力提升考评指标体系》等，加强科研项目开发的顶层设计，为应用型科研项目开发提供制度保证。

（2）注重激励机制，增加科研成果奖励。首先建立科研经费投入递进增长机制，积极

为教师争取项目科研经费支持，多渠道寻找科研经费来源渠道，扩大学校科研经费来源，为教师提供科研项目开发动力。为进一步提高学院教师的整体科研能力和水平，优化学校师资结构，规范与加强教职工攻读博士的管理，根据教育部《高等学校教师培训工作规程》有关规定，结合学校发展需要，制订《盐城工业职业技术学院关于鼓励教职工在职攻读博士学位的实施办法》，按照"保证教学、鼓励报考、择优选送、计划安排和学用一致"的原则，鼓励青年教师在职进修博士学位，重点面向教学科研岗的优秀青年教师，使之成长为学校的科研学术骨干。既做"顶天"的产业前沿研究，又做"立地"的技术应用研究，获批省部级以上科技项目61项，省自然科学基金和产学研合作项目等省科技厅项目获批数位列全国同类专业第一方阵，省内纺织类院校唯一牵头获得省科学技术奖。四技服务到账超过1200万元，相关经验在《光明日报》《新华日报》报道。

（3）搭建平台中心，强调品牌特色服务。按照产业技术研发平台、技术产品化加速器和产品产业化基地三位一体模式，建成智能纺织服装产业技术研究院。以关键核心技术的研发激发企业合作内生动力。依托绿色智慧纺织服装实训平台和绿色智慧纺织服装集成平台，瞄准行业发展前沿，升级改造校内生产实训设备，做到硬件装备的先进性与行业企业完全同步。深化校外基地建设，对接产教融合型企业，校企共建深度共享型校外实训基地。建设虚拟仿真实训中心、示范性纺织服装虚拟仿真实训基地、省产教深度融合平台、校外深度共享型实训基地、打造产教融合的"技能加油站"。联合地方领军企业，建成智能纺织服装产业技术研究院，按照产业技术研发平台、技术产品化加速器和产品产业化基地三位一体的要求开展研发和产业化工作，在纺织服装产品数字化设计、智能生产与品质管理、数字营销等技术领域开展应用研究和成果转化。

（4）加大科研培训，定期开展学术交流。学校坚持开放办学，积极开展国内外学术交流与合作，充分吸收外部资源提升教师自主创新能力，是加快科研项目开发能力的不竭动力。纺织服装学院积极扶持学历层次高、科研潜力大的中青年教师通过国内外知名大学进修、访学、开展学术交流等方式提升教师项目开发研究能力，定期组织教师参加全国纺机展、全国面料展、全国纱线展、全国纺织服装教育年会，国际纺织生物工程会议等；学校科产处定期组织学术沙龙、学校科技创新团队进行周汇报、月总结等丰富多彩的学术活动，邀请国内外同行院校专家学者来校进行学术讲座，提高教师们对于国家政策、行业热点、难点的敏锐度。科研产业处定期召开科技工作会议，邀请行业企业、同行专家领军人才解读国家科研政策，普及国家级和省级科研项目开发的途径，传授项目申报写作技巧和论文撰写策略等，提高教师们项目开发的主动性和学校的整体科研实力。

（5）贴近企业实际，推进产学研协同创新。为有效破解科研与产业"两张皮"的现象、打通科研到产业的"最后一公里"，充分发挥智能纺织服装产业技术研究院的功能，针对行业数字化设计、智能生产与加工、数字营销等关键技术问题，按照项目递进过程控制成果转化，通过多级指标控制，项目效益为一级指标，实用性、先进性、市场前景等为二级指标细化目标体系，控制科研成果转化过程节点。强化与地方政府盐城、纺织行业企业和职教联盟等各个层面的组织联系，深入开展产学研战略合作，积极拓展和合作企业的长期规划与发展、专项技术研究与课题研发攻关、校外挂职锻炼等方面的合作，构建起校企协同创新长效合作体系，推进企业做学问。通过项目开发驱动、引培人才拉动、平台中心带动、开发机制推动，服务悦达纺织集团、天虹纺织集团、海澜集团、京东等深度合作50家企业，校企联合完成技术攻关达30项/年，联合企业进行新产品开发，专利技术等成果转化30件，完成四技服务到账经费1000万元。

2. 规范科研项目开发过程控制

科研项目的重要组成部分是科研项目开发过程控制，其目的是确保开发的项目能满足企业和有关方面的需求及适用的法律法规要求，为顺利开发项目提供保障。项目开发论证阶段主要从四个环节考虑，即项目来源、编制项目申报书、项目开发评审和签订项目合同立项的动态全过程管理。其目的在于使开发过程规范化、制度化和科学化，以确保科研项目开发顺利立项和按时、保质的通过验收，对项目开发、科研发展、产学研校企合作起着关键作用。

科研项目开发的过程控制可确保科研项目达到预期的目标，在开发过程中的四个环节识别出影响项目开发质量的所有环节和因素，落实全员全程质量管理的要求，针对性地进行项目开发质量策划与质量监控，认真分析、及时评价项目开发质量的吻合程度，同时采取措施纠正开发方向错误，通过持续过程管理纠偏实现项目开发过程质量管理的有效性。

四、结语

系统研究并构建高效的高职院校应用型科研项目开发机制，学校管理层和项目开发组应该以目标管理和过程控制的视角完善整体规划，结合学校实际，完善科研项目开发机制，综合考虑人事、教学、财务、资产、科技等方面因素，形成一条完整的过程链。加强科研项目开发的全过程质量管理，及时对科研项目开发的质量进行实时跟踪和动态监督。因此，将目标管理内容的要求与过程控制的各个环节有机结合起来，是确保项目开发质量的关键所在。目标管理和过程控制减少了科研开发目标偏离的可能性，使开发目标和开发成果的吻合度提高。

参考文献

［1］张振乾，谢炳清.新加坡南洋理工学院科研工作主要特点及其启示［J］.清远职业技术学院学报，2012（5）：25–27.

［2］郭义坤.论高校目标管理与制度管理的辩证关系［J］.当代经济，2016（10）：104–105.

高职院校应用型科研项目运行研究与实践

摘 要：高职院校科研定位于应用型研究和服务地方产业发展，科研项目有效运行和保证研发成果可转化水平是科研项目运行管理的内在要求，建立一套高效、有序的科研项目运行管理体系是高职院校科研管理的迫切需求和目标。本文重点介绍了在科研项目运行管理中，建立目标管理和过程控制管理相结合的管理体系，实现精细化管理和运行，以信息化打造管理平台，为优化项目运行、提高管理效能和促进成果应用质量起到重要的作用。

关键词：高职院校；科研项目运行；目标管理；过程控制

科研项目有效运行和保证研发成果的可产业化是高职院校应用型科研管理的重要内容。其主要任务是如何高效有序地推进项目运行，如何控制研究质量和成果导向，如何预期高水平实现项目阶段目标和最终目标，达到规定的技术指标，最终实现科研项目运行的高效能。

目前高职院校在科研项目管理中主要是基于"线性职能制"的单一目标管理模式，强调专业分工和等级分工，形成科研流程与科研质量相隔离的管理体系，普通科研人员只能按照程序执行任务，缺乏及时纠正和反馈的过程控制。科研项目运行往往只注重以单个项目为主线进行管理，缺少以科研流程和科研质量、科研任务与科研人员相结合、目标管理和过程控制结合的精细化全过程管理体系。这种单一目标管理存在的主要问题是弱化了研究人员对"流程"与"质量"之间的协调。这种目标管理模式虽然从项目计划开始，直到项目验收的全过程，实现了关键环节的记录和跟踪，但容易忽视项目质量、目标，不能很好按时间节点进行任务、指标分解，没有落实研究人员目标责任，没有研发过程的实时反馈。为解决上述存在的问题，本文提出基于目标管理和过程控制相融合的科研项目运行管理体系，提高项目运行效能，构建目标管理和过程控制的任务指标和管理措施的运行体系。

一、科研项目运行目标管理

目标管理是一种以既定目标为导向的管理模式，科研管理部门在项目运行过程中进行目标分解，制订评判标准和激励制度，开展指令性的管理指导，以确保项目在执行阶段内得以控制。目标管理长期作为我国科研项目的主流管理模式。

1. 目标管理的特点

目标管理范围明确，目标管理的重点在于项目终期指标和阶段指标的明确，注重开题评审、中期检查和结题验收的评价，但是对科研活动各个阶段的管理相对较弱；进度检查的定期性，通过项目例会、中期报告、现场抽查和经费控制等形式进行进度检查，并依照研究进度对项目实施情况进行评估，协调项目运行中的管理问题；研究成果可控性，目标管理的重要节点是项目立项和验收阶段，由于对科研项目实行目标控制，项目组不会轻易尝试未成熟或专家未认可的研究方法或手段，从而减少了目标偏离的可能性，使预期目标和实际产出的吻合度提高。

2. 目标管理存在的不足

（1）缺乏全过程质量控制。目标管理采用了以控制结果为核心的目标管理模式，通过进度审查、目标评定等方式进行验收控制，这种方式可以及时发现错误并快速更正，是目前主要的项目运行管理制度，但也形成了“为做而做”的研究导向。我国科技体制改革正逐步深入，“成果评价、注重过程、宽容失败”的政策改革趋势正稳步推进，过去的目标管理模式已经很难适应新时代科学研究发展的需要，尤其是高职院校注重的以成果转化为导向的成果评价，所以科研项目管理理念需要提升，要尝试将全过程控制引入科研项目运行管理，真正反映“研究过程”，以过程风险控制的最优化来实现研究成果可转化价值的最大化，从而优化管理机制，创新管理模式，为科研管理工作的进步和发展提供有力支撑。

（2）不符合高职院校科研成果评价要求。在目标管理模式下，科研活动的导向很明确，项目主管部门、项目承担主体重视项目的顺利验收。由于科研项目的结题指标一般为论文或专利，结题验收也以此为准，因而项目研究集中围绕论文和专利的取得为目标，忽视了研究成果的应用质量，忽视专利成果的可转化价值，在项目验收结束之后，因为缺乏后续的经费支持，项目研究也就停止，因而“重验收，轻应用”成为目标管理模式的短板，尤其是对高职院校而言，不能实现转化的应用型研究，也就犹如空中楼阁，不能产生社会价值。

（3）在目标管理制度下，科研项目承担主体与管理部门的关系趋于静态化，而非动态化、持续性沟通与共享。从过程管理来看，成果产出、应用与转化是过程后续环节，应该纳入考核评价范围，但实际上产出与应用脱节的现象严重，这等于浪费了科研项目经费，不利于高职院校提高科研服务能力。

二、基于过程控制的项目运行管理体系（图1）

虽然目标管理模式在科研项目运行管理中具有明确目标、参与决策、规定时限、评价绩效等优点，但是在高职院校科研管理执行中，存在着对研发导向、成果转化、人财物配置效益等方面的全过程控制理念的缺乏。因而，集过程控制与目标管理相结合的科研项目运行模式，具有重要的探索实践意义。

1. 目标管理体系

科研项目运行目标管理体系包括指标和措施两个方面。指标中包括成果指标和辅助指标，成果指标除了常规的论文和专利指标外，更要注重成果专利的转化价值，这方面在过程控制管理中实现；辅助指标有辅助人员配置，例如财务助理、采购助理和专利代理等，其作用主要解放课题组成员的事务性非科研任务工作，以节约时间、集中精力进行项目研究，这些人员的配置可以根据项目大小而定，灵活采取多项目共聘模式；经费使用比例用于科研管理人员从经费层面了解项目研究进展和项目组掌握经费使用进度；资源配置包括办公场所和实验设施配置，主要为项目组提供研究场所和实验实施的使用，这一指标可用于项目运行资

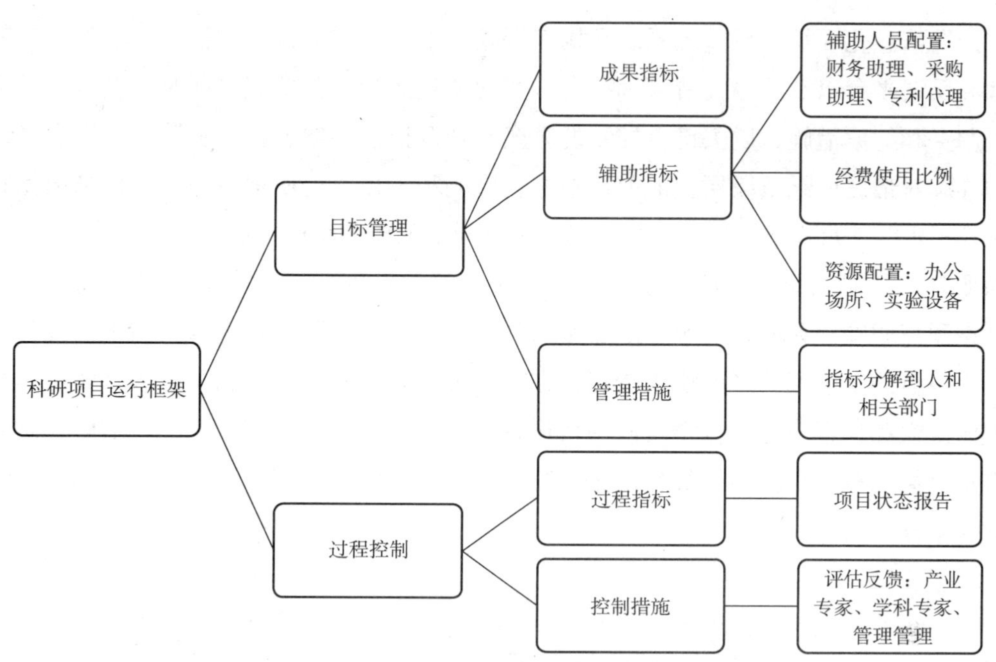

图1　基于目标管理和过程控制的项目运行管理体系

源效率的考核，帮助优化学校资源配置。

管理措施是将项目目标（研究内容、考核指标、进度、成果等）按时间节点进行任务、指标分解，并将项目任务明确落实到每一项目组成员的方法，把运行管理细化到不同研究层次，贯穿于研究工作全过程；同时将项目研究涉及的人财物等资源需求分解到相关职能部门，以便各职能部门做好资源整合工作，参与项目运行管理，实现全员、全部门参与。

2. 过程管理体系

过程控制管理包括指标和措施两个层面。过程指标指项目状态报告，通过定制项目计划、年报模板，每个项目组成员及时填报计划任务、实际完成情况、项目研究进展、研究思路方法和项目需求等信息，自动项目状态报告，形成图形和报表，并与目标进度随时对比，生成项目状态报告。

过程控制措施主要由项目负责人、产业专家、科研管理专家等根据项目状态报告，对项目目标进行检查与反馈，实时纠正和提高项目研发的质量和产业化属性。产业专家主要由行业和企业中的具有生产实践经验的高工担任，其作用在于判断项目研发过程中是否偏离产业化应用和市场，以此提高项目运行的精准性，确保研究方向和成果始终围绕成果转化、可产业化和可市场化为目标，有助于提高高职院校科研研究的初心。

三、科研项目运行实践探索

科研项目运行离不开信息化管理手段，基于目标管理和过程控制相结合的科研项目运行，更需要保持项目组、管理部门、产业专家等之间的信息共享和实时沟通。根据项目运行体系，开发信息化项目运行管理系统，构建课题组工作日志平台、项目组、部门和专家的三级查询和反馈平台以及项目经费管理平台，实现项目运行预警功能。同时，对运行过程设置关键控制点和纠偏措施，以关键点控制的方式合理调控人、钱、物的资源消耗进度，在动态管理中连续对最终成果阶段层次的前形态进行影响和干预，促使项目组主动控制和克服项目的“风险短板”，重视成果的可转化，提高项目成员的应用科研能力。

高职院校科研项目运行阶段质量管理水平直接关系到项目的完成质量和成果的转化质量，关系到高职院校科研社会服务能力水平的提升。这需要科研管理部门高等重视和努力探索，科研项目的全过程管理的要求较高，在充分理解目标管理理论的基础上，要切实加强过程管理的研究和探索，建立健全科研项目运行全过程管理的规章制度和配套措施，做到管理工作有章可循、有规可依，抓好科研全过程质量控制和目标管理，切实提升教师应用研究能力和社会服务水平。

高职院校应用型科研实施路径及全过程目标管理策略研究

摘　要：高职院校实施科研强校战略是提高科技创新水平、增强整体办学实力的关键所在，能否有效实施影响着高职院校未来的发展和社会影响力，高职院校需要建立以企业为主体、市场为导向、产学研深度融合的技术创新体系，开展应用型科学研究。文章从当前高职院校的科研现状和实施科研强校的必要性出发，探索实施科研强校战略的几条路径，要明确定位、深度融合、加强保障，以促进高职院校科研能力的提升。同时就目标管理模式对科研项目全过程管理的必要性进行了阐述。指出应当结合现代过程控制和目标管理理论，研究更加切合高职自身规律的应用型科研活动组织开展机制，为高职院校开展高效率、高效益和高效能科研管理工作提供范本。

关键词：高职；应用型；科研项目；实施路径；过程控制；目标管理

高校具有四大职能，即人才培养（传承知识）、科学研究（创造知识）、服务社会（应用知识）、文化传承（人格塑造）。高职教育属于高职教育范畴，高职院校是实施高等职业教育的普通高校，与普通高职教育（本科）是教育类型的区别、培养目标的区别。因此，高职教育承担着不仅要培养人才，还要发展科学技术及服务社会的使命，科研也是高职的一项重要工作。高职院校的培养定位决定了“产学研结合”是高等职业教育发展的必由之路，高职教育必须走校企合作、产学结合的道路。而应用型科研活动在校企合作、产学结合模式中起着不可忽视的融合、推进作用，它是加速促进校企双方结合的动力，是高职院校产学研结合的一个结合点、切入点。如何有效的开展应用型科研，是高职院校发挥科学研究职能的关键。

一、高职院校推进应用型科研的实施原则

1．明确定位

高职院校科研工作的扎实推进关键在于准确定位，职业教育的属性决定了高职院校的科研定位应以应用型研究为主，需面向教育教学、面向生产一线，重视行业、企业的中小型技术应用课题，突出技术的实用性，强化在人才、技术、培训、文化及咨询服务等方面的针对性和持续性，探索高职教育的科技服务与教育服务特色。要长期坚持以研促教、研教融合，将科研成果不断引入高职教育课堂从而优化教学内容，促进教育教学革新，不断提高教学质量，培育专业水准高、服务能力强的教师团队，提升人才培养质量，为区域经济发展提供智力支持和人才保障。

2．深度融合

（1）和教师专业发展融合。高职院校应重点支持教师围绕实践教学和行业、企业面临的技术难题开展技术合作与技术攻关，促进新技术、新成果转化，孵化一批省市级重点、重

大项目，着力提升教师的研究能力和学术水平。

（2）和人才培养工作融合。高职院校应始终坚持科研强校战略，在教师的科研水平上下功夫，鼓励教师申报、开展科研项目，并为教师申报、实施科研项目提供有利条件，通过更多高水平的科研项目承载更多优秀学生的培养，从而提高学生的人才培养质量。

（3）和专业建设融合。高职院校可通过调动教师的主观能动性，实施科研强校战略，促进教师的科研成果应用于专业建设（教材建设、课程标准修订，人才培养方案等），不断提升教师专业水平，推动专业开展教育教学改革，促进教师队伍的“双师”素质培养。

（4）和社会服务工作融合。高职院校应将科研定位于用成果转化和社会服务为区域主导产业创新发展做贡献的方向上，大力开展应用型研究，加快成果转化，逐步提高社会服务能力，保障科研项目与社会服务高度融合，促进履行高职院校社会服务职能。

二、高职院校应用型科研具体实施路径（图1）

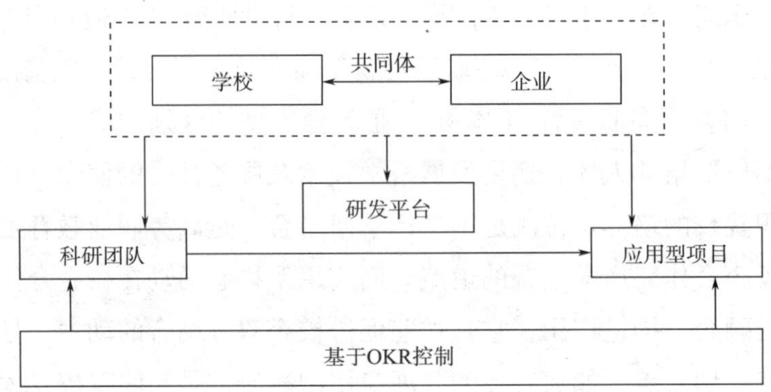

图1 高职院校应用型科研具体实施路径

高职院校通过与紧密型的合作企业共同组建科技研发团队，共同搭建研发平台，利用企业的敏锐的市场嗅觉，挖掘项目，共同开展技术研究，形成合作的“共同体”。打造以企业为主体、市场为导向、产学研深度融合的技术科技创新体系，促进科技成果转化；高职院校的科研人员更要发挥自身在适应社会需求方面的优势，更能“接地气”，沉下去，深入一线，立足实践，着眼于应用。在合作过程中，学校积极参与企业技术服务活动，通过科研解决企业生产过程中出现的技术难题，为企业创造经济效益，为学校创造社会效益。通过从生产实际得来科研课题进行研究，推广科研课题的成果，将成果转化为现实的生产力，可为地方经济建设做出贡献，还可为学校发展筹集资金。将从生产一线得来的最先进、最前沿、最实际的科研成果整合进教材及课程内容中，可为教学改革的深入开展注入新的活力与动力。这样，既锻炼了教师队伍，又为企业提供科研成果，实现了校企双赢。

1. 科技研发团队的建设

利用企业里的技能大师、能工巧匠与学校里的专业教师共同组建科技研发团队，优势互补、协同发展，开展新产品研发、技术技能迭代更新、人才培养规格定位等各项工作。利用企业人员专业和管理的多重资源，借助其技术优势，帮助学校科技人员提升、技术研发与推广等业务能力；借助其管理优势，帮助学校科技人员提升组织领导、规划执行等管理能力；借助其敬业精神，帮助学校科技人员提升师德师风和工匠精神。专任教师可以拜师一位工匠名师，学习专业技术，传承工匠精神，落实教师全员企业轮转制度，完成"四个一"任务，即"解决一项生产问题，练熟练透一项技能，完成一项横向课题，转化一个产品（案例）为教学素材"。

通过与企业的长期合作和融合，在兼顾校企双方利益的原则上，为达成双方共同目标而逐渐形成的科研创新团队。在这种创新团队的模式下，学校教师可以充分地了解市场的需求，进一步明确科研方向，优化教学内容，其研究内容也从理论研究过渡到应用研究；企业一方面可以从科研创新团队中培养科研、技术人才，另一方面通过不断地反馈自身需求，推动产品的不断优化、升级和改造，进而提升产品的市场竞争力。在校企合作科研创新团队模式中，学校学科资源和企业市场资源充分的相互补充、相互受益。

2. 校企联合搭建科技研发平台

以关键核心技术的研发激发企业合作内生动力。依托学校平台，联合地方企业，按照产业技术研发平台、技术产品化加速器和产品产业化基地三维一体的要求开展研发和产业化工作。以校企共同申报国家、地方政策性项目为联结点，构建基于产教融合信息化服务系统的互动服务机制，共建实训基地，共享人力资源、硬件设备和研发成果，提高学校人才培养能力，实现校企双向赋能增值。

校企合作共建的科技研发平台，其主要功能要设定为：企业技术项目研发、教师技术研发实践和学生科技创新锻炼三个方面。企业技术研发项目应来自校企合作的行业企业，主要包括：应用技术研究，新产品、新工艺开发，技术改造与推广等。

科研项目实施路径可以按照OKR方法实施，在此过程中，学校应定期对其进行评估反馈，形成科研路径实施与动态调整机制，积极促成校企多元合作，并构建以效率为一级指标，科技引智成效、校企协同的广度和深度、阶段目标达成度等为二级指标的目标体系。

三、高职院校应用型科研目标管理

科研项目是科研活动的执行单元，是国家科技计划执行的重要载体。在国家科研项目强调面向重大需求、全产业链设计、联合一体实施的新形势下，一成不变的科研项目管理制度已成为项目管控的薄弱环节，过去强调的项目风险防控功能明显减弱，必须进行梳理、优化和重组。"过程"是资源输入转化为效益输出的相互关联活动，比单一的结果指标更能综合反映承担主体（研究所、研究室、项目主持人）的专业素养和思想意识。因此，开展新形势下高职院校应用型科研全过程管理研究很有必要。

科研项目目标管理是一种以既定目标为导向的管理模式，项目管理部门在项目实施过程中进行目标分解，制订评判标准和激励制度，开展指令性的管理指导，以确保项目在执行阶段内得以控制。

1. **突出阶段性目标管理作用性，充分表达科研工作管理指标说明作用**

（1）目标管理关键是充分保障科研工作发展的持续性，以目标管理形成对高职教育科研工作发展方向的监督作用，其指向性功能较为具体。阶段性目标管理思想则是立足不同阶段发展目标进行针对性管理，为科研工作发展进程提供明确的发展标准，以此达到深化科研工作总体发展的最终目的。阶段性目标管理作为整体目标管理的基本架构，管理思维及管理方向具有高度的明确性。通过阶段性目标管理能够对高职教育科研目标宏观管理方向产生相应的说明作用，以具体说明为基础，对科研工作管理本身形成高度的指向性依据。

（2）阶段动态目标管理为根本，直接作用于高职教育科研宏观目标明确发展方向。阶段性目标管理作为当今高职教育科研工作发展的根本，是对科研工作阶段性发展目标及成果进行有效分析的重要依据。依据阶段性目标所具有的内在发展意义，进一步明确对科研领域、科研标准以及科研成果所提出的要求。根据目标发展总体要求，对阶段性目标管理的具体现状进行有效分析，充分验证高职教育科研工作管理整体发展方向所具有的可行性价值。这一目标管理过程可以表现出阶段性目标管理的动态性，充分展现宏观目标发展的指向性作用，阶段性目标管理实质性效果也能够直接作用于高职教育科研工作目标管理整体效果之中，具有阶段性说明功能和阶段性方向指向功能。

2. **立足整体性目标管理方向性，全面表征高职教育科研管理工作发展方向**

（1）明确科研工作宏观目标管理方向，全面展现科研管理工作实时发展动态。高职教育科研工作的开展针对学科内部研究领域及研究方向进行具体化探索，对学科基本架构及内部基本构成元素进行有针对性分析，促使高职教育学科发展范围及深度能够得到层次性提升，提升学科发展的核心竞争力。从宏观发展目标角度出发，高职教育科研工作目标化发展已经成为必然，这为高职教育科研领域的探索提供重要的方向性保障。针对目标管理对宏观目标构成因素进行具体化分析，以此对内部要素的作用性及方向性进行潜在研究，确保高职教育科研管理工作方向性能够保持高度清晰。结合高职教育科研管理工作发展动态，科学深化宏观目标管理中的作用性、价值性以及功能性要素，对满足当今高等教育学科发展思想的具体元素进行系统探究，其中主要包括可持续性、生态化、标准化因素。这些构成要素表现高职教育科研管理工作的具体实施路径，展现高职教育科研管理目标从一般延伸型发展朝着系统化层次型发展方向的转变，对高职教育科研管理宏观发展动态形成具体呈现作用，有助于高职教育科研工作目标管理的方向更为准确，指向性更强。

（2）结合科研工作近期目标管理出发点，确保科研工作目标管理准确性提升。高职教育科研工作近期目标带有一定的现实性色彩，能够初步体现出高职教育科研工作开展的具体思路及路径，是当今高职教育科研工作目标管理的基础所在。从近期目标管理的特征性角度来看，近期目标管理作为整体目标管理的初级阶段，所反映出的问题较为广泛，能够对高职教育科研管理工作的整体发展可行性形成阶段暗示。但从科研工作发展的本质层面出发，科研工作的开展往往具有较强的广泛性，针对学科研究领域内部的相关性，对其他相关学科进行全面辐射。近期管理目标应针对高等教育科研工作的兼容性进行具体深化，以此形成科研工作目标管理的初步发展思维。这既是有效落实科研工作目标管理的关键阶段，也是对科研工作发展本身所具有的价值进行科学体现的重要管理阶段。从这一方面可以充分总结出，高等教育科研近期目标管理作为整体宏观目标管理的重要组成部分，具有一定的基础性及保障性特征，能够为科研工作发展目标的准确性不断增强提供坚实而有力的保障作用，满足高职教育科研管理工作全面发展的切实需要。

（3）追求科研工作中长期目标管理发展性，实现科研工作目标管理的可持续发展。高职教育科研工作的中长期发展目标核心是充分体现科研工作发展的可持续性，以持久性发展为目标管理的中心思想，对科研工作内容以及科研工作具体方向进行深化研究。针对科研工作中长期目标管理，对内部价值性因素、功能性因素以及作用性因素进行全面激发，从而得出高职教育科研工作发展方向及发展价值。这是高职教育科研工作目标管理指向性的集中体现，与高职教育科研工作宏观发展方向保持相互统一。结合近期目标管理的基本特征，对广泛存在的科研管理问题以及科研工作重点、难点形成长久性目标规划，实现近期目标管理在中长期目标管理的直接作用，推动高职教育科研工作发展重心保持高度准确。立足高职教育科研工作发展的实质，对学科发展内部构成要素的可持续性以及发展性进行全面探索，对近期目标管理的可行性发展价值进行整理、综合、分析，实现中长期目标管理的指向性因素更为系统的目的，给予科研管理工作核心高度的方向性指明作用，对高职教育科研工作目标管理可持续发展思维形成有针对性的强化。

四、高职院校科研项目全过程管理

（1）管理部门融入科研全程全过程管理并非简单的管理过程方法，而是将“过程”作为全新的认知工具和分析框架来管理运营科研项目，同时，将管理方融入全程来设计、实施、控制和优化科研项目执行过程的效果和效率。管理部门介入科研过程活动，反映了协同创新的大系统思维，项目管理方成为科研活动和成果生产的组织内成员，共同创造科研成果，以审核、评价、鉴定等特殊活动推动科研项目形成预期成果，转化为生产力。因此，从全面提升科研成果整体价值的诉求出发，在科研项目实施全程构建项目承担方与管理方之间的沟通与分享机制，最大限度规避科研项目在科学认知与社会效用之间的脱节风险，从整体上提高科研项目活动的预期效果。

（2）开展执行能力量化评价国家对科研项目主要采用网络信息化管理，该管理模式方便快捷，工作效率高，符合低碳化办公的要求，但具体形式多采取固定时间填报执行进展或阶段报告，与真正考量项目的执行质量还有差距，对项目承担主体的横向比对也比较模糊。科研项目具有高风险性和不确定性，如果不能定量评估执行过程，让项目始终游离于有效管理之外，单凭成果产出来评估项目完成情况过于单一，无法全面、深入了解项目承担方的真实情况，项目终期检查将成为“见树不见林”的流程形式。界定执行过程关键节点，开展项目执行能力的量化评价，科学甄别、评估项目承担主体的实际执行水平，以实现量化考察和横向比对。

（3）实施关键节点控制纠偏关键节点控制是全过程管理与目标管理的最大区别。基于科研活动特点与规律，管理部门根据科研项目合同的预期目标和实施时间，将项目执行期分解成若干具有阶段代表性的关键节点，确定监测时间，准确采集、汇总和整理监测数据与进展信息，形成科研项目阶段进度与执行能力评价报告，待项目结束后提交验收专家组，确定项目承担主体的科研综合能力。在关键节点如出现执行进度缓慢、实验方案偏差、经费使用有异等情况，可以采取过程管理纠偏措施，调整项目计划，确保项目在规定时间内进入成果终结性评估阶段。

（4）优化科研成果评价方式成果考核评价是科研院所创新科研管理机制的重要环节。目前，主要采用专家评价机制，即选择具有良好科学道德和职业道德，熟悉项目所在领域或行业的科技、经济发展状况的权威专家，对项目的完成质量、成果的科技与经济价值进行客观公正、实事求是的评价。这种制度具有科学合理性，能够给出最专业的评价和建议。很多研究提出第三方评估机制更为合理，但笔者认为，“第三方”只是独立于项目管理方和执行方之外的客体，如果参评专家不变，那么“第三方评估”的本质依然是专家评价制。过程管理模式的评价人员来自三个群体：第一，权威专家。来自科研院所、高校、企业和行业管理部门等单位，他们的评价意见不可或缺。第二，小同行专家。主要指40岁以下的同领域科技工作者，他们的思维还未形成定式，能够撇开人为因素给出较客观的评估。第三，成果受众方。即直接使用该项成果的群体，他们对成果的应用体会最深，能比较准确地反映成果价值。

（5）进行科研成果分类评价美国研究型大学普遍采用科研项目全过程管理，对不同项目进行目标设置，突出差异导向。农业科研项目类别较多，根据设计初衷、预期目标、实施模式等差异，可以分为科技项目（基础研究、技术开发、应用研究）、人才项目（人才培养、智力引入）、条件建设项目（科技平台）、国际合作项目（技术/团队/平台合作）等类型。每个子类型下面还可以细分，如应用研究就可以分为新品种（技术/器械）推广、新产品测试、生产模式运用、科技服务等。全过程管理根据不同项目的最终目标，实事求是、精确地制订成果评价方式，从而体现“提升原始创新能力、提高科研产出效益”的原则。

五、过程控制与目标管理的有机结合

高校科研管理的目标制订从管理学角度而言，目标是任何特定的社会组织在一定时期内所要预期达到的某方面活动的标准或水平。目标具体内容取决于各个组织工作的性质和特点，不同的组织有不同的目标，而同一组织目标也不是单一的。例如，高校的某一院系的目

标与课题组的目标就不相同，而单一院系的目标也是多种多样的。按时间分，可分为长期目标、中期目标、短期目标；按内容分，可分课题数、经费数、论文数、成果数、培养人才数等多种指标；按形式分，可分为定性目标、定量目标等。

目标管理在科研管理中的应用和评价目标一经确定，就进入实施阶段。实施的效果好坏是目标管理能否取得成效的关键。要做好目标实施工作，按期完成既定目标，还应抓好几项基本环节。

（1）建立目标责任制，保证目标责任者实现目标的自主权。目标管理同传统管理的最大区别，就在于它不是单靠上级的命令，而是靠目标责任者的自主管理。

（2）引入竞争机制，完善规章、考核制度。

（3）加强监督检查、组织协调工作。

管理部门应对科研工作的总目标、分目标定期进行监督检查。尤其应注意课题组的科研环境，及时对目标实施中出现的各种偏差采取措施进行纠正，对各个环节的纵横向关系进行组织与协调。目标管理是实施管理计划的有效手段，它体现了计划实施的有效性，其最显著的特点是体现了现代参与的意识。个人参与目标的制度和实施，能够协调个人目标与组织目标之间的矛盾，使人们愿意对自己的工作承担责任，有利于开展控制工作。目标成果的评价，是目标管理的最后阶段，客观、公正地评价目标成果，有利于激励先进、改进不足，创造良好的科研环境。目标成果的评价可通过科研绩效定量、定性评价来实现。科研绩效主要有以下表现形式：承担项目、发表论文、科学著作、研究报告、获奖成果、获得专利、成果鉴定、创造价值、人才培养等。科学的、可行的科研绩效评价体系是目标管理有效的评价手段。

六、结语

目标管理是现代管理技术中的一种先进管理模式和管理方法。在高校科研管理中，利用目标管理，将更加有效地发挥教师和科研人员的积极性。目标管理在高校科研管理中的应用，主要是建立目标责任制、引入竞争机制、加强检查监督和科学地评价目标成果。高职院校科研应当加强产教深度融合、注重校企协同创新，同时科研管理工作应从以单纯的结果指标为导向，逐步转向注重动态过程控制。

科研项目全过程管理的要求较高，项目管理部门需领会国家科技计划管理改革的新精神，根据项目管理办法和项目主管部门的要求，结合单位实际，建立健全科研项目全过程管理的规章制度和配套措施，做到管理工作有章可循、有规可依，抓好科研全过程质量控制，凸显科研诚信，高质保量完成科研任务。

参考文献

［1］刘洪霞，郑健，侯佳贤，等. 浅析农业科研项目动态过程管理［J］. 农业与技术，2014，34（12）：

244.

[2] 侯祚勇. 加强新形势下科研项目的全过程管理 [J]. 科技与创新，2018（18）：98-100.

[3] 宫玉辉. 浅谈目标管理法在科研项目管理中的应用 [J]. 中国高新技术企业，2013（9）：145-146.

[4] 钟伶涵，唐小见. 新时期农业科研管理工作存在的问题及对策 [J]. 现代农业科技，2018（13）：263.

[5] 董言笑，吴明明，汤勇华. 农业科研项目过程管理的现状及建议 [J]. 中国农业信息，2016（3）：22-23.

[6] 司方方，苌群红，闫喜军. 农业科研项目过程管理现状及建议 [J]. 现代农业科技，2016（17）：276.

[7] 赵云龙. “一体两校”融合型高校科研项目过程管理研究 [J]. 电大理工，2017（1）：56-58.

[8] 林国容，洪建基，卢劲梅，等. 加强基层农业科研院所科研管理工作机制创新的思考：以福建省农业科学院亚热带农业研究所为例 [J]. 农业科技管理，2016（4）：25-28.

[9] 贺毅，任芳芳. 中央财政科研项目的过程管理模式研究 [J]. 管理观察，2016（25）：103-106.

[10] 穆瑞燕. 美国研究型大学科研管理机制探析：以斯坦福大学为例 [J]. 中国高校科技，2017（12）：16-19.

[11] 肖洒，郝一峰. 基于过程管理的科研项目风险防控与优化机制创新 [J]. 科技管理研究，2016（13）：176-180，186.

[12] 冷洁. 关于科研项目的全过程管理之思考 [J]. 科技创新导报，2015（21）：211-212.

[13] 黄乐富. 科研项目过程管理质量提升策略：基于卓越绩效模式的分析 [J]. 中国高校科技，2018（3）：25-26.

高职院校应用型科研成果转化机制研究

——以盐城工业职业技术学院为例

摘　要： 面对高职院校科研成果转化的困境，本文以盐城工业职业技术学院为例，分析按照“机构实体化、运行市场化、队伍专业化、服务精准化、条件信息化、资源国际化”模式的高职院校应用型科研成果转化机制。

关键词： 成果转化；高职院校；机制

科技创新具有易逝性，转化不及时将会降低其实际应用价值，因此，必须将科技创新成果转化为推动经济社会发展的现实动力，才能真正实现创新价值、实现创新驱动发展。2019年10月，财政部发布《关于进一步加大授权力度促进科技成果转化的通知》，进一步加大高等院校科技成果转化有关国有资产管理授权力度，畅通科技成果转化有关国有资产全链条管理，促进科技成果转移转化。高职院校作为我国高等教育的重要组成部分，是区域科技创新重要力量，其科研创新能力对区域产业由低技术附加值主导向高技术附加值主导的转变产生重要影响。因此，如何提升高职院校应用型科研成果转化能力，成为高职院校综合创新能力高质量提升和可持续发展的关键。

一、高职院校科技成果转化的困境

1. 科技成果含金量低，市场认可度不高

各类纵向项目和横向课题市高校科研成果的主要来源，与本科高校相比，高职院校教师的科研实力偏弱，加上目前科研管理普遍存在重数量和档次级别，轻质量和使用价值，致使高职院校成果技术含金量低、创新型不足，进而导致科研成果转化率低。即使与企业生产技术结合较为紧密的横向课题，也难以摆脱企业及技术中介公司对高职院校研发能力不强，科技成果成熟度低，切合市场需求的成果不多的偏见，企业技术需求大多对接至本科高校，较少反馈至高职院校，高职院校科技成果与市场需求脱节，市场认可度低。

2. 信息不对称，技术转移中心服务能力不强

高职院校现有的科研成果缺少受众面广泛的成果宣传窗口或平台，企业不了解学校科研成果情况，学校也不了解企业技术需求，造成科研成果转化率低。即使部分科研成果实现了转化，其去向多为公司或中介公司，主要用于申报政府项目用，企业进一步将成果产业化、商品化的极少，高职院校科技成果转化多处于“转”而不“化”状态，并未实现科技成果向现实生产力的转化。部分高职院校建立了技术转移中心，但技术转移中心存在人员力量薄弱，科技成果转化体系尚未完全建立，服务能力不强；技术转移中心网站普遍存在网站条目

设计不合理、发布信息少、更新频率低等问题，鲜有在省市成果转化平台上发布成果信息，影响了成果在校企间的传播以及与企业的对接。

3. 缺乏从事科研成果转化的专门人才

科研成果转化需要一定数量的从事科研成果转化的专门人才，这些人才既要了解科技成果，懂得技术，又要熟悉企业和市场技术需求，同时又要具备商业运作能力、社会活动能力，其作用是沟通高职院校与企业的需求，找到合作共赢点，促成科技成果的转化。同时将企业技术需求反馈到科研部门，促使科研部门从市场需求出发开展技术研发，使科技成果易于产业化、商品化。

4. 科研成果转化动力不足，渠道不畅

高职院校衡量教师的科研成效主要依据课题、论文、科研获奖、专利等，且教师的科研奖励和职称评审与此紧密挂钩，造成"重成果轻转化、重数量轻社会贡献"现象，高职院校虽然开始重视成果转化的数量和效益，但在科研评价和职称评审指标中的权重极小，适合科研成果转化工作特点的考核评价制度还比较欠缺，造成科研成果转化动力不足。

二、盐城工业职业技术学院科研成果转化的实践

针对高职院校科研成果转化存在的问题，盐城工业职业技术学院以提高转化率为目标，按照"机构实体化、运行市场化、队伍专业化、服务精准化、条件信息化、资源国际化"的要求积极探高职院校应用型科研成果转化机制，不断提升服务地方创新发展能力。

1. 机构实体化

依托盐城工业职业技术学院技术转移中心，成立具有独立企业法人资格的盐城工职院技术转移有限公司，主要从事技术开发、技术转移、创业孵化等业务，紧紧围绕地方支柱产业，坚持校企合作、产教融合，实现科技成果的产业化推广，派遣科研骨干深入企业探索、挖掘企业技术需求，进行应用型技术研究，为企业提供技术服务，打通"需求、创造、保护、管理、服务、转化、运用"的科技成果转化生态链，建立"立足盐城、辐射长三角"的高校科技成果转化运营服务平台。加强对科研成果转化的全过程管理，对转化过程进行全程跟踪，跟踪成果的产业化情况并收集成果转化的经济效益和社会效益，根据成果转化需要及时提供相关技术支持。注重成果转化过程中的技术积累，鼓励后续研究与开发，促进成果转化可持续化发展，实现科研成果价值最大化。

2. 运作市场化

按照"以市场需求为目标、以科技创新为导向"的指导思想，充分考虑社会需求，主动与企业合作，深入企业内部探寻企业需求，发掘有市场前景的选题，做到科研与生产实际、市场需求紧密结合，努力实现科研与市场高度对接，加快社会急需成果的产出和应用，提升科研成果服务地方经济建设的水平。注重科技创新，提高成果技术含量。增强自身科技创新能力，面向科技前沿开展前瞻性研究，努力提升成果质量，提高成果转化的有效度，确保科

研成果引领经济社会发展，切实解决社会生产实际问题，促进成果成功转化并产生突出的经济影响力。重视成果二次开发，强化后续跟踪与管理。推进已有成果的实用化开发，打通成果转化最后一公里，确保科研成果与生产经营实际接轨，提高科研成果在经济社会发展领域应用的成功率，加速科研成果向生产的转移，尽快形成新的生产力，促进产业更新换代。

3. 队伍专业化

抓好“引、培、用”，聚焦领军人才。引进培养具有工作经验的企业教授级高工，坚持不求所有，但求所用，柔性引进产业教授作为专业带头人，积极打造双带头人。盐城工业职业技术学院以第一单位获江苏省科学技术奖三等奖1项，盐城市科学技术一等奖5项。

发挥“传、帮、带”，助力青年教师成长。通过“大师传”“团队帮”“名师带”等形式，邀请千人学者、知名博导等一批国内外大师和跨国公司高管来校传经送宝；先后派遣40余教师赴北卡罗来纳州立大学（NCSU）、英国曼彻斯特大学等国际高校，师从名师进行研修，有19名年轻教师入选江苏省“双创计划”科技副总。

发挥“三军”作用，推进团队建设。充分发挥正高职称教师的领军作用，高层次学历教师的主力军作用，青年教师生力军的作用，形成结构合理、业务水平精湛、团队精神突出的双优团队，打造“江苏省高校优秀科技创新团队”和“江苏省青蓝工程优秀教学团队”。

4. 服务精准化

目前学校建有江苏省产教融合集成平台1个，江苏省工程研究中心1个，教育部协同创新中心1个、江苏省省高校工程技术研发中心3个、江苏省高校联合技术转移中心1个、江苏省沿海经济带职业院校技术转移联盟（江苏省技术转移联盟分联盟）、江苏省级创业示范基地1个。依托学校特色专业和平台，盐城工业职业技术学院充分发挥与地方经济，基层、中小微企业一线应用技术需求结合紧密的特点，积极培育技术指导、技术研发、创新研究等技术技能团队，根据企业在转型升级、产品开发、技术改造等工作中的具体技术需求，通过组织相关专家现场诊断、咨询、梳理、提炼技术难点，进行针对性地研发，为中小微企业提供精准化服务。

5. 条件信息化

基于科研信息化e-Science理念，建设完整的、系统化的数字资源管理和应用平台，助力全球性的、跨学科的、大规模科研合作；建设数字化管理平台，实现科技项目、设备、财务和人力资源信息化管理。同时利用学校与企业供需双向渠道的科技信息共享平台，如江苏省产学研合作智能服务平台等，定期发布科研成果和技术需求信息，促进校企双向科技信息传递。一方面，盐城工业职业技术学院通过平台向企业充分展示科研成果信息，加大成果的对外宣传力度；另一方面，为在平台发布技术诉求的企业提供技术需求信息。通过校企双向科技信息交流，促进盐城工业职业技术学院已有成果的推广与转化和根据企业需要推出新的科技成果，并提供多种形式的技术服务。

6. 资源国际化

实施海外高层次人才引进计划，成立江苏省外国专家工作室；设立开放课题，吸引国内外人才共同研究、联合攻关，联合培养高层次科技人才，促进高水平成果产出；加强与天虹纺织集团等“走出去”企业合作，集聚国内外资源协同创新。

三、结语

科研成果转化是我国创新驱动发展战略实施中的重要工程，科研成果转化效率和效果对于推进科技创新、促进生产力发展有着重要意义。盐城工业职业技术学院做好顶层设计，建立了“机构实体化、运行市场化、队伍专业化、服务精准化、条件信息化、资源国际化”模式的高职院校应用型科研成果转化机制，促成客科研成果向实际生产力的高效转化。

参考文献

［1］曹冬美，蒋兆军.高职院校技术转移的瓶颈与对策：以江苏地区为例［J］.职业技术教育，2016，37（32）：22–26.

［2］彭正文.加强科技管理过程质量控制提升高校科技成果转化率［J］.长沙铁道学院学报（社会科学版），2008（02）：270–271.

［3］孙泽文，叶敏.高校科技成果转化：过程、方式与制约因素［J］.广西社会科学，2012（12）：164–168.

［4］靳瑞杰，江旭.高校科技成果转化“路在何方”：基于过程性视角的转化渠道研究［J］.科学学与科学技术管理，2019，40（12）：35–57.

［5］王红杰，郭培胜，赵晨亮.以提升转化率为目标的“四位一体”科技成果管理体系构建［J］.信息系统工程，2018（9）：124，126.

［6］高艳，郝延明.建立以转化为核心的科技成果目标管理机制［J］.中国高校科技与产业化，2010（10）：25–26.

［7］周凤玲.浅谈高职院校科研项目过程质量管理［J］.现代职业教育，2017（33）：184–185.

［8］王宏起，吕建秋，王珊珊.科技成果转化的双边市场属性及其政策启示：基于成果转化平台的视角［J］.科学学与科学技术管理，2018，39（2）：42–51.

［9］李家祥.科技成果转化助力东北振兴的探索与实践：以东北大学为例［J］.中国高校科技，2020（3）：16–19.

纺织类专业产学研一体化模式的探索与实践

摘　要： 纺织类专业具有较强的实践性和应用性，要实现培养高端技能型人才的目标，采用教学、生产和科研相结合的教产研一体化机制显得尤为重要。盐城工业职业技术学院根据产学研一体化特征，探索建立教科研专业团队、校企合作联盟、区域经济服务平台和政校企合作机制等途径来有效保证产学研一体化模式的实施，结果表明：在纺织类专业实施产学研一体化模式，有助于高职院校的人才培养目标的实现。

关键词： 产学研；校企合作联盟；公共服务平台；高职教育；纺织类专业

高职纺织类专业是培养面向纺织行业生产、服务、管理第一线的高端技能型人才。由于纺织类专业具有较强的实践性和应用性，在人才培养过程中要注重教学、生产、科研相结合的教产研一体化的应用。鉴于此，盐城工业职业技术学院纺织工程系针对江苏及长三角地区纺织服装行业企业技术、设备进步更新的特点，要求从业人员具有较强的首岗胜任能力、岗位适应能力，在借鉴国内外高职产学研方面的理论与实践经验的基础上提出并探索实施了符合高职教育人才培养目标的产学研一体化模式。

一、产学研一体化的特征

产学研一体化是以企业项目为教学基础，生产、教学、科研相互渗透、相互促进、相互包容，做到“以学出研，以研促产，以产助学，以产养研”的一种教学模式，它具有以下特征：

1. 学校与企业资源共享

产学研一体化要求学校与企业加强合作，实现校企双赢。在校企合作过程中，校企双方在人力资源、信息资源和仪器设备等方面实现资源共享。

2. 学校与企业共同推进教学改革

校企双赢要求学校与企业共同设计开发“个性化”产品。学校与企业共同开发课程及教学资源、制订人才培养方案等，确保学校的“产品”适销对路，企业能满足自身发展对高端技能型人才的需求。

3. 教师是落实产学研一体化的主体

教师是校企合作的纽带。教师在生产、科研过程中丰富了教学知识库，在教学、生产中寻找课题并探索课题的解决方案，也是教产资源整合、实现校企双赢的推动力量。

4. 学生是产学研一体化的落脚点

高职教育的对象是学生，产学研一体化实现了课堂教学与实践训练的融合，一方面有利于学生对理论知识的掌握和应用，另一方面学生在生产和学习过程中更好的熟悉生产情况，掌握生产工艺技能，获得适应生产环境、解决实际问题的能力。

二、纺织类专业建立产学研一体化的途径

盐城工业职业技术学院制订了“项目引导，岗位进阶”产研一体化的人才培养模式，在整个教学过程中，以校企合作项目为基础，以校内外实训基地为依托，强调工学交替、工学结合等，在企业环境下的教学活动，突出学生职业能力培养。

1. 建立教科研相结合的专业团队

针对纺织类专业实践性和应用性比较强的特点，盐城工业职业技术学院纺织服装学院建立了现代纺织技术、纺织品检验与贸易等教科研团队，团队是由具有规定的职称、年龄、学历结构及专业方向的学校的专职教师、企业的专家、技术骨干组成。

（1）教科研团队的建立有利于学校的可持续发展。教科研团队的建立提高了教师的教学和科研能力，能更好地为纺织企业开展技术培训、技术改造、开发新产品；在为企业提供服务的过程中，教师的市场意识和创新意识得到强化，教师科研课题与经费的问题得到解决，有利于教师个人目标的实现，而学校获得了纺织企业产品的市场、技术、企业的职业岗位能力要求及人才需求等信息，有利于优化人才培养方案，实现教师的个人目标与学院的长远发展目标有机地结合。

（2）教科研团队的建立提高了教学和科研质量。教科研团队的建立，有利于团队成员间的沟通和交流，可以实现教学素材、案例、教学方法、科研资料等方面的信息共享，提高工作效率。在一体化的教学课堂上，针对学生的疑惑或产品的缺陷等一系列问题，教科研团队能够组织团队成员运用专业知识从理论上分析问题，并提出解决方案，再去指导生产实践。例如，针对“稀密路、萎缩疵点”，即教学过程中布面出现的疵点，通过建立数学模型，分析疵点的形成原因，为在生产中解决处理这一问题提供了清晰的思路；GA747型剑杆织机计长装置、无梭织机废边纱的循环利用装置就是在课堂教学中发现的问题，经过教科研团队的共同努力而发明的产品；桑蚕废弃物—桑皮纤维的可纺性研究（BY2010129），天然植物染料色纺牛奶纤维/Modal的产品开发（BC2010455），利用桑树秸秆制取纤维及其高品质色纺服装面料的产业化开发等省级项目的研发过程中，教科研团队将部分内容提取出来供学生作为毕业设计选题，让学生积极参与，提高了学生分析问题和解决问题的能力，提升学生的职业素质，在江苏省大学生创新训练计划项目中共有10项获得立项，并成功结题。

（3）教科研团队的建立有利于知识产权的自主创新。学院纺织类专业教科研团队针对高职教育的以技术应用和技术开发为科研特征，依托学院仪器设备，深入纺织企业，结合企业的发展需要，对生产过程及产品开发中具体问题开展研究，取得一系列的具有自主知识产权的成果。在桑蚕废弃物-桑皮纤维的可纺性研究中，现代纺织技术教科研团队积极攻关，取得了一种桑皮纤维的脱胶工艺等发明专利4项，一种桑皮脱胶装置等实用新型专利3项，在SCI、纺织学报等杂志上发表论文5篇。

自教科研团队建立以来，盐城工业职业技术学院教研课题立项50项，其中省级项目9项；科研课题40项，其中省级以上项目14项；共申报专利26项，其中发明专利14项，实用新型专利12项。

2. **建立校企合作联盟**

针对当前高职院校校企合作流于形式、合作深度不够等问题，学院各级领导解放思想、转变观念，建立校企合作联盟。

（1）依托校企合作联盟，建立生产实训和实习基地。依托校企合作联盟，学校引进江苏悦达家纺有限公司旗舰店进驻集实践训练、项目研发及科技孵化为一体的大学生创业园。同时，该企业的旗舰店为家用纺织品设计，纺织品贸易等专业学生提供生产实训和实习基地。

（2）依托校企合作联盟，推进教学改革。依托校企合作联盟，盐城工业职业技术学院筹建了由企业技术骨干、管理人员及各专业负责人组成的纺织类专业建设委员会，负责指导各纺织类专业人才培养方案的制订，课程体系的改革。学院与江苏悦达纺织集团、江苏悦达家纺有限公司、东华纺织集团等纺织类企业共同开发校企合作课程及教学资源，共同制订教学、实训和顶岗实习等管理制度，聘请行业、企业的专家、能工巧匠到纺织工程系任兼职教师（兼职教授），参与课堂教学与实训，共同评价教学质量，从而实现专业与企业岗位的“无缝”对接。

依托校企合作联盟，学院选派专业教师到悦达家纺有限公司、悦达纺织集团、东华纺织、无锡一棉等纺织企业生产车间轮训，提高教师的专业技能和技术应用能力，提升教师的“双师”素质。

（3）依托校企合作联盟，建立产业化推广平台。在校企合作联盟的基础上，学院以拥有的江苏省生态纺织工程技术研发中心、江苏省生态染化料工程技术研发中心为依托，搭建产业化推广平台，合作开展应用技术研究与新产品、新工艺开发，共同申报科研项目，联合开展技术攻关，推进科技成果产业化。以共同注资的形式，重点与悦达纺织联合进行桑皮纤维等新材料织物的产业化开发；以转让技术专利或成果的形式，加强与阜宁过滤材料基地的合作，开展各类功能性纺织品的设计与开发；以成果共享共用的形式，与东台茧丝绸特色产业基地合作开展针对蚕丝加工等传统纺织重大技术专项的研发。

3. **建立区域公共服务平台**

学院利用自身的人才优势、仪器设备优势、信息优势，积极承担政府纺织业集群创新服务平台建设，如盐城市生态纺织公共技术服务平台建设、江苏省（东台富安）特种茧丝绸科技公共服务中心、盐城纺织创新服务平台等，为新产品研发能力弱、技术管理水平低的中小型棉纺织企业提供全面的创新服务，提升中小型棉纺织企业创新能力和技术、经营和管理水平，加速棉纺织业集群出口产品的结构升级。

4. **建立政校企合作机制**

教育部教职成〔2011〕12号文件指出高等职业教育具有高等教育和职业教育双重属性，

必须坚持以服务为宗旨、以就业为导向，走产学研结合发展道路的办学方针。这就要求建立健全的政府主导、企业参与、以高职院校为主体的政校企合作机制。

在政校企合作机制中，政府起主导作用及统筹作用。盐城市政府结合盐城市纺织业的特点及产业发展规划，率先成立由盐城市人民政府副市长朱传耿担任理事长、科技局等政府职能部门及骨干企业参与的盐城工业职业技术学院理事会，该理事会对学院发展规划、专业建设、人才培养等重要事项进行讨论、审议和决策咨询。政府考虑盐城纺织企业的实际情况，为校企双方搭建合作平台，帮助解决在校企合作实施过程中出现的问题，引导其朝着正确的方向发展。政府在政策、法律及财政对学校支持的同时，对学校、企业申请科研项目给予了大力支持，以促使纺织产业转型的快速实现。

在政校企合作机制中，纺织企业在积极参与的过程中，充分利用学校的智力优势解决自身在新产品开发、技术改造过程中科研人员及高技能人员的短缺问题，提高产品的附加值，悦达纺织集团、悦达家纺有限公司及东华纺织有限公司等企业充分利用在盐城工业职业技术学院对其企业员工进行职业技能培训达2000人次，技能鉴定达960人次。企业还积极参与学校人才培养方案、教学改革，使学校培养更适合创新企业所需的服务于生产、管理第一线的高端技能型纺织人才。

在政校企合作机制中，盐城工业职业技术学院起主体作用，充分发挥纺织类专业科研技术优势，站在行业技术前沿，与企业共同分析市场，研究新技术、新工艺的应用，积极参与企业的技术改造、新产品的研发；同时，学校积极与企业共同开发纺织类专业课程和教学项目，以企业的真实项目为载体，培养学生的实践能力、创新能力。盐城工业职业技术学院与江苏悦达集团共建悦达学院（开设了悦达纺织班定向为江苏悦达家纺有限公司培养适合企业需求的高技能人才），与200多家大中型企业建立了紧密型合作关系。

三、实施产学研一体化模式的体会

通过盐城工业职业技术学院纺织类专业产学研一体化模式的实施，有以下体会：

（1）学生的动手能力、分析问题、解决问题的能力得到了提高，潜移默化地实现了“学生到职业人到社会人”的角色转变；

（2）教师的教学和科研能力得到了很大程度上的提高，成功地解决了教师科研课题与科研经费的问题；

（3）增强了学校的社会服务能力，基本满足了纺织企业在人员培训、技术改造和产品研发等方面的需求。

第七篇
学生素养

多维协同培养现代纺织专业创新创业人才的探索与实践

摘　要：在纺织业转型升级背景下，培养高质量的纺织创新创业人才成为纺织专业发展的关键。从人才培养目标、课程、师资和评价等多维度着手分析了多维协同纺织专业创新创业人才培养体系的构建。经过实践检验，纺织专业双创人才培养质量、师资创新创业教学水平、专业服务能力成效显著，并形成了示范作用。

关键词：创新创业；专创融合；多维协同；人才培养

2018年，全国教育大会明确提出，鼓励各级各类学校与时俱进创新教育理念和人才培养模式，推进产学研协同创新，进一步提升教育服务经济社会发展能力。高职院校是培养技术技能型人才的基地，在国家创新驱动发展战略中具有重要的地位。

当前，在国家构建创新型国家战略的推动下，高职院校以经济转型升级对人才的需求为契机，积极推进创新型人才的培养，探索创新创业教育的新理念、新模式和新体系，取得了一定的成绩，但仍存在一定的问题。以纺织专业创新创业教育为例，高职院校纺织专业人才培养过程普遍存在纺织专业升级与现代纺织产业创新趋势对接不紧密，造成人才培养目标与产业发展切合度不够；双创实践与纺织专业课程与实训平台融合度较差，导致专业型创业存在困难；师资队伍双创教学能力不足，不利于纺织专业人才培养的可持续发展。因此，探索合理的培养模式，提升学生的“双创”能力成为高职院校针对目前存在的问题。

一、多维协同培养现代纺织专业创新创业人才培养体系的构建

人才培养是高职院校的首要职责，盐城工业职业技术学院从纺织专业“双创”型人才培养目标、课程体系、实践平台和师资等多维度着手，构建了多维协同纺织专业“双创”人才培养体系。

1. 依托企业学院，将纺织专业人才培养目标与产业发展需求相切合

与江苏悦达纺织集团有限公司共建企业学院——悦达纺织学院，实现双主体办学，成立悦达纺织生产中心、悦达家纺设计中心和纺织面料展示中心，深化校企合作和产教融合，策应产能国际化转移发展趋势，探索形成纺织类高职人才培养“悦达模式”，使人才培养目标切合纺织产业转型升级对人才的要求，为高职院校提供了产教融合的实践样本。

2. 依托纺织产业群，对接专业群，构建“专创融合”课程体系

充分挖掘思政课程中双创资源，融入双创教育内容，如在“思想道德修养与法律基础”中融入创新创造思维，强化双创思想、信念教育；通过尔雅选修课程平台，引入艺术、历史、社会等人文社科知识，提升艺术素养、人文素养、科学素养，实现双创综合素质的培

养。依托产教融合，将双创教育课程与专业教育课程融合为一体，重构“专创融合”课程体系、开发“专创融合”课程内容，即根据纺织专业群和专业特点，建构专业群职业通用能力课程、职业核心能力课程、综合能力课程等三类课程，开展以“课程作品化，作品产品化”为目标、技能菜单为形式的课程改革，将科研、竞赛、创业等项目的真实案例引入教学，在真实的双创环境中培养学生的创新意识和创新创业实践能力。采用“教、学、做”一体化的教学方法，将创新产品、创新工艺、创新流程等融入专业实践、顶岗实习以及毕业（论文）设计等过程，通过“竞赛嵌入”和“项目孵化”，将好的项目推向市场，实现“产品精品化，精品市场化”，将双创教育融入专业实践，加强学生对纺织专业知识的理解和双创意识的培养。

3. 构建“三阶段四层次五孵化器”创新创业实践训练体系，强化双创实践与专业实践有机融合

依托大学生科技创业园、企业学院、产教融合实训平台等校内外双创实践平台和孵化器，围绕“创新意识、创新创业能力”的培养目标，通过第一课题和第二课堂的双向互动，使双创实践平台的创新创业功能与专业实践平台的教学实训功能有机结合，形成双创教育体系，并构建“三阶段四层次五孵化器”创新创业实践训练体系（图1），开展“课程作品化→项目仿做→项目研究→双创实战→作品产业化转化”一体化训练。学校从大一到大三分三个阶段，通过“创新跟班学、参加纺织技能大赛、高端就业”引导高端就业，通过“工作室跟班、创业大赛、创业实践”实现专业型创业。第一课堂项目课程学习中通过“职业通用技能→行业特点技能→综合应用→创新设计等“四个层次”提升纺织专业学生创新创业能力，在第二课堂中通过大学生创业园、大赛训练室、企业学院、技术转移中心、创业工坊等“五孵化器”的创新创业训练体系，对科研项目、竞赛项目进行项目孵化，同时为教学化转化提供项目来源。

学校出台学分制实施方案，实行创新学分奖励制度，允许将参加双创竞赛、取得知识产权等创新创业成果与学业学分互换。实施弹性学制，允许保留学籍休学创业，为参加双创实践的学生开通调整学业进程通道。

4. 通过“引、培、用、传、帮、带”工程，提升创新创业教育师资队伍水平

建立“名师工作室”，引进企业技术能手、创业大师作为兼职教师；通过名师工作室、各类竞赛、外出培训，加强教师双创教学能力；聘任产业教授，参与人才培养方案的制订、科研项目指导等方面的合作，把准行业发展和产品迭代大方向；邀请千人学者、知名博导传经送宝；不同专业教师之间横向长短互补，互相协作；学校出台了《关于鼓励教职工在职攻读博士学位实施办法》和《教师企业实践暂行办法》，鼓励教师师从名师、进企业师从工匠大师。通过“引、培、用、传、帮、带”建设一支专业化、技能强的创新创业师资队伍，形成了“科教、产教”双融合的高水平、结构化“双创”教学团队（表1）。

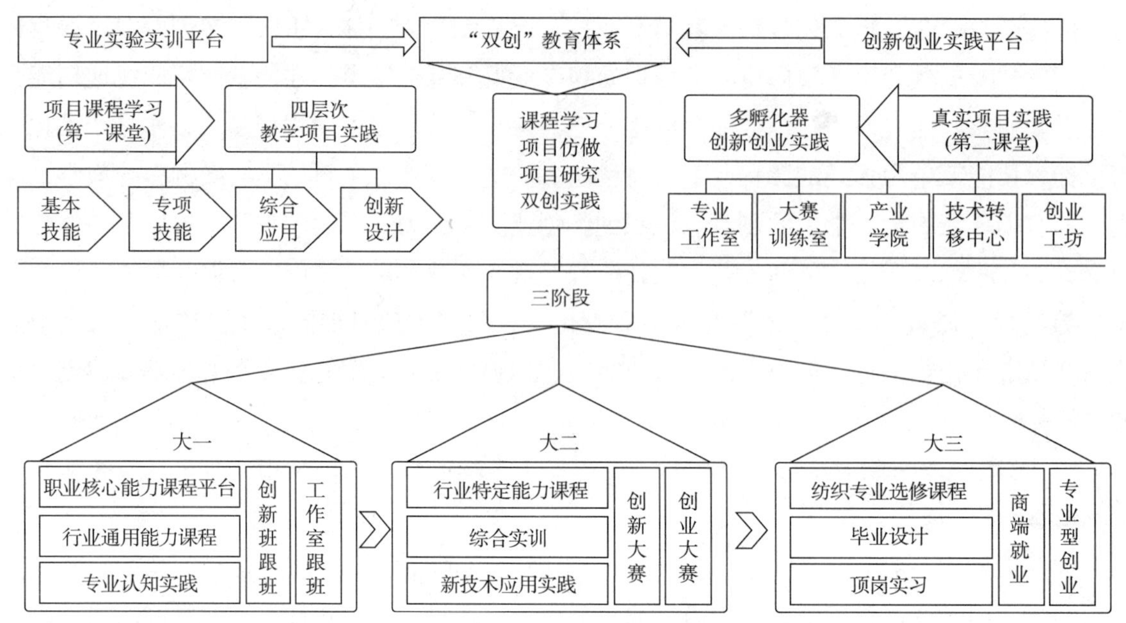

图1 “三阶段四层次五孵化器”创新创业实践训练体系

表1 “双创”型师资队伍建设方案

<table>
<tr><td>目标</td><td colspan="4">顶天——科学研究、教学、创新创业方面能“顶天”
立地——解决生产技术问题、培养学生创新创业方面能“立地”</td></tr>
<tr><td>准则</td><td colspan="4">共建、共创、共享、共赢</td></tr>
<tr><td rowspan="3">方法</td><td>引</td><td>引进企业技术能手、工匠大师、创业大师作为兼职教师，提升师生技艺精湛和匠心独运的基本功</td><td>传</td><td>大师传、邀请千人学者、知名博导传经送宝</td></tr>
<tr><td>培</td><td>加强教师校内外培训、提升教师双创教育教学能力</td><td>帮</td><td>团队帮，不同专业教师之间横向长短互补，互相协作</td></tr>
<tr><td>用</td><td>不求所有，但求所用，聘任产业教授，把准行业发展和产品迭代大方向</td><td>带</td><td>名师带，派教师赴海外师从名师、进企业师从工匠大师</td></tr>
</table>

二、多维协同构建现代纺织专业创新创业人才培养体系的成效

在产教融合背景下，盐城工业职业技术学院从纺织专业创新创业型人才培养目标、课程、方法、资源和师资等构建多维协同纺织专业双创人才培养体系。经过多年的理论研究和实践，纺织专业双创人才培养质量、师资教科研水平、专业服务能力成效显著，并形成了示范作用。

1. 培养了一批高素质技能型纺织专业“双创”人才

与江苏悦达纺织集团有限公司共建的悦达纺织学院，成立悦达纺织生产中心、悦达家纺设计中心和纺织面料展示中心，探索形成纺织类高职人才培养“悦达模式”，实现校企双主体办学，使双创人才培养目标紧跟纺织产业转型升级需求，为高职院校提供了产教融合的实践样本。学生创新创业能力国内高职院校领先，形成了一批专业型创业典型，学生创新创业大赛成果显著、申请专利数量全省同类院校第一。

2. 打造了培养“双创”人才的高水平结构化教学团队

通过“引、培、用、传、帮、带”建设一支专业化、技能强的创新创业师资队伍，形成了“科教、产教”双融合的高水平、结构化“双创”教学团队，纺织专业教学团队先后被评为“江苏省高校优秀科技创新团队”、“江苏高校青蓝工程优秀教学团队”和“江苏高校青蓝工程优秀教学团队”。

3. 构建了培养“双创”纺织人才的教育体系

依托悦达纺织学院，重构“专创”融合课程体系，建成校企合作开发国家精品在线开放课程1门，省级在线开放课程4门，省级重点教材5部，科学构筑了“三阶段四层次五孵化器”的创新创业实践训练体系。

4. 建成或在建培养“双创”人才的省级集成平台

建成服务于学校师生和企业员工的集“教学、科研、生产、培训、科技创新与社会服务”于一体的绿色智慧纺织服装云实训平台，包含云检测中心、云设计中心、云加工中心、云营销中心、云培训中心。绿色智慧纺织服装集成平台成功获得江苏省高等职业教育产教融合集成平台立项。

三、结语

在“大众创业、万众创新”的时代背景下，推进现代纺织技术专业“双创”人才培养是一项复杂的系统工程，是纺织类高职院校肩负的一项重大的教育任务与历史使命。在迈向中国特色高水平高职学校和专业建设计划（简称“双高计划”）的进程中，盐城工业职业技术学院进一步深化综合改革，将创新创业人才培养理念贯穿综合改革全过程，处理好人才培养目标、课程体系、实践平台和师资等多维度协同发展，探索出现代纺织专业创新创业人才培养新路径。

参考文献

[1] 王为，张建伟.产教融合视角下高职创新创业教育模式初探［J］.辽宁师专学报（社会科学版），2019（6）：91-93.

[2] 杨利静.“专创融合”视角下高职院校人才培养模式研究［J］.学校党建与思想教育，2020（6）：66-68.

[3] 褚守云，李昆益，檀祝平.专创融合：高职双创教育实践的逻辑起点［J］.职教发展研究，2020（1）：71-76.

[4] 宣翠仙，陈海荣，王成福，等.专创融合视角下高职院校“学研创用”人才培养模式探索［J］.黑龙江高教研究，2019（6）：80-83.

[5] 刘必千.“校企一体化”培养创业型人才运行机制与策略研究［J］. 轻纺工业与技术，2015，44（5）：

71–73.
[6] 戴云.高职院校创业教育课程体系建设初探 [J].现代企业教育，2013（24）：479–480.
[7] 郭时印，朱育峰，夏石头，等. 构建"多维协同"模式培养涉农生物学创新创业人才：以湖南农业大学为例 [J]. 中国农业教育，2018（2）：47–50.
[8] 石丽红，张弘，罗胤，等."六方联合""六创融合"：培育具有海事特色的创新创业型高素质人才 [J].创新创业理论研究与实践，2019，2（11）：87–90.
[9] 王可，马倩，刘华. 高职院校创新创业教育探索 [J]. 纺织服装教育，2015，30（6）：475–477.

高职院校创新创业教育融入纺织卓越技术技能人才培养的研究与实践

摘　要：基于创新创业教育与专业教育相融合，结合盐城工业职业技术学院纺织专业教学情况，探讨高职院校创新创业教育融入纺织卓越技术技能人才培养的途径。通过“课程联动、平台促动、师资带动、机制撬动”四轮驱动，切实提高纺织专业教育质量，培养具有创新创业精神和能力的专业人才。

关键词：创新创业；人才培养；纺织；高职教育

一、引言

随着经济全球化变革加快，纺织业面临发达国家再工业化和发展中国家工业化的双重挤压，内外部环境催生其成为制造业中市场化程度最高、国际化最早的产业，较早地提出了转型升级和产业转移的发展路径。

2008年金融危机后，盐城工业职业技术学院（原盐城纺织职业技术学院，以下简称“学校”）敏锐地察觉到纺织业新一轮洗牌和转型升级即将开始，同时职业教育的发展也对人才在多样性、综合性、国际性和可持续发展等方面提出了全新要求。为此，学校坚持立足纺织、服务纺织、驱动纺织发展，依托江苏省首批人才培养模式创新实验基地（现代纺织高技能人才培养模式创新实验基地）和江苏省教育体制改革项目（政园企校合作“四层递进式”大学生创业训练基地建设），开始了探索和改革纺织类专业人才培养模式，重点是深化“专创融合、校企协同育人”，使人才培养能紧跟纺织产业转型升级步伐，策应产能国际化转移发展趋势。

二、创新创业教育融入纺织卓越技术技能人才培养的具体做法

1. 课程联动，铸就“专创融合、技能菜单”育人特色

学校按照“为人诚实、理想务实、技能扎实、工作踏实、创新笃实”的“五实”人才培养要求，坚持能力培养常态化，将创新创业教育纳入学校素质教育体系，以技能菜单为载体，遵循认知、体验、模拟和实战四个层级的创业教育规律，建立素质菜单和专业技能菜单，将素质课程中创新创业教育课程与专业课程融合，形成跨院系、跨专业的交叉培养课程体系，强化学生创新创业意识教育，创新活动融入素质课程，实施活动课程化，创新项目融入专业课程，实施项目化教学，完整构建了“专创融合”的“技能菜单式”课程体系，创新“四层递进”分层筛选分类培养路径，有效破解高职院校创新创业教育与专业教育脱节的难题。

专业课程围绕“技能扎实”目标，以解决专业问题为导向，实施“课程作品化，作品产品化，产品精品化，精品市场化”的课程改革，将创新能力和创业素质培养融入专业课程和实践等教学环节中，培育纺织人的工匠精神和现代质量意识。

结合专业特点，学校开设专业与创新创业深度融合的一体化课程，出版部委级规划教材14部，建成国家教学资源库和省在线开放课程5门，以智慧树平台、尔雅课程平台为载体，开设《大学生创业基础》《网络创业理论与实践》等8门线上课程，全面培养学生专业素养、专业技能、创新素质，并探索形成了“课堂教学（teaching）—社团建设（association）—导师领航（supervisor）—项目实战（operation）”于一体的“TASO”综合教育手段，有效破解了高职院校创新创业教育与纺织专业教育脱节的难题。学生在近五届全国技能大赛中取得团体一等奖9项，年均20多件学生设计作品被企业选中，组织生产投向市场。学生在“挑战杯”“互联网+”“科技创业大赛”等创新创业大赛中，取得国赛特等奖1项，省赛一等奖4项，二、三等奖15项。《江苏高校就业报告》中，考量人才培养质量核心指标之一的就业质量指数，学校连续两年在全省公办高职院校中排名第一。

2. 平台促动，搭建“四层递进、分类培养”实践平台

针对高职院校学生结构差异性，构建了“认知、体验、模拟、实战”的“四层递进式”创新创业实践平台，关注学困生、贫困生和双困生，充分运用大数据层层筛选，分类培养，实现精准扶贫帮困。专业实践平台，学校以地方龙头企业悦达纺织集团为依托，合作共建悦达学院；以科技创业园为载体，合作共建“校中厂”；以政行企校联盟为纽带，牵头组建纺织职教联盟；以地方重点企业为平台，共建生产实训基地；以科技平台为支撑，建设教学科研协同平台。平台保障了学生认知教育100%，过程体验80%，参与模拟50%，参与实战10%。这不仅有利于培养学生整体创新创业能力，更有利于通过“四层递进式”筛选，播撒创新创业“种子”，发现创新创业“苗子”，重点培养一批“创业型能人”。通过“四层递进”分层筛选，破解了高职院校学生创业成功率低的难题，在高职院校创新创业教育分类培养路径上有新突破。

（1）建立认知实践平台。按照一个也不能少的原则，依托纺织服装文化展览馆文化传习作用，激发学生专业兴趣；以伙伴学习为理念，建设织彩社、倾衣社等专业社团，团队帮扶激发信心，培养学生专业特长；成立“大学生KAB创业俱乐部”，通过沙龙、讲座、论坛、成果展，开展“SYB”“小微创业”“互联网+创业”等创业培训，多形式多渠道并举，实现认知实践覆盖面达100%，建设成效显著，学生多次获得省职业规划大赛一等奖。

（2）建立模拟实践平台。建设专业实训室、ERP企业模拟经营室、创新创业模拟系统，结合技能大赛和创新创业大赛，建立专业平台和大赛平台，提供形式多样的仿真模拟训练，模拟实践覆盖面达80%；在专业教学和专业竞赛的同时，实施全员化、多样化、课程化、基地化、团队化、常态化的“六化”科创竞赛新模式，激励学生为兴趣创业。全国职业院校纺织面料检测学生技能大赛“五连冠”的成绩，位居同类院校名列前茅。组织学生参加“挑战杯”“互联网+”等大学生创新创业大赛活动，为有创新潜质的学生脱颖而出搭建平台。2018年，学生项目《高效短流程纱线密度及定量不匀率分析仪器》获“挑战杯——彩虹人生”全国职业学校创新创效创业大赛特等奖，全国仅26所学校获此殊荣。

（3）建立体验实践平台。引进悦达家纺等知名纺织企业在校内设立研发、打样和营销中心，校企共建6个创新创业工作站，12个导师工作室，1个E+网络创业训练平台，1个匠心坊创客工场，多渠道开辟创新创业体验实践项目，体验实践覆盖面达50%。依托学校的省生态纺织工程技术研发中心、省生态染化料工程技术研发中心，成立创新实验室，全年免费开放，为创客提供技术指导和技术研发场所。课程让学生有想法，有了想法，就可以在体验实践平台上小试牛刀，2017年，以生物质纤维为原料，经过生态“三防”整理，设计开发的多功能童装面料，获得江苏省“互联网+”大学生创新创业大赛一等奖。

（4）建立实战孵化平台。政园企校合作建设了1.2万平方米的创新创业实训基地，设立4000余平米的创业项目孵化区，500余平米电子商务创业孵化区，“专创融合”全程一站式创业指导服务站，投入150万元大学生创业母基金，成立盐城高教科技服务有限公司，提供“全程一站式”孵化服务，实战孵化覆盖面达10%。依托省级联合技术转移中心平台，多次成功转化合作本科院校和盐城工业职业技术学院的科技成果，消除最后一公里障碍。实施知识产权战略，建立专利申报电子平台，保护师生科技创新成果，一批学生依托在校训练的成果创办了公司，如2012年现代纺织技术专业毕业生踪揆揆，在校期间完成新型蓄光防水面料的毕业设计，2016年依托该成果，获得江苏省大学生创业优秀项目，创办了苏州璟菲纺织科技有限公司，从事新面料研发，先后推出反光面料、遇水开花面料等多款新型功能面料，申请发明专利3件，授权实用新型专利33件，苏州电视台分两次对踪睽睽创业事迹进行了长达半小时的专访和报道。

3. 师资带动，打造“专兼结合、科教互哺”双创队伍

学生一杯水，教师一桶水。围绕导师领航，学校通过实施“联系一家企业、结拜一名师傅、企业实践一个月、学精一项技能、做好一个项目、带好一组学生”的“六个一”工程，开展教师SYB、KAB等专门化培训，增强了专业教师创新创业能力，形成了省优秀科技创新团队和省“青蓝工程”优秀教学团队一体的科教互哺的“双优”团队。实现校内导师专业化，教师教学成果丰富，牵头制订纺织品检验与贸易专业国家教学标准，获得省部级教学成果奖一等奖8项，先后近30项省级以上教学大赛获奖，10人被评为江苏省高校“青蓝工程”培养对象。教师科研效果突显，核心期刊发表产学研论文全国同类院校排名第一，授权专利数同类院校排名第二，2017年获得首届中国纺织行业专利奖金奖。

围绕校外导师专家化，实施校外导师遴选制，优先选用一线工匠、技术骨干和成功创业校友担任兼职导师，把脉专业定位，优化人才培养方案，开发岗位课程“素质+技能”菜单体系，推进现代学徒制试点，拓展“产学结合”“工学结合”“订单培养”等合作方式，积极营造以技术技能和创新创业能力获得为核心的育人环境和发展平台。

4. **机制撬动，构建“政行校企、精准服务”保障措施**

实践校地协同发展，“政行校企”四方合作共建，牵头组建盐城市纺织职教联盟，引企入校共建绿色智慧纺织服装云平台，服务企业产品开发、智能改造及绿色生产；创新“园校一体”新模式，引企入园建设创新创业企业工作站，提供创新创业社会化培训项目，吸引政府购买创新创业培训服务，合作成立盐城高教科技服务有限公司，实现基地“项目化引导、企业化管理、市场化运作”，形成了产教深度融合、利益多方共享的运行机制。

学校与全国知名企业悦达纺织集团合作，共建了企业学院，双方明确了服务纺织业转型升级和产能国际化转移的人才培养目标，坚持职业岗位引领，对接国际职业标准，开发职业“素养+技能”菜单，设计满足不同职业特质学生需求的多方向课程地图，建立校企互通的师资团队，建成校企共享国际一流装备的国家级实训平台，形成了“双主体、三对接、四融合”办学模式，有效地保障了双创教育和专业教育的融合。

三、结语

在经历了多年的发展之后，盐城工业职业技术学院逐步形成了“专创融合”的“技能菜单式”课程体系，构建了“四层递进”的实践体系，形成了能力培养常态化、校内导师专业化、校外导师专家化的长效机制，实现了创新创业教育和纺织专业教育的有机融合，形成了师生受益，社会点赞的良性循环，《光明日报》《中国教育报》等媒体多次报道学校的先进经验做法，2016年，江苏省教育厅副厅长和中国纺织服装教育学会会长在学校调研后，高度赞扬了学校“专创融合示范育人”的做法。

参考文献

[1] 王天凯.创新发展模式主动适应纺织经济新常态[J].中国纺织，2015（4）：18–19.

[2] 姜朋明，蔺俊.高职院校职业素养教育探赜[J].中国职业技术教育，2018（10）：86–89.

[3] 姜朋明.盐城工业职业技术学院“技能菜单”让工匠精神在高职院落地生根[N].中国教育，2017–10–20（8）.

[4] 李仁和.专业教育和创业教育不能“两张皮”[EB/OL].http：//www.rmlt.com.cn/2017/0728/486585.shtml，2017–07–28.

[5] 潘曼.江苏省2015届专科毕业生就业情况调查报告[M].南京：江苏凤凰教育出版社，2016.

[6] 苏春海.江苏省2016届专科毕业生就业情况调查报告[M].南京：江苏凤凰教育出版社，2017.

[7] 江苏省教育厅办公室.盐城工业职业技术学院以“四层递进式”推动大众创业万众创新[N].江苏教育工作简报，2015–05–25（14）.

[8] 王可，马倩，刘华. 高职院校创新创业教育探索[J].纺织服装教育，2015，30（6）：475–477.

[9] 蔺俊. 纺织技能大赛在盐城工职院举办[N].中国教育报，2016–11–08（11）.

[10] 周彬，裴华尉. 盐城工业职业技术学院创新作品荣获2018年“挑战杯—彩虹人生”全国职业学校创新

创效创业大赛特等奖［EB/OL］. http：//www.ctes.cn/Item/7350.aspx，2018-08-21.

［11］徐宏桂，陈扣洋，蒋为希. 专创融合探新路四层递进助发展：盐城工业职业技术学院推进示范校建设纪实（创业基地建设篇）［N］.盐阜大众报，2016-03-23（2）.

［12］唐晓宁，田明伟，曲丽君.贴近企业做学问［N］.中国纺织报，2014-06-24（3）.

［13］姜朋明，张荣华.职院校办学体制机制创新与实践研究：以盐城工业职业技术学院为例告［M］.北京：中国纺织出版社，2017.

纺织职业院校高技能人才的培养与评价

摘　要： 本文从社会对职业院校学生的素质要求出发，提出从加强实验教学，培养学生基本实验技能，培养学生的动手能力；加强实习教学，培养学生基本操作技能；重视课程设计，将理论认识转化为实际运用；紧密联系生产实际，提高毕业设计质量等方面培养学生的动手能力，并采用模糊综合评价法对学生的动手能力做出评价。

关键词： 动手能力培养；综合评价法；高技能人才

职业院校担负着培养高素质技能型人才的责任。学生毕业后，工作在生产第一线，他们是工程师的助手，工厂的技术骨干，应具有扎实的理论基础和较强的动手能力。因此，纺织职业院校在教学中强调理论和实际相结合，重视培养学生的实践技能和实际工作能力。

一、动手能力的培养

1. 加强实验教学，培养学生基本实验技能

实验的组织是提高实验效果的保证，实施过程中要因地制宜。某些实验由于仪器设备价格昂贵，一般学校配置数量有限；某些实验容易发生意外事故等，因此，要根据不同内容分别安排课堂实验演示、实验室演示、大小组实验和个人实验等。《普通化学》中“氯气的制取”采取课堂演示，《机织学》中“综框运动规律的测试”采取实验室演示，《纺织材料学》中“烘箱法测定纺织纤维水分”采取大组实验，《电工学》中，“电感性负载和电容器并联”采取小组实验，《纺织材料学》中“纺织纤维鉴别”采取个人实验。演示实验提供学生学习参观的机会，扩大知识面，活跃思维；分组实验，学生集体计划分析，轮流动手，都有一个各自尝试的机会，其中个人实验对提高学生的实验效果最为显著。

实验的指导是提高实验效果的关键。指导时老师要观察细致，讲解耐心，注重启发，使学生不但知道如何做，而且知道为什么这样做，帮助他们分析实验中出现的问题，逐步能独立完成。

实验报告是一堂实验课的总结与提高。必须杜绝抄袭和敷衍了事的现象，教育学生实事求是地整理实验数据，每次实验都要布置几道思考题，使学生从实验中理解掌握更深的理论知识。如《纺织材料学》中“织物的拉伸断裂强力试验”，在分别测试了平布、卡其、直贡呢三类试样后布置“分析比较三类试样强力大小”的思考题，学生充分酝酿后，可得出这样的结论，由于三类试样分别属平纹、斜纹、缎纹组织，在其他条件相同的情况下，织物在一定长度内纱线的交错次数越多，浮长越短，则织物的强度和伸长越大，由于交错次数平纹多于斜纹，斜纹多于缎纹，故平布的拉伸强力大于卡其，大于直贡呢，从而加强了课堂教学

效果。

2. **加强实习教学，培养学生基本操作技能**

实习是职业院校学生最主要的实践性教学环节。实习过程中学生亲自锯、刨、车、锉，亲自挡车操作，亲自拆装设备，亲自参与工艺设计、设备维修和生产管理等，有效地培养了学生的动手能力。纺织职业院校学生实习一般分金工实习、认识运转实习、设备维修实习和毕业实习。为了保证实习效果，必须做到因地制宜，合理安排，制订切实可行的实习计划，使学生了解实习目的，清楚实习要求，知晓注意事项；编写系统而科学的实习大纲，以便教师组织教学，衡量教学质量，评价教学效果；编写详细的实习指导书，使学生掌握每一阶段每一环节的具体内容、操作方法和需要达到的标准。还要引导学生坚持写实习日记，将每一天的收获与体会记录下来，不断学习，不断总结，不断提高。

实习是一门不在课堂上学习的课程，关键是思想上重视。有的学生把它看成紧张理论学习之后的休憩，因此马马虎虎、松松垮垮。及时做好学生思想工作，端正其实习态度，严格纪律，加强考核，加重添压，才能提高学生实习自觉性。

金工实习培养学生基本的机械加工能力，在今后的工作中，如零件修配、技术革新都离不开金工操作。实习期间，教育学生发扬不怕苦、不怕累的精神，苦练基本功，从基本动作、基本姿势着手，掌握钳、车、焊等工作的基本技术。其考核内容包括加工零件质量、加工方法、理论考核和平时表现四部分。

认识运转实习根据专业特点设置，重点是使学生在校办工厂或实习基地熟悉生产环境，体验工人生活，掌握1~2个重要工种的挡车技术。下厂前，一般要上好专业概论课，使学生掌握本专业的工艺流程，主要设备及其作用原理。为提高实习效果，学生下到班组，与工人师傅一起参加交接班，指导教师跟班检查。因此每次都开会教育学生遵守厂纪厂规及安全操作规程，尊重师傅，虚心向工人师傅学习。认识运转实习的考核是多方面的，由理论考、核技能考核、平时表现和车间鉴定组成，其中技能考核主要是考查学生对本专业主要工种挡车技术的掌握情况，如纺纱专业的细纱接头梳棉生头，机织专业的布机接头、巡回挡车、打慢车等技术。

设备维修技术是体现纺织职业院校学生动手能力高低的重要标志，也是技术员的基本素质要求。设备维修实习要求学生掌握零件代号，修理工作法以及组织分工等。随着社会主义市场经济的建立，市场竞争越来越激烈，对产品质量要求越来越高，再加上近年来纺织工业的不景气，设备维修实习完全依靠实习基地是不现实的。纺织系统工厂较多，盐城工业职业技术学院从实际出发，走校内校外相结合的新路子，即先在校办实习工场实习，在掌握一定的设备维修技术后，再到基地厂跟师傅设备维修保养。把校内做基础，校外主要是提高。贯彻理论与实践相结合的原则，实习前介绍实习设备的工作原理、零件装配误差等。借鉴工厂培训新工人的经验，先让学生熟悉零件代号，背诵工作法，学会专用工具的使用，不合格者不予上机操作。实习过程中分阶段进行，如布机设备维修实习时，先按机架、送经机构、张力调节机构等逐一拆装，每一部分都要牢记零件间的装配规格，再按工作法顺序平车。教师每次都严格查车，填写查车表，记录错误项目，学生及时分析总结。要科学组织与分工、男女生、力气大小生合理搭配；在学生中引进竞争机制，每次查车成绩及时公布，掀起比、学、赶、帮、超的热潮。下厂跟班实习主要是当好工人的助手，熟悉生产中的坏车特点，掌握常见修理方法。实践证明，这样安排要比一味地让学生拆装效果好得多。其考核由理论考核、操作考核、平时查车成绩和遵守纪律情况四部分组成。

毕业实习是学生围绕本专业培养目标的业务要求，在专业人员指导下，参加一定的生产、管理或专业试验等，对所学知识和技能的综合运用，是中等专业人才完成一次本专业从事实际工作和解决实际问题的基本训练。由于学生远离学校，一定要在实习厂落实合适的指导教师，以便给予引导和帮助。厂校双方根据学生特点和工厂实际情况，选择适当的课题和岗位，预见到可能获得的结果，课题过难过易都会影响学生的积极性和毕业实习的教学效果，几年来，盐城工业职业技术学院要求教师经常巡回检查，督促学生谦虚谨慎，勤奋好学，深入班组，钻研业务；指导教师与实习厂指导教师定期共同商量，改进工作；科领导经常深入工厂车间检查学生实习进度，及时指导和帮助解决实习中遇到的困难。一般还结合毕业设计课题，根据提纲调查研究收集第一手资料。学生实习成绩由厂校指导教师根据实习成果共同研究确定。

3. 紧密联系生产实际，提高毕业设计质量

毕业设计是学生在老师的指导下，综合运用所学知识和技能，独立完成一项比较完整的技术工作。毕业设计的方式要适宜，内容须符合生产实际。目前一般有两种：一是模拟纺织厂设计，二是针对某一课题深入研究，写出一定质量的论文。对于职业院校学生来说，前者往往面太广，设计品种过时，落后生产实际，后者往往理论研究太深，超出了职业院校学生的要求，笔者认为采取创新品种的工艺设计或分析研究生产厂某一产品质量，写出专题报告，两个方案既完成了毕业设计的任务又提供学生思考、分析、钻研、创新的机会，这种做法与职业院校学生毕业后大都担任工艺员、质量员的工作也很吻合。

二、动手能力的评价——模糊综合评价法

综上所述，学生动手能力表现是多方面的，各个方面对动手能力影响是不同的，对它的评价是复杂的，不是简单地用一次考试所取得分数或多次考试分数叠加就能表达清楚的，其概念的外延往往是不清晰的。对于同一学生的实习成绩不同教师评价可能会产生不同的结果，何况上述几个方面其本身也是有多个部分组成的。要对高低层次的因素进行综合评价。建议采用模糊综合评价法，评价步骤如下：

1. 确定一二级因素指标集

将评定目标—动手能力U分解为一级指标集，由实验能力U_1，实习技术U_2，毕业设计水平U_3，课程设计能力U_4等因素指标构成，用下式表示（检测能力、工艺设计能力、设备维修

能力、产品开发能力）

$$U=\{U_1，U_2，U_3，U_4\}$$

当然要满足：　$\sum_{i=1}^{4} U_i=U$ 且 $U_i \cap U_j=\phi$（$i=j$）

这样，就得到了第二级集合U_i（i=1，2，3，4），如实验能力U_1，它由物理实验U_{11}、化学实验成绩U_{12}、电工电子实验成绩U_{13}、纺材实验成绩U_{14}、机织实验成绩U_{15}等组成（原料性能检测、成品检测、浆料检测、纱线加工质量检测、织造加工质量检测），实习技能U_2由金工实习成绩U_{21}、认识运转实习成绩U_{22}、设备维修实习成绩U_{23}、毕业实习成绩U_{24}等组成（前纺工艺设计、后纺工艺设计、前织工艺设计、织造工艺设计），得到二级指标集：

$$U_1=\{U_{11}，U_{12}，U_{13}，U_{14}，U_{15}\}$$

$$U_2=\{U_{21}，U_{22}，U_{23}，U_{24}\}$$

2. 确定评价集和权重集

把一二级能力因素指标分为“强V_1”“较强V_2”“一般V_3”“较差V_4”四个档次，构成平价集V：

$$V=\{V_1，V_2，V_3，V_4\}$$

根据各因素指标对培养学生动手能力的影响大小，确认U_1，U_2，U_3，U_4的权重分别是30%、40%、20%和10%，用模糊集合A表示：

$$A=\{0.3，0.4，0.2，0.1\}$$

各课堂实验对实验能力的影响差不多，即U_{11}，U_{12}，U_{13}，U_{14}，U_{15}的权重都是20%，用模糊集合表示：

$$A_1=\{0.2，0.2，0.2，0.2\}$$

历次实习对学生技能的影响以设备维修实习、毕业实习最为显著，U_{21}，U_{22}，U_{23}，U_{24}的权重分别为20%、20%、30%、30%，用模糊集合A_2表示：

$$A_2=\{0.2，0.2，0.3，0.3\}$$

3. 建立因素评价集

组织一些教师对学生的动手能力进行评价，参加考核的教师的看法会不尽相同，假如考核某一同学物理实验能力U_{11}时，V_{11}%老师认为学生“强”，V_{12}%认为“较强”，V_{13}%认为“一般”，V_{14}%认为“较差”，则可写为$U_{11}=\{V_{11}，V_{12}，V_{13}，V_{14}\}$

同理，U_{12}评价结果$U_{12}=\{V_{21}，V_{22}，V_{23}，V_{24}\}$

U_{13}评价结果$U_{13}=\{V_{31}，V_{32}，V_{33}，V_{34}\}$

U_{14}评价结果$U_{14}=\{V_{41}，V_{42}，V_{43}，V_{44}\}$

U_{15}评价结果$U_{15}=\{V_{51}，V_{52}，V_{53}，V_{54}\}$

U_1评价集为以上V_{11}，V_{12}，…，V_{15}评价集合组成因素模糊评价矩阵：

$$R_1=\begin{bmatrix} V_{11} & V_{12} & V_{13} & V_{14} \\ V_{21} & V_{22} & V_{23} & V_{24} \\ V_{31} & V_{32} & V_{33} & V_{34} \\ V_{41} & V_{42} & V_{43} & V_{44} \\ V_{51} & V_{52} & V_{53} & V_{54} \end{bmatrix}$$

$$B_1=A_1\times R_1=(0.2,\ 0.2,\ 0.2,\ 0.2,\ 0.2)\times\begin{bmatrix} V_{11} & V_{12} & V_{13} & V_{14} \\ V_{21} & V_{22} & V_{23} & V_{24} \\ V_{31} & V_{32} & V_{33} & V_{34} \\ V_{41} & V_{42} & V_{43} & V_{44} \\ V_{51} & V_{52} & V_{53} & V_{54} \end{bmatrix}$$

$$=(b_{11},\ b_{12},\ b_{13},\ b_{14})$$

同理$B_2=A_2\times R_2=(b_{21},\ b_{22},\ b_{23},\ b_{24})$

关于毕业设计成绩，考评组老师评价结果：b_{31}%认为“强”，b_{32}%认为“较强”，b_{33}%认为“一般”，b_{34}%认为“差”。评价集写为$B_3=(b_{31},\ b_{32},\ b_{33},\ b_{34})$

同理，B_1，B_2，B_3和B_4集合组合后，得到多因素模糊评价矩阵R：

$$R=\begin{bmatrix} b_{11} & b_{12} & b_{13} & b_{14} \\ b_{21} & b_{22} & b_{23} & b_{24} \\ b_{31} & b_{32} & b_{33} & b_{34} \\ b_{41} & b_{42} & b_{43} & b_{44} \\ b_{51} & b_{52} & b_{53} & b_{54} \end{bmatrix}$$

4. 模糊综合评价

将权重集A和多因素模糊评价矩阵R取最大最小算子进行运算的该学生动手能力的模糊评价结果：

$$B=A\times R=(0.3,\ 0.4,\ 0.2,\ 0.1)\times R=(b_1,\ b_2,\ b_3,\ b_4)$$

归一化后得：

$$B'=\left(\frac{b_1}{b_1+b_2+b_3+b_4},\ \frac{b_2}{b_1+b_2+b_3+b_4},\ \frac{b_3}{b_1+b_2+b_3+b_4},\ \frac{b_4}{b_1+b_2+b_3+b_4}\right)$$

$$=(b_1',\ b_2',\ b_3',\ b_4')$$

该结果表明，在权重A的条件下，参加考核的教师中，认为该生的动手能力“强”的有b_1'%，“较强”的有b_2'%，“一般”的有b_3'%，“较差”的有b_4'%。

如果将评价档次“强”“较强”“一般”和“较差”分别用隶属度$V_1=0.9$，$V_2=0.7$，$V_3=0.5$，$V_4=0.3$表示，则该生的动手能力可评价为：

$$\lambda = B' \times V = (b_1',\ b_2',\ b_3',\ b_4') \times \begin{bmatrix} 0.9 \\ 0.7 \\ 0.5 \\ 0.3 \end{bmatrix}$$

再将λ值对照评价档次，接近哪一档可评定该生动手能力。

例如：某校组织教师对学生动手能力进行综合评价，评价过程如下：

$$\begin{aligned} V_{11}&=\{0.2,\ 0.6,\ 0.2,\ 0\} \\ V_{12}&=\{0,\ 0.5,\ 0.5,\ 0\} \\ V_{13}&=\{0.3,\ 0.7,\ 0,\ 0\} \\ V_{14}&=\{0.2,\ 0.5,\ 0.3,\ 0\} \\ V_{15}&=\{0.2,\ 0.6,\ 0.2,\ 0\} \end{aligned} \quad \text{则 } R=\begin{bmatrix} 0.2 & 0.6 & 0.2 & 0 \\ 0 & 0.5 & 0.5 & 0 \\ 0.3 & 0.7 & 0 & 0 \\ 0.2 & 0.5 & 0.3 & 0 \\ 0.2 & 0.6 & 0.2 & 0 \end{bmatrix}$$

$$B_1=(0.2,\ 0.2,\ 0.2,\ 0.2,\ 0.2) \times \begin{bmatrix} 0.2 & 0.6 & 0.2 & 0 \\ 0 & 0.5 & 0.5 & 0 \\ 0.3 & 0.7 & 0 & 0 \\ 0.2 & 0.5 & 0.3 & 0 \\ 0.2 & 0.6 & 0.2 & 0 \end{bmatrix}$$

$$=(0.2,\ 0.2,\ 0.2,\ 0)$$

$$\begin{aligned} V_{21}&=\{0.1,\ 0.7,\ 0.2,\ 0\} \\ V_{22}&=\{0.3,\ 0.5,\ 0.2,\ 0\} \\ V_{23}&=\{0.2,\ 0.5,\ 0.3,\ 0\} \\ V_{24}&=\{0.3,\ 0.5,\ 0.2,\ 0\} \end{aligned}$$

$$R_2=\begin{bmatrix} 0.1 & 0.7 & 0.2 & 0 \\ 0.3 & 0.5 & 0.2 & 0 \\ 0.2 & 0.5 & 0.3 & 0 \\ 0.3 & 0.5 & 0.2 & 0 \end{bmatrix}$$

$$B_2 = A_2 \times R_2 = (0.2,\ 0.2,\ 0.3,\ 0.3) \times \begin{bmatrix} 0.1 & 0.7 & 0.2 & 0 \\ 0.3 & 0.5 & 0.2 & 0 \\ 0.2 & 0.5 & 0.3 & 0 \\ 0.3 & 0.5 & 0.2 & 0 \end{bmatrix}$$

$$=(0.3,\ 0.3,\ 0.3,\ 0)$$

$$B_3=(0,\ 0.3,\ 0.6,\ 0.1)$$

$$B_4=(0,\ 0.2,\ 0.7,\ 0.1)$$

$$R=\begin{bmatrix} 0.2 & 0.2 & 0.2 & 0 \\ 0.3 & 0.3 & 0.3 & 0 \\ 0 & 0.3 & 0.6 & 0.1 \\ 0 & 0.2 & 0.7 & 0.1 \end{bmatrix}$$

$$B=A\times R=(0.3,\ 0.4,\ 0.2,\ 0.1)\times\begin{bmatrix} 0.2 & 0.2 & 0.2 & 0 \\ 0.3 & 0.3 & 0.3 & 0 \\ 0 & 0.3 & 0.6 & 0.1 \\ 0 & 0.2 & 0.7 & 0.1 \end{bmatrix}$$

$$=(0.3,\ 0.3,\ 0.3,\ 0.1)$$

归一化后，得：$B=(0.3,\ 0.3,\ 0.3,\ 0.1)$

即参加考核的教师中，认为该生动手能力“强”的有30%，“较强”的有30%，“一般”的有30%，“差”的有10%。

如果用隶属度表示，则：

$$\lambda=(0.30,\ 0.30,\ 0.30,\ 0.10)\times\begin{bmatrix} 0.9 \\ 0.7 \\ 0.5 \\ 0.3 \end{bmatrix}$$

$$=0.30\times0.9+0.30\times0.7+0.30\times0.5+0.1\times0.3$$

$$=0.66$$

接近于0.7，可以认为该生的动手能力“较强”。

三、建议

随着社会主义现代化建设和科学技术的迅速发展，纺织行业新材料、新设备、新工艺的不断涌现，对职业院校学生的素质要求越来越高，尤其是动手能力。为适应发展了的新形势，在教学中笔者提出以下几点建议，供大家参考。

（1）强化《电工电子学》的理论和实验教学，目前纺织设备正向机电一体化方向发展，有的甚至采用计算机控制（如ZA205i智能型喷气织机），作为“维修工程师”的职业院校学生在《电工电子学》的基础理论和实验能力两方面需进一步提高。

（2）毕业前安排学生针对就业的岗位群岗前模拟培训，使学生在老师指导下进行综合性训练，为今后工作立即上岗打下基础。

（3）要重视实习工场和实验工厂的建设。现在校外实习联系越来越困难，建立自己的实习场所刻不容缓，以保持实习能严格按大纲顺利进行，才能达到预期的教学结果。实习工厂的建立，为模糊教室与工厂的界限，把教室搬进车间，采用理论实践一体化教学模式提供条件。

（4）毕业设计课题选择要走出去，请进来，贯彻理论联系实际的方针，切忌纸上谈兵。走出去就是学生要深入生产现场，发现问题，提出解决问题的方案；请进来就是将生产中出现的问题或工厂需设计的新产品作为学生毕业设计的课题在学校进行设计，既使学生受到一次训练，又为工厂提供参考方案。

参考文献

［1］王铭文.模糊数学讲义［M］，东北师范大学出版社，1988.

塑造工匠精神，培养工匠型人才，开启新时代职业教育新征程

摘 要： 中国特色社会主义进入新时代，党的十九大报告指出，“建设知识型、技能型、创新型劳动者大军，弘扬劳模精神和工匠精神，营造劳动光荣的社会风尚和精益求精的敬业风气”。技工院校是培养高技能人才的重要基地、高技能人才成长的摇篮，要以贯彻落实党的十九大会议精神为切入点，坚持以立德树人为根本、服务发展为宗旨、促进就业为导向，深化教育教学改革，做大做强高技能人才培训基地，加快培养经济社会发展需要的各类技能人才和高技能人才。

关键词： 工匠精神； 工匠型人才； 匠心文化

一、我国职业教育的现状

职校学生作为职业人、社会人必须具备娴熟的职业技能和严谨、负责的职业精神。由于社会、学校和学生因素三方面的因素，加大了匠心精神培养的难度。

（1）社会因素。不少企业不重视工匠的培养，更愿意用廉价劳动力。工匠的社会地位较低，工作环境相对较苦，收入较低，使不少员工不愿意去精益求精，执着追求具备能工巧匠的职业技能。

（2）学校因素。紧跟企业需求办专业，失去了高校的理性与独立性。新办专业缺少积淀，技能简单，匠心精神培养明显不足，不利于学生的可持续发展。

（3）学生因素。匠心精神的培养，需要专业、敬业、精益求精、注重细节、一丝不苟，需要投入大量的时间和精力。而职校院校学生，缺少自主学习的习惯、追求卓越的精神，加大了匠心精神培养的难度。

调查显示，大部分企业在招聘员工时，往往提出“严谨负责、能吃苦，具有某项技能或特长”，可见匠心精神的培养非常重要。事实也证明，一个具备专业、敬业、精益求精等职业精神的毕业生，在未来的职业生涯中更容易取得成功。

二、我国职业教育需要多措并举，培养新时代“工匠”

十九大报告指出，建设教育强国是中华民族伟大复兴的基础工程，必须把教育事业放在优先位置，深化教育改革，加快教育现代化，办好人民满意的教育。在中华民族伟大复兴征程中，职业教育承担着培养大国工匠的责任。我们首先应该转变学生的思想观念，同时加强师德师风建设，通过严肃认真的工作态度和精益求精的治学精神，影响带动学生认识上的转变；加强专业建设，深化课程体系改革，在公共课、专业课和校园文化中应融入工匠精神教育的内容；深化产教融合，通过互建共建实训基地、构建现代学徒制人才培养模式、校企一体合作育人等多种途径深化校企合作，获得社会认可，培养“大国工匠”。

1. 打造校园工匠精神文化

校园文化作为一种教育文化氛围，是培育工匠精神的有效载体。通过打造工匠型校园文化，加强精神文化、制度文化、行为文化建设，着力培养学生爱岗敬业、精益求精的精神，树立正确的择业观和就业观。

（1）精神文化建设涵化工匠精神。“好习惯为幸福人生奠基”，发挥校园文化对工匠精神养成的独特作用，推动优秀产业文化进教育、企业文化进校园、职业文化进课堂，组织具有工匠精神的技能大师、行业企业专家和优秀校友专题报告、经验分享和工作展示，引导学生学习匠心的优秀事迹，自觉追求“注重细节”“一丝不苟”“精益求精”的职业素养和专业技能。提倡技道合一，鼓励教师培育匠心、提升匠能、铸选匠魂，教育学生技无止境、艺炫人生，形成精于工、匠于心、品于行、厚于德的匠心精神文化。

（2）制度文化建设塑造工匠精神。建立健全各类运行制度，体现“高技能”“应用型”等职业特点，推动科学、规范、细致、严谨的工匠精神培育。在日常教育教学过程中，引入行业、企业的管理体制和规章制度，将操作规范和要求张贴在显眼位置，让学生了解并适应企业的管理方式。

（3）行为文化建设彰显工匠精神。精心培育具有学校特色、反映师生价值追求的科技文化艺术节、技能运动会、创新创业大赛、青年志愿者、道德大讲堂等享誉校内外的文化活动品牌，努力形成符合广大师生“工匠精神”养成需求、思想性和艺术性相统一的优秀文化活动体系，建设和发展文体文化。注重文化实践锤炼，搭建学生“自我教育、自我管理、自我服务”载体，引导学生在亲身参与中认识国情、了解社会。

2. 建设工匠型的教师队伍

教师是技术工人职业生涯里的“关键人”，教师的水平，直接关系工匠能否更好地踏入职场和完成工作任务。振兴职业教育，培育大国工匠，需要有更多知技兼备的工匠型教师，把专一、专心、专注、专业融入教学和工作的每一项任务、每一个细节，打磨出更多的精品，培养出更多敬业守信、精益求精的工匠，缔造出高水平的中国制造。

（1）抓好专家型人才培养。专家型人才身上具有“匠心精神”，具备独特的人格魅力，可以潜移默化的感染学生，促进学生成才。通过各级各类项目建设、教科研工作、大赛集训等，培养造就一批技能领域的专家队伍。

（2）抓好专业带头人培养。进一步加强专业学科建设，提升专业内涵，通过各种途径加快各专业带头人的培养。

（3）抓好骨干教师培养。通过脱产和在职攻读硕士学位、出国研修、下企业实践锻炼等途径加快骨干教师的成长。

通过组建一支专兼结合、爱岗敬业、精益求精的人才队伍，倡导匠心精神，吸引企业管理骨干和技术能手直接参与课堂教学、技术创新与交流、匠心精神培养、师资培养和梯队建设。将匠心精神植入教师的心中，守住平常心，甘于奉献，沉心教书育人，使教师成为匠心精神的领路人。

3. 制订工匠型人才培养方案

培养什么样的人、为谁培养人、如何培养人，是教育的根本问题。紧扣技工教育特别是高技能人才培养的内在规律，科学把握工匠精神对于技工教育的价值，积极推进人才培养模式、专业课程建设、教育方式方法的改革创新，把工匠精神有机地融入教学安排、课程设置、技能训练和顶岗实习之中，着力构建以培育工匠精神为内核的人才培养模式，增强专业认知，对学生开展专业、专注、个性化培养。

（1）建立工匠型的课程体系。以培养多元技术的复合型人才为目标，进行专业岗位调研、专业岗位任务分析、岗位职业能力分析，构建现代学徒制课程体系的职业素养课程模块、专业技术技能基础课程模块、岗位技术技能模块和个人职业发展需求课程模块四个课程模块。职业素养课程模块中结合岗位实际，融入企业文化，继承和发扬传统的“匠心精神”，培育学徒一丝不苟、精益求精的崇高信仰。专业技术技能基础课程模块，融入不同企业所共同需要的专业技术技能，培育人才在行业的通用性。岗位技术技能模块，依据岗位类型设置多个课程模块，建立技能菜单，供学徒选择，培养能适应多岗位和灵活运用的多元技术解决实际生产问题的多元技术的复合型人才。个人职业发展需求课程模块，根据学徒的职业发展路径设计课程，培养学徒适应职场变化的能力。

（2）专业课程教学渗透工匠精神。课堂是育人的主阵地，专业课程的教学要兼顾专业和职业特点，分析本职业岗位应具备的职业精神，将其融入专业教学的每一环节，使学生在潜移默化中领悟匠心精神。严格按照行业标准，追求高品质产品，设计教学环节，培养学生一丝不苟，专业、敬业的工作精神。整合专业课程，将多门课程整合成课程群，形成近似真实的工作任务，让学生学习完整的产业链知识、技术与技能，培养学生的“匠心精神”。

（3）用严格的职业标准锤炼技能。在课程建设中充分融合企业用人标准、职业资格认证标准、专业教学标准以及世界技能大赛理念与规则，以赛促学、以赛促教，引导师生严格遵守专业标准规则，精益求精地完成教学与学习任务。鼓励学生进入教师工作室，参与科技创新，磨炼工匠精神、提升职业技能。

（4）职业技能训练体验工匠精神。坚持工学结合、知行合一，推行项目教学、案例教学、仿真教学、工作过程导向教学等模式，培养学生的文化素养、专业技能和社会实践能力。实施分层分类教学，突出个人能力的发展，使学生在精通一门技艺的基础上掌握职业迁移能力。通过毕业设计、社会实践活动、社会兼职，让学生在劳动过程中进行不断探索、创新，为学生搭建提供更多工匠精神培育的实践平台。

三、结语

让“工匠精神”培养融入技工教育教学全过程，让匠心文化熏陶出敬业、专业、乐业的“大国工匠”。通过科学的管理机制、灵活的运行机制、创新的人才培养模式，使得培育学生“工匠精神”的土壤越发肥沃，匠心文化在学校大放异彩。

参考文献

［1］王琴琴. 高职教育学生工匠精神培养相关问题探析［J］. 大科技，2016（15）.

［2］孔宝根. 职校院校培育“工匠精神”的实践途径［J］. 宁波大学学报（教育科学版），2016，38（3）：53–56.

［3］邓成. 当代职业教育如何塑造“工匠精神”［J］. 当代职业教育，2014（10）：91–93.

［4］徐伟. 工匠精神引领下的职校教育教学研究［J］. 浙江交通职业技术学院学报，2016，17（2）：63–65.

［5］路远. 基于传统“工匠精神”的高校艺术人才培养模式研究［J］. 戏剧之家，2016（8）：188.

［6］谢始群. 论工匠精神在职校教育中的传承［J］. 城市建筑，2018，17（8）：361，366.

［7］解泽国. 论五年制职校教育“工匠精神”的培育［J］. 江苏教育：职业教育，2016（6）：49–50.

［8］李宏伟，别应龙. 工匠精神的历史传承与当代培育［J］. 自然辩证法研究，2015（8）：54–59.

［9］于建军，孙颖，王可为. 工匠精神的回归与重塑：工程伦理教育改革发展向度［J］. 佳木斯职业学院学报，2015（6）：392.

［10］刘晓. 技皮・术骨・匠心：漫谈"工匠精神"与职业教育［J］. 江苏教育：职业教育，2015（11）：20–22.

［11］叶军峰，董韵捷，李娉婷. 建构旅游服务产业系“匠心育人”新型人才培养模式［C］//中国职协2015年度优秀科研成果获奖论文集，2015.

［12］刘晓玲，庄西真. 软硬兼施：匠心助推高技能人才培育［J］. 中国职业技术教育，2016（21）：5–8.

［13］胡解旺. 高学历人才培养应向职业技术教育转移［J］. 职业技术教育，2013（15）：24.

［14］张婷婷.德国职教与培训系统助年轻人进入劳动力市场［J］. 学苑教育，2013（16）：5.

［15］王启龙，石伟平，李君敏. 哥本哈根进程后德国促进职业教育的经验与启示［J］. 中国职业技术教育，2015（3）：66–70.

［16］陈秀虎，谌俊，刘元江，等. 现代学徒制专业课程体系构建的探索与实践［J］. 中国职业技术教育，2015（21）：81–84.

对高职院校百万扩招生源工匠精神培养的困境与思考

摘　要： 高职院校百万扩招是国家面对新形势做出的重要战略部署，对社会经济发展及人民生活水平提高具有重要意义。针对百万扩招生源这一特殊群体，高职院校应尽快厘清工匠精神培养的内涵，勇挑时代赋予的新使命和新责任。在重拾工匠精神的教育过程中，要善于及时反思和修正教育理念和方法，尊重精神重塑的养成规律；注重工匠精神养成之路与专业领域成长之路的相辅相成；注重多维度、多视角课堂对工匠精神启蒙和塑造的引领作用；注重普适性行动导向“工匠课堂”的设计与实施。学习者只有在正确的价值引领下，在行动导向的反复实践与领悟提升过程中，才能将工匠精神内化于心并转化为信念与行为，真正实现“大国工匠”的教育目标。

关键词： 高职教育；工匠精神；百万扩招；工匠课堂；养成教育

第十三届全国人民代表大会第二次会议指出，要改革完善高职院校考试招生办法，鼓励更多应届高中毕业生和退役军人、下岗职工、农民工等报考，2019年大规模扩招100万人。随后全国各地高职院校纷纷响应号召，积极制订招生方案并组织招生，9月第一批生源陆续报到入学。高职院校如何响应《国家职业教育改革实施方案》（国发〔2019〕4号），将工匠精神的培育融入百万扩招生源教育，是一个新问题。由于百万扩招生源的特殊性，加剧了高职院校原本就存在的生源多元化的突出问题；同时目前我国产业结构正面临转型升级的关键时期，人才需求发生了重大改变。此外，我国同时正处于“互联网+”时代学习方式和教育方式变革的发展时期，完整的在线教学体系尚未成熟。多重复杂因素给百万扩招背景下高职院校的人才培养带来了巨大挑战。人才培养的新定位、培养目标和规格的确定、培养方案和课程体系的革新、课程的架构与重整、教学方式的转变和创新、教学评价和反馈机制的完善等，这一人才培养链面临快速发展和螺旋上升的迫切要求。如何在新的背景条件下，将新时代工匠人才的培养融入高职百万扩招生源教育，对整个社会和学生个人发展都具有深远意义。

一、百万扩招对国民经济和人民生活的价值意义

1. 行业转型升级带来的人民内部矛盾亟待解决

一方面，我国正面临行业转型升级的关键时期，职业领域工作技术技能迭代更新速度加快，传统的技术型工匠失去发展需求，很多大中型企业为了突破发展瓶颈，不得不采取一定措施，牺牲老员工的利益甚至辞退多年从业者，聘用年轻员工，导致近年来职业保持率不断下滑，失业率上升，致使人民内部矛盾激增；另一方面，企业的发展离不开人的发展，在强调科技型、创新型企业的大潮下，企业在聘用和培养人才方面更趋谨慎，专业背景和学历水

平逐渐受到重视，然而因受限于家庭、现有职业、全日制教育制度等复杂因素，需要进行学历和专业提升的人员无法获得充足的条件。行业转型升级对技术技能人才、跨界复合人才的需求与员工现有专业能力和素养的矛盾，以及人民希望提升学历、拓宽就业渠道，但难以适应全日制教育制度的矛盾横亘于前，是我国社会经济发展中呈现并凸显的不可回避的问题。百万扩招政策有效解决了这些矛盾，是我国当前推进区域产业转型升级、保持社会稳定和谐发展的重要战略部署。

2. 学生个人职业发展的现实需求

从学生个人职业发展的角度出发，全日制再教育不仅可以拓宽专业领域晋升的途径，而且也会成为再就业的敲门砖。行业和社会经济的发展不会以个人的意愿而转移，对民众而言，在个人职业发展过程中，职业晋升或职业重设或许不可避免，人们需要更多可靠的选择机会，而这些机会的获得和学历提升、专业背景改变密切相关。百万扩招放宽了入学条件和标准，改革了传统的全日制教学制度，有效缓解了行业发展和人民职业发展的内部矛盾，解决了在职人员学历提升难的现实问题，具有重要的社会意义、经济意义和人文意义。

二、工匠精神培养的内涵和意义

1. 工匠精神培养的内涵

随着时代的进步和产业的发展，工匠精神已经从传统的手工业、制造业领域发展迁移，其内涵也在不断地革新。很多学者对工匠精神的内涵进行了解析，但目前对于工匠精神培养的内涵研究并不多。笔者认为，精益求精是现代工匠精神的核心要义，爱岗敬业、严谨认真和执着坚守是工匠精神的价值构成。而高职院校培养工匠精神的内涵是：以工匠精神的核心要义和价值构成为内容，以贯穿专业课程体系的行动导向普适性程式为方法，以引领受教育者整个职业生涯为宗旨，以内化为受教育者信念和行为为目标的专业素养、职业态度和价值追求的养成教育。专业成才和精神成才的统一是发展的成才观，也是现代职业教育的根本目标。工匠精神的培养因时代和社会发展要求被职业院校所倡导。然而，一种精神的培养与塑造绝不是几场演讲或几个活动就可以实现的，它一定是一个养成教育的过程，需要有萌芽，有持续的演练、增强，才能达到内化和统一。工匠精神的培养一定要贯穿整个职业教育的课程体系，以相同或相似的程式对工匠精神的核心要义和价值构成进行反复演练和增强，逐步将工匠精神变成一种方法和习惯，达到内化于心、知行合一的境界。这样的培养路径才能将工匠精神真正融入血脉，成为终身受用的财富。

2. 百万扩招生源培养工匠精神的意义

（1）提升民族核心竞争力的重要基因。现实世界受到人们精神世界的驱动而产生生产力，一个民族的崛起与振兴离不开人民高阶的精神动力。重拾工匠精神、造就“大国工匠”，是当前我国向中高端产业转型升级的实际需要，是提升我国民族核心竞争力的重要基因，是我国在国际社会中保留核心地位的重要保障。

（2）行业企业转型升级的现实需求。行业企业的转型升级对人才的需求永远是第一位的，百万扩招生源和应届生生源不同，他们大多来源于各行各业的一线，是企业转型升级的重要基石，但同时又是最容易成为企业升级发展瓶颈的群体。工匠精神的培养，对于提升企业科技创新力、科学管理执行力大有裨益，能够帮助企业快速形成团结奋进、创新求精的企业文化，对企业转型升级有着较强的助推作用。

（3）技术技能人才个人发展的价值追求。绝大部分真正加入百万扩招计划中的生源，都对全日制学历提升教育有着高度的内在需求，他们普遍希望通过宝贵的教育机会，能够显著提升自身的认知和价值，使自己在下一阶段的职业生涯中拥有更多的提升和选择机会，使自己的人生有更丰富理想的收获。因为百万扩招生源来源于一线，对专业领域的职业能力或各行业的通用职业能力较为熟悉，相比普通生源，也具有更多深入学习实践的机会，所以，他们更加需要的是精神层次的洗礼和提升。而工匠精神的培养高度顺应了这一需求，可以使受教育者改观工作态度、改善工作作风、改进工作方法，在专业素养、职业态度和价值追求等方面获得全面提升，更加符合企业紧需人才标准，能够有效提升就业质量和职业发展的稳定性。

三、百万扩招背景下高职院校生源的特点

近年来，招生考试制度不断改革，高职院校生源多元化的现象凸显，具有中高职衔接、对口单招、普高招生、中职注册、高职注册、艺术类招生等多种类型。但所有生源都具有“应届生”这一共性特征，属于学龄段生源，他们社会阅历和工作经历较少，没有脱离过学校环境，有充足的学习时间，普遍学习能力强、思维活跃，对职业教育的接受度高。而百万扩招的生源多为退役军人、下岗职工、在职职工等，与学龄段生源相比有着较大的区别。

1. 内生动力强，学习目标明确

百万扩招生源因渴望职业升迁或因再择业需要而选择学历提升教育，因此，具有较强的内生动力。他们不仅渴望拥有较高层次的学历证书，更渴望回归课堂，并通过学习，获得一技之长，改善现有生活。他们的学习诉求和目标明确，毕业后能够直接满足职业岗位的技术技能需求。职业院校在制订人才培养方案时，一定要注意培养目标的明确性和实施方案的可行性。

2. 职业属性强，渴望职业能力的提升

其职业属性表现为，他们通常有一定的社会阅历，并在不同的岗位上存在一定的职业经历，拥有基本的职业共通能力，如沟通协调、组织实施、理解适应等能力；另外，也表现为他们对现有职业能力的不满足，渴望在职业方法能力、技术技能等方面获得提升。

高职院校要善于利用他们的职业属性和对职业能力提升的渴求，在教学实施的过程中要注意教学内容的调整和教学方式方法的根本转变。

3. 认知能力和学习能力不足

由于脱离学校教育已经有很长一段时间了，认知能力和学习能力存在不同程度的退化，

特别是对高等数学、思政理论、大学英语、电工电子等基础课，存在着不同程度的学习障碍。高职院校教学中，要调整培养方案的课程体系，简化或弱化通识基础课程，并针对学习需求补充其他相应课程。要注重教学过程中的师生互动，鼓励学生加强与课堂的联系，及时发现和处理教学中的实际问题，保障教学目标的达成。

4. 学习持久力不足

学习持久力不仅与生源的学习自控力有关，在很大程度上还受到生源业余时间的限制。百万扩招生源不仅需要完成现有工作，还要照顾家庭。20~30的周课时对他们来说是个巨大的挑战，很难保质保量地完成。高职院校要制订灵活和个性化的教学方案，打造线上“金课”，规范好线上线下相结合的教学要求和程式，保障和提升学习效率及效果。

四、百万扩招生源工匠精神培养面临的困境

1. “引路人”的缺失

（1）对工匠精神培养内涵的校际偏差。一套新的教学理念和模式的实施，离不开一段长期的实践与修正过程，工匠精神的培养在我国高职院校中仍处于初期发展阶段，对工匠精神培养的内涵存在较大的校际偏差，尚未形成较为统一的理论和模式，甚至很多高职院校并没有充分认识到“重拾工匠精神，打造大国工匠”的历史意义和责任担当，导致办学思想偏离，难以形成核心的专业指导力量，导致工匠精神的培养成为专业教师的“单打独斗”，培养成果犹如“蜻蜓点水”。

（2）工匠型专业团队和专任教师的缺失。我国职业院校的专任教师多聘用高学历层次的应届毕业生，他们通常不具备一线企业工作经验，即使是后期参加了企业实践和挂职锻炼，也多为半年至一年的短期培训项目，缺少“工匠基因”，难以在教学实践过程中扮演工匠精神引路人的角色。团队教师之间对工匠精神的理解还存在偏差，导致工匠精神的培养难以在专业课程体系内按照统一或类似的程式进行，因而造成受教育者思维的混乱，难以对工匠精神构建正确的认知。

（3）行业内“工匠大师”教育资源的缺失。当前我国正处于“中国制造”向“中国智造”的升级转变，各行各业对“工匠大师”的需求与日俱增。而在过去很长一段时间的职业教育中，未能将工匠精神的培养提升为重要的教育目标。近年来，社会经济文化正处于快速发展的革新期，骄躁、激进、短视等问题突出，导致符合“工匠大师”内涵要求的能工巧匠少之又少，加之校企联合育人机制的松散性，难以形成稳定的“工匠大师”聘任交流机制。

2. 培养路径和方法的迷思

（1）工匠精神培养与职业技能培养混为一谈。高职院校在进行工匠精神培养的研究和教学探索过程中，常常将工匠精神的培养与职业技能培养混为一谈，认为两者的培养方式一致，即可以通过短期的实践、培训或训练，达到获得工匠精神这一“技能”的目的。这一观念严重忽略了精神养成教育和职业技能培养的本质区别。精神世界的重塑是一个漫长又复杂

的过程，是一种养成教育，是将教育内容转变为信念和行为的过程。在这个过程中，学习者需要价值的引领、行动导向的反复实践与领悟提升，才能达到内化于心、知行合一的境界。

（2）重萌芽、轻演练的思路停滞不前。一方面，高职院校在实施工匠精神培养的过程中，忽略了精神塑造的培养规律，一味地重视工匠精神的启蒙教育，认为聘请几位“工匠大师”作为产业教授，举办几场讲座、教授几门课程，就能够达到工匠精神的培养目标；另一方面，教师在进行教学活动的设计过程中，容易将更多的关注点放在技术技能的培养上，而未能将工匠精神的核心要义与课程教学内容有机融合，甚至成为教师独白式、填鸭灌输式教育，导致学生在学习过程中无法感同身受，难以构建正确的认知。“重萌芽，轻演练”的思路使得工匠精神的培养成为空喊的口号。

（3）培养环境的先天不足。一是师生交互环境的缺失。百万扩招带来的生源变化，使得工匠精神的培养更加艰难。对于百万扩招生源来说，全日制并不是传统意义上的全日在校教育，事实上，由于工作和家庭等缘故，传统意义上的全日在校教育并没有实现的现实条件。无法集中进行线下授课，很多课程的完成需要借助线上课堂，而因为同班同学工作场地和时间差异，又无法完全开展即时课堂，如此录播课堂的课内活动、师生互动和生生互动被缩减，教师的授课内容和学生的掌握情况无法适时交互，教师也很难以言传身教传道授业，没有情感交流和互动的课堂很难激起精神的共鸣，加上生源本身的社会属性较强，对学校归属感低，也难以与教师建立理想的教育情感，使得工匠精神的培养面临前所未有的困境。

二是教学资源的缺失。目前，我国在线教育资源正处于蓬勃发展时期，各行各业的“金课”资源比比皆是，但各高职院校的发展水平参差不齐，对整个专业课程的线上教学还缺少整体和系统性规划，特别是工匠精神的培育模式未能得到统一。在当前高职院校教育教学在线教学效果的评价和反馈尚未成熟和完善的背景下，要保障工匠精神培养目标的全面实现是十分困难的。因此，对百万扩招生源全面使用在线教学资源进行辅助性教学，达到培养工匠精神的教学目标，需要高职院校的教师付出巨大的在线资源建设和教学指导等方面的努力。

五、百万扩招生源工匠精神培养的思考

1. 教育站位和培养目标界定的思考

（1）职业教育与普通教育同等重要的博弈。《国家职业教育改革实施方案》（以下简称《方案》）把职业教育摆在了前所未有的高度，职业教育和普通教育是两种不同的教育类型，具有同等重要的地位。《方案》强调，职业教育是一个教育类型。从而打破了长久以来低人一等的职业教育困局，使得职业教育从教育层次提升为教育类型。然而长期的历史偏见根植于心，社会舆论、教育资源、招考制度等多重因素，仍将在很长一段时间内阻碍高职教育的发展。但也正是在这样的社会背景下，才有了高职教育蓬勃发展和进步的历史机遇，我们一定要抓住机遇，转变思想，勇担时代赋予高职教育的新使命和新任务，探索创新育人模式，提升人才培养质量，创造属于高职教育的更为核心的社会价值。

（2）工匠意识和工匠精神的博弈。在工匠精神培养的初期探索过程中，工匠意识和工匠精神的概念差问题显而易见，其根源在于对工匠精神的教育规律和培养路径欠缺有效的经验和认识，导致工匠精神教育有效性被弱化，成了工匠意识教育。重拾工匠精神，再造大国工匠是时代赋予高职院校的新使命和新任务，高职院校应当尽快认识工匠人才培养的现实意义和对高职教育发展的重大意义，厘清工匠精神的内涵，探索工匠精神养成教育的规律和方法，尽快获得高效培养路径和模式。

2. **工匠精神培养路径的思考**

（1）工匠精神的养成之路与专业领域的成长之路相辅相成。根据传统的职业教育路径，可以将职业教育的专业领域成长之路划分为五个阶段，即启蒙期、入门期、核心能力成长期、拓展能力成长期、综合能力提升期。而根据工匠精神的养成规律，可以将完整的工匠精神养成教育分为萌芽期、试炼期、训练期、养成期和稳定提升期这五个阶段，各阶段的开展可与专业领域成长之路的相应阶段相辅相成。

（2）三种课堂全方位保障工匠培养。一是教师的先驱垂范课堂。教师是课堂的灵魂人物，对工匠精神的有效培养起着关键性作用。高职院校要充分重视工匠型教师的培养与引进，注重精神教育方法和路径的研究与实践，做好学生的引路人。二是专业课程的“工匠课堂”。专业课程教学是工匠精神培养的主战场，要打造好专业课程教学的“工匠物理场”和“工匠心理场”，通过专业课程教学活动体验和训练工匠工作过程，通过反复的训练和反思，将工匠精神内化，成为信念与行为。三是学生活动的第三课堂。要注重学生活动与工匠精神培养的融合，重点关注专业启蒙、就业指导等重要节点。三种课堂从不同维度和视角全方位引领和保障工匠精神的培养。

3. **工匠课堂如何实施的思考**

（1）教学指导文件的制订。高职院校的职能部门应给予专业教学团队足够的指导意见，对百万扩招生源的工匠精神培养目标给出统一界定，对人才培养的方法途径给出参考性建议。专业教学团队根据指导意见，组织实施人才培养方案的制订，给出课程具体培养目标和实施路径的建议；课程团队根据专业人才培养方案，结合百万扩招生源的学情特点，制订课程的具体实施方案。教学指导文件的制订是教学目标能否实现的根本，也是工匠精神教育能否达成的关键。

（2）教学设计。一是教学环节的设计。百万扩招生源与普通生源授课形式不同，教学环节可根据学生的实际情况进行灵活调整。如可以分为在线授课和集中授课两个环节，学生于周一至周五线上完成理念与理论学习、研判与讨论等任务，周六和周日集中到校完成实践训练项目。二是行动导向的活动设计。要将工匠精神的培养有机融入行动导向的专业教学活动，通过实践，让受教育者切身体验与感受工匠思维和工匠方法。教学活动的设计与选择要结合百万扩招生源特点，主要考虑难易性、典型性、重现性和开放性，教学资料要清晰易懂，任务布置目标明确。三是普适性程式设计。普适性程式是工匠精神养成的关键，如果每位教师、每门专业课程都采用不同的程式，显然很难使受教育者快速构建工匠概念。普适性程式可结合教学活动的设计进行，可以将工匠精神的核心要义和价值构成在课堂活动中进行合理化分工。例如，将一个完整的教学活动设计为：引导定标—自主/小组探究—交流研判—创新提升—多维评价—课外延伸六个环节。第一步引导定标，即通过总结上次课内容或适当引用导入新课学习目标，带入工匠身份和岗位任务；第二步自主或小组探究，参考教师给定的学习资料思考方法路径，开展探究活动，并形成初步探究成果；第三步交流研判，小组间交流初步探究成果，小组内组织成果研判，制订活动修正方案；第四步是创新提升，不断修正和提升活动方案的合理性，精益求精，获得最佳方案；第五步多维评价，是从工作成果、工作态度、工作方法等多个维度评价学习活动，肯定爱岗敬业的工作态度和严谨认真的工作方法；第六步是适当的课外延伸。这一教学活动的程式设计在专业课程教学中具有较高的普适性，体现了精益求精品质的锤炼过程，工匠精神的价值构成与多维的评价方法有机融合，在每一个教学活动中皆可体验和锤炼现代工匠精神。

（3）“工匠培育场”的构建。行动导向的教学活动能否有效开展，和教学情境的构建息息相关，工匠精神的培育必须构建真实的“工匠培育场”，即真实的“工匠”工作场所、工作任务，身临其境地开展基于“工匠”工作过程的学习活动。“场”的有效建立有助于学习者快速进入角色，产生共鸣认知，最终获得良好的教学效果。

六、结语

高职百万扩招是国家面对新形势做出的重要战略部署，对社会经济发展及人民生活水平提高具有重要的意义。高职院校如何克服生源多元化特征的难点，勇于承担时代赋予的新使命和新责任，成就新时代“大国工匠”的培养，是当前以及未来的重要研究方向。高职院校应厘清工匠精神培养的内涵，并针对百万扩招生源这一特殊群体制订有效的工匠精神培养方案，尊重精神重塑的教育规律，注重工匠精神的养成之路与专业领域的成长之路相辅相成，注重多维度多视角课堂对工匠精神启蒙和塑造的引领作用，注重“工匠课堂”的设计与实施，才能确保“大国工匠”教学目标的有效实现。

参考文献

［1］关于印发国家职业教育改革实施方案的通知（国发〔2019〕4号）［A］.2019-01-24.

［2］张旭刚.高职院校培育工匠精神的价值、困囿与掘进［J］.教育与职业，2017（21）：65-72.

［3］张宏亮.百万扩招背景下高职生源结构变动与职业教育调适策略［J］.中国职业技术教育，2020（7）：54-60.

［4］姜大源.论高职扩招给职业教育带来的大变局与新占位［J］.中国职业技术教育，2019（10）：5-11.

［5］丁才成.深化“三教”改革赋能百万扩招的思考与实践［J］.中国职业技术教育，2020（2）：10-14.

［6］刘孙渊，吴秋迪.百万扩招背景下高职院校职业生涯规划教育的差异性定位探析［J］. 中国职业技术教

育，2020（6）：49–53.

[7] 王春燕.新时代职业教育生源结构新常态探析［J］.教育与职业，2019（23）：42–46.

[8] 张云河，王靖.基于新时代工匠精神的工匠人才培养进路［J］.中国职业技术教育，2020（7）：89–92.

[9] 梁明亮，胡殿宇，苏东民.高职院校“大类招生、分类培养”模式下的教育教学改革［J］.教育与职业，2019（11）：64–68.

[10] 彭飞霞.“互联网+”时代职业教育人才培养模式的转型升级［J］.教育与职业，2018（5）：42–48.

[11] 石芬芳，刘晶璟.现代工匠精神内涵及高职院校工匠型人才培养的路径选择［J］.教育与职业，2019（28）：59–63.

[12] 周建松，陈正江.高职百万扩招的战略意义与实现路径：基于全纳教育视角的分析［J］.江苏高教，2020（2）：113–119.

[13] 董刚，周建松，陈秋明，等.对高职院校百万扩招的思考（笔谈）［J］.中国高教研究，2019（4）：1–5.

第八篇 质量保障

产业学院高效运行保障实践探索

——以盐城工业职业技术学院悦达纺织产业学院为例

摘　要： 悦达纺织产业学院是盐城工业职业技术学院纺织服装学院与悦达纺织集团率先合作创办“产教融合”型学院，学校和悦达纺织集团双方全方位保障悦达纺织产业学院运行，引入现代目标管理与过程控制理论，创新出产业学院目标管理体制和运行机制，在持续改进理念的引导下，学校自行创新设计了App管理系统，使悦达纺织产业学院教师科研成果、社会服务能力飙升，学生技术技能水平与社会需求完全对接。

关键词： 产业学院；保障；运行；高效；实践

纺织工业一直是国家的支柱产业和重要的民生产业，在全国经济工业中占有重要位置。经过多年的快速发展，盐城的纺织产业已经形成了集纺织、化纤、茧丝绸、毛绒、服装、家纺、产业用纺织品、印染等行业构成的较为完备的产业生产制造体系，形成了若干个区域产业特色集聚园区，成为江苏及我国长三角地区重要的纺织业生产加工制造基地，因此盐城的纺织产业也就自然而然成为地方产业升级转型的关键突破口。教育部鼓励培养战略转型需要的新兴产业，以满足国家战略性产业所需要的高素质人才，因此创新纺织服装产业人才培养模式，成为提升纺织服装专业教学水平的重要路径。

盐城工业职业技术学院（以下简称“学院”）纺织服装学院与悦达纺织集团率先合作创办“产教融合”型悦达纺织产业学院，悦达纺织集团给学院提供最接近市场变化的“生产—研究—营销”实训设备或其他相关教学资源，双方的教学资源合理配置，提高了纺织服装专业的教学质量，是学院面向转型升级中的纺织服装行业“实践应用并举”人才的新模式，这种模式打破了悦达纺织集团与学院在人才培养上的壁垒，促使了悦达纺织产业学院成为纺织服装高等教育与盐城纺织服装产业发展的必然载体，对推动盐城地区经济发展和高等教育的具有重要的作用。悦达纺织产业学院一直处于学院重要的实践探索期，在保障体系上形成了自己的特色。

一、校企双方全方位保障悦达纺织产业学院运行

1. 学校保障

“悦达纺织产业学院”是盐城工业职业学技术学院主动适应纺织服装经济转型和升级需要而全面实施与创新的校企深度合作样式，学校秉承“高校+产业技术研究院+大型企业”零距离对接企业市场的新理念，注重企业真实需求，使课堂与企业工作环境融为一体，教科研与产品开发融为一体，作为盐城地区第一所省级示范性高职院所，率先出击盐城纺织服装产

业主占战地，分担行业发展瓶颈，将悦达纺织集团的产业资源、行业前景、技术标准、工作岗位、加工工艺、营销贸易、企业管理等关键要素融入产业学院办学过程中，依托省品牌专业、骨干专业的师资、人力、研发能力以及相关的社会资源，促进企业转型升级和盐城地区经济发展。盐城工业职业技术学院（纺织服装学院）则为悦达纺织产业学院在管理、区域经济发展探讨、专业设置与培养、行业新技术研究及人员配置等上提供全方位的服务。

2. 企业保障

悦达纺织产业学院的校企深度融合与以往的校企双主体培养有更深层次的拓展，悦达纺织集团在提供全方位的专业（产业）教学资源外，还主动参与学校制订专业人才培养方案，将企业真实需求作为指明灯，无距离对接行业企业发展，规划行业（专业）人才培养规格和培养目标，设置专业课程和项目内容，且悦达纺织集团选调技术技能强的优秀职员担任课程的理论和实践教学工作；依托盐城工业职业技术学院纺织、服装专业强项，为学校提供行业发展最需突破的关键共性技术难点，与学校联合申报省级以上产业化科技项目，企业每年且提供一定研发资金用于核心技术研究，同时每年设立企业奖学金用于奖励优秀学生。

二、悦达纺织产业学院保障体系

1. 建立目标标准体系

引入现代目标管理与过程控制理论，创新出产业学院目标管理体制和运行机制，悦达纺织产业学院以“引领区域行业发展，省内领先、国内有影响的悦达纺织产业学院”为总体目标，以建设优质的专业产业群人才培养方案、技术技能加油站、校企混编教学团队、产业专业群教学资源库、产业技术研究院为五大一级目标，每个一级目标细分出多个二级指标，以科学的达成方法与过程控制节点形成了特色的产业学院目标标准体系，如图1所示，专业产业群人才培养方案旨在创新人才培养方式，通过人才培养质量来评价专业培养目标、专业设置及培养规格设置的合理性；技术技能加油站由学校与悦达纺织集团共建共享实训基地，用产教融合深度来评价校内教学设备（基地）、校外实训设备（基地）及仿真教学软件（基地）是否与就业市场紧密衔接，校企混编教学团队是学校和悦达纺织集团互聘、互用共同打造而成的，通过教师团队教学过程中展现出的执行力考核专业带头人、教师双师双能、兼职教师能力等多个方面；产业技术研究院围绕贴近企业做学问建设技术研发平台、产品化加速器、产业化基地，通过科技成果转化成功率或转化数进行评价考核；零距离对接纺织产业链建设专业群教学资源库，以工学结合深度评价企业案例库、技能菜单库、培训资源库是否企业工作过程完全对接，解决产业办学目标基准不明晰的问题。

2. 构建持续改进理念

在产业学院总体目标的统领下，产业学院的运行将按照各一级指标要求开展专业群建设、资源库建设、实训基地建设及产学研合作等活动，同时针对各目标制订合理有效的评价方法和机制，设计产业学院功能和运行环节，突出产出导向和持续改进的理念，关注产业学

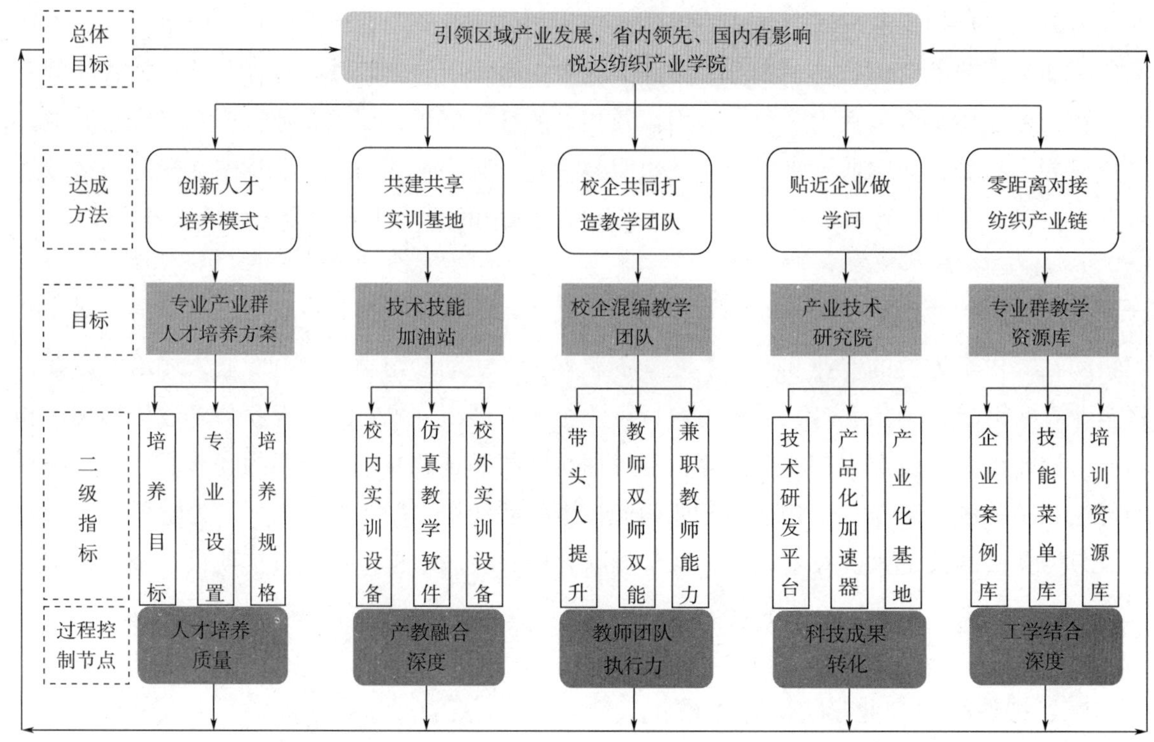

图1 悦达纺织产业学院目标标准体系的构建

院受益面，通过合理有效的方式确定产业学院一级指标与二级指标点之间的逻辑关系后，基于各部分考核占比规定，确定各部分考核的评价值，当评价值低于要求分值时，预警成立要求整改，从而建成循环持续改进系统，保证产业学院目标达成的有效性和可测量性，解决目标过程控制不及时的问题。

3. **构建App管理系统**

为确保悦达纺织产业学院优质的运行，在持续改进理念的引导下，学校自行创新设计了App管理系统，系统内考核总共有五大部分，悦达纺织产业学院的运行必须要双方共同参与，共同评价，因此学校和企业两个客户端进入系统中进行评价考核，进入专业人才培养方案、技术技能加油站、校企混编教学团队、产业技术研究院、专业群教学资源库等一级指标考核界面，在每个考核指标下面又细分成若干个二级指标，二级指标的考核值为校企双方评价的平均值，一级指标与二级指标点之间有支撑关系和权重系数（A_1，A_2，A_3，…），如图2所示，根据每个指标点的各部分考核占比规定，确定各部分考核的评价值，各一级指标的达成度由三部分的评价值构成：过程考核评价值（40%）（过程考核可设计为每个月一次）、中期考核评价值（30%）（一年中间进行）和年度考核评价值（30%）（年底进行），当评价值低于要求分值（≤75）时，预警成立要求整改，对一级指标中所建立的二级指标进行修改调整，保证产业学院目标达成的有效性和可测量性。

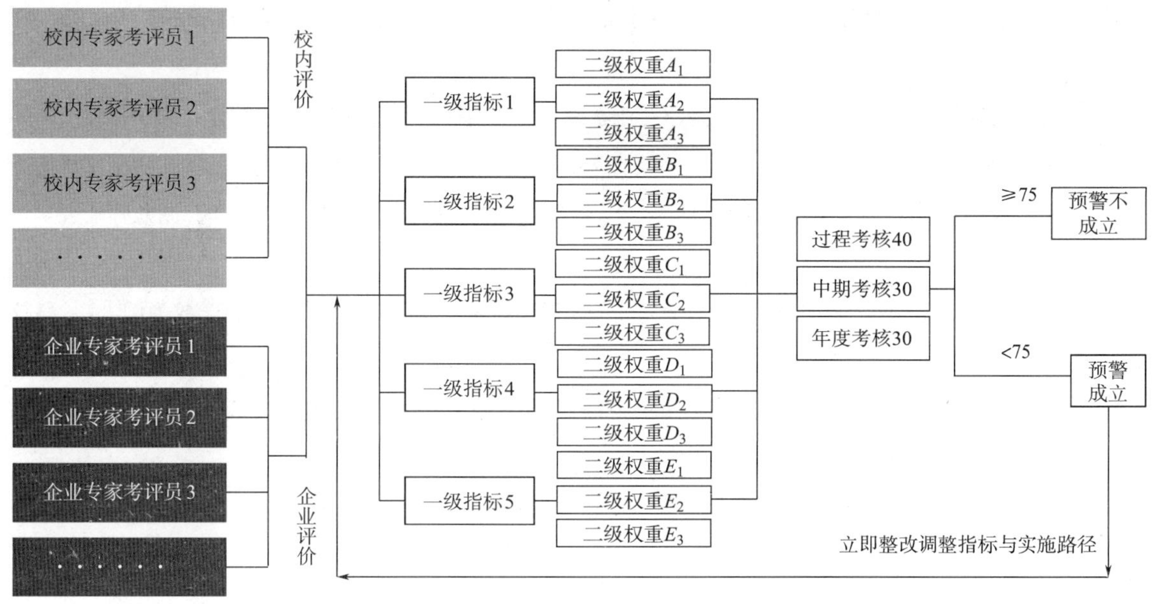

图2　悦达纺织产业学院运行考核体系构建

三、产业学院运行评价

为保证考核的合理性，学校与企业同时进行悦达纺织产业学院的运行评价，学校选派3名以上产业学院发展督导员（副教授职称以上），而企业则选派多名资深企业实践专家（高级工程师以上），由双方进行客观、公正地按照各二级指标执行情况进行量分评价，从而发挥目标管理方向明确、高效有序的优势，突出过程控制保过程、纠偏差、防应付的特点，实现“目标达成中有过程控制、过程控制中有明确目标”。

四、结语

悦达纺织产业学院在盐城工业职业技术学院和悦达纺织集团双方的得力保障下，建立目标标准体系，通过构建产业学院App管理系统，校企双方同时对产业学院的各指标完成度进行考核评价，形成循环、持续改进的运行理念，经过几年的发展，产业学院的运行保障机制彰显了自己的特色，得到同类院校的好评，《光明日报》《中国教育报》对此进行专门报道，教师科研成果企业转化度高、社会服务能力飙升，学生技术技能水平得到企业的高度认可。

参考文献

[1] 朱凌华. 高职院校建构现代会计产业学院的逻辑与路径 [J] .湖北开放职业学院学报，2020，33（24）：17-19.

[2] 张慧文. 基于工程教育专业认证的教学质量保障运行机制探索 [J] .湖北开放职业学院学报，2020，36（22）：92-94.

[3] 郭嘉亮，李艳萍，赵志雄，等. 服务地方产业建设医药产业学院［J］.药学教育，2020，36（6）：17–20.

[4] 潘浩，董铸荣. 基于产教深度融合的特色产业学院建设实践探索［J］.现代职业教育，2020，52：196–197.

[5] 孙强，张岩，杨柳，等.操作系统课程目标达成度评价分析与持续改进方法研究［J］.湖北师范大学学报（自然科学版），2020，40（2）：103–108.

[6] 梅新路. 产业学院推进校企协同培养药学人才的实践与探索：以浙江医药高等专科学校为例［J］.科技视界，2018（30）：293–294.

[7] 赵兴龙，许林，李雅瑄. 5G 之教育应用内涵探解与场景创新：兼论新兴信息技术优化育人生态的新思考［J］.中国电化教育，2019（4）：5–9.

过程控制与目标管理融合创新及其在高职院校应用型科研管理中的应用前景

摘　要： 本文梳理了高职院校科研管理发展现状与脉络，分析了科研管理现实存在的效率、效益和效能问题，回顾了目标管理理论和过程控制方法在科研管理中的应用，提出了将过程控制与目标管理进行融合创新并用于高职院校应用型科研管理的构想，给出了从科研项目开发、科研团队打造和科研项目实施等方面开展规划和实施的具体方案。

关键词： 职业教育；科研管理；MBO；过程控制

党的十九大报告指出，要深化科技体制改革，建立以企业为主体、市场为导向、产学研深度融合的技术创新体系，促进科技成果转化；《关于提升高等学校专利质量促进转化运用的若干意见》（教科技〔2020〕1号）进一步指出要发挥高校服务经济社会发展的重要作用。国家的宏观政策为高等院校开展科研工作指明了方向，对应的，科研管理工作应从以单纯的结果指标为导向，逐步转向注重动态过程控制。因此，有必要梳理高职院校科研管理发展现状与脉络，结合现代过程控制和目标管理理论，研究更加切合高职自身规律的科研活动组织管理机制，为高职院校开展高效率、高效益和高效能科研管理工作提供支撑。

一、高职院校科研管理研究文献综述

1．对高职院校科研相关问题的研究现状

随着高职院校的发展，高职院校对于科研工作日益重视，科研成果日益增多。与之相伴的是对高职院校开展科研工作的相关研究日益增多，知网数据显示，单以“高职+科研”为检索条件，截至目前有1948篇文献，2009年起每年超过百篇。2009年是一个比较独特的年份，是教育部首批“百所示范性高等职业院校建设工程”的收官之年，是高职示范内涵发展到全面质量提升时期的转变之年。在这个时期，对于科研工作的发文数量陡然增多，是与高职蓬勃发展轨迹相一致的。此外，2009年11月，由《中国青年报》刊发的两篇文章引起了一场职教界内外关于高职院校能否搞科研的争论，相关重要期刊上也出现了对应话题。2011年6月27日，首届全国职业教育科研工作会议召开，预示着高职院校的科研工作得到官方背书，2011年后高职科研相关文献大都达150篇以上。

纵观这些文献，对于高职院校科研定位问题在各种综合研究中最多被提及，可谓把准了高职院校科研的痛点。根据核心期刊引用较多的文献，在这个问题上，学者们已经达成共识，认为高职院校的科研应“面向社会实践第一线，以应用型和开发型研究为主，注重解决当地社会、经济发展中的具体问题，为地方的经济建设和社会发展提供服务”，其现实中的

切入点则应是产学研结合。其次，涉及较多的是科研团队打造，这也是现实问题的使然："我国高等职业院校大多是由'三改一补'转制而来的，在这些院校中，多数教师有丰富的教学经验，但很少从事科研工作。"也正因此，高职科研团队存在建立难、管理难、考核难、评价难的特点，其背后的深层原因则是管理体制的问题，这一点研究者也有较大共识。

2. 对高职院校科研管理工作的研究现状

对于科研管理及体制的研究，知网数据显示达到440篇，从2010年起每年达到20篇以上，可说是热点问题，但对于目标管理应用在高职科研管理中的研究，目前检索未见。虽然如此，分析、综合高职科研管理及体制相关研究成果，以及目标管理在整个科研管理中应用的相关研究成果，仍是必要的。

娄底职业技术学院的三级研究员徐元俊对于高职科研管理的研究较为透彻，其还著有《高职院校科研管理研究》一书，对高职科研的定位、内涵、体制机制、队伍建设、产学研和评价等方面做了系统论述，具有较大的参考价值。在书中关于体制机制的章节，作者指出了高效率并不一定带来高效益、科研量的提升不代表质的提高等问题，也给出了一些解决措施，但可惜没有系统引入现代目标管理的方法。徐元俊其他的系列论文各有侧重，但基本包含在其著作当中。此外，朱勤在发表文章中指出高职院校科研管理的问题在于科研定位有偏差、基层科研管理缺位，提出要建立二级科研管理机构，加强基层科研管理；加大科研成果转化力度，提升服务地方经济的能力；建立科学有效的科研激励与约束机制。其中的约束机制"既关注短期，又考虑长期"，目的是"遏制科研不良行为"，出发点就是提高学校效益，避免负面影响。刘兆媛、武少文提出高职院校科研管理制度创新应坚持"坚持以人为本、系统性、体现目的性、完善的可操作性"等原则，其中的"完善的可操作性"已经不自觉触及了目标管理的理论，即应提出明确的、可考核的目标。肖芳在分析高职院校科研管理中存在的问题的基础上，提出调整科研服务模式，做到"根据服务对象的不同需求提供个性化服务""科研走出校园，提供开放式服务""加强情感投入，提供人本化服务"，其出发点就是提高科研管理的效能。陆宪对辽宁地区四所高职院校进行了调研，指出省示范校及普通高职院校的科研工作仍停留在"职称科研"的浅层次上，同时虽然各校有关于经费使用、科研成果奖励资助等方面的管理制度，但激励与约束机制尚不健全。胡冬艳提出完善科研管理机制的"宏观引导、中观开放、微观做好"原则，某种程度上符合目标管理逐层分解明确目标的思路，但没有强调被管理人员的自主参与。缪立德指出高职教育的科研功能没有得到很好地展现，需要增强实效，要"基于高职教育的特点，清晰提升科研工作实效性的着力点"，要"基于高职教育教师角色认同，找准提升科研能力的途径"。同时，在高职科研管理的研究中，2016年以后关于信息化管理的研究逐渐增多，由于信息化只是手段，背后的主体仍应是管理本身，所以这部分文献在此不赘述。

以上这些引用较多的文献都没有囿于单纯的提高科研管理效率这一命题，而是有所创见，体现出了对于高职科研管理的效益、效能以及机制体制完善方面的多种追求，但这种追求是现实中碰到的问题触发的，且大多以一些经验总结加以解决，没有主动引入现代管理理论。此外，这些文献中都不约而同地提及激励问题，而事实上专门论述科研管理中激励机制的文献也不在少数，这类文献大都提出了管理、奖励、目标、评价、服务等全方位的激励措施，但缺乏对于教师科研行动过程中的激励，即这些激励是静态的而非动态的，而动态的、有反馈的、民主参与的激励，正是现代目标管理提倡的。

二、高职院校科研管理面临的现实问题

1. 高职院校科研管理中的效率问题

“效率”一词物理学上的基本释义是输出的有效能量与输入的总能量的比值。在管理学领域，“效率”基本意义有二：一是单位时间完成的工作量，二是投入与产出的数量关系。如将时间视作投入，工作量视为产出，则效率的概念可统一为投入与产出的数量关系。对于科研管理工作而言，投入应当包括人力、时间、硬件设施等各种资源，产出则是各种科技成果及其转化所得的效益。

从投入来看，目前各高职院校普遍独立设置科技处、技术转移处等，而且校级层面有分管科研的校长、院系层面有分管科研的院长，投入的资源可与本科校比肩。从产出来看，高职院校高水平的成果少，转化成功的成果少，在学术层面和应用层面都缺乏竞争力，科研管理工作体现出低效率的不足。其中有客观因素影响，如学术层面的高水平成果产出不足，是高职院校普遍的弱项，是高职院校硬件条件、学术氛围、工作性质等客观因素制约的结果。但在技术应用这一本该高职院校大展身手的领域，产出不足则更多的是高职院校科研管理的缺位或未能正确引导引发的。这种缺位和未能正确引导又主要表现在以下几方面：

（1）科研管理观念陈旧。仍以计划经济观念和X理论为管理的基础，没有积极引入自我管理。

（2）管理监督机制不完善。科研管理仍是重立项、轻结项，重指标性论文专利、轻现实层面的转化和企业评价。

（3）科研管理方法不合理。目前高职院校科研管理信息化水平还远落后于本科院校，这种落后又导致管理人员的工作量加大，反过来影响科研管理服务质量，形成恶性循环。

2. 高职院校科研管理中的效益问题

科学研究是创造知识产品和物质产品的科学“生产”，也是投入和产出的过程，不同的是，科研的投入不仅是资金，还包括更重要的人才、智力、设备、技术等，其产品不仅包括有形的、可视的、可以量化的如：工业产品、著作、论文、专利、获奖成果等，还包括无形的、不可视的、不可量化的如：技术进步、人才培养、学术水平提高、促进社会发展等。从科研产品的表现形式来看，科学研究的效益不仅包含经济效益，而且还包括社会效益、军事效益，甚至政治效益。反观目前高职院校的科研管理，存在“三轻、三重”的现象，如科研重立项，轻结题；考核重（投入）数量、轻（产出）质量；形式上重个体奋斗，轻团队（学

科）合作。导致教师科研围绕纵向课题转，不愿意走向社会；组织不起团队，争取不到重大科技、产学研项目；课题研究低水平重复，产生不出重大经济效益和社会效益。

要提高科研管理工作的效益，就是要做好立项把关、过程控制、结果评价和成果转化，最终通过科研项目的落地来提高自身效益。对于以应用型研究为主要定位的高职院校，科研管理更应突出经济效益、社会效益和环境效益的导向，走贴近企业做学问之路，唯有如此，科研管理才能全面激活全校的科研工作，才有可能进入“校企合作的科研→成功转化的成果→切实可见的效益→积极再投入的科研”良性互动。

3．高职院校科研管理中的效能问题

效能一般指组织机构为实现其管理目标，从事管理活动时，发挥功能的程度及其产生效益、效果的综合体现，强调的是数量与质量的统一，功效与价值的统一，目的与手段的统一，过程与结果的统一。效能这一概念的提出，直接来源于传统管理学中效率一词的不足，如效率本身只是一种比值，本身不包括价值导向和判断，不利于高职应用型科研数量与质量的均衡发展；再如“效率”理论没有解决“为谁服务”的问题，不利于高职院校开展产学研创结合的科学研究；最后，如单纯强调效率的思维框架，容易造成管理人员情绪上的冷漠感，不利于培养良好的管理服务氛围，导致管理工作缺乏活力，使管理系统逐渐走向僵化。

另外，科研组织遵从非加和性原理，即个体力量之和可能超过也可能不及各部分简单相加之和。所以管理者在对科学研究实施管理时，必须认真研究、应用组织效能的理论，寻求最大的放大倍数，发挥组织管理的效能。要做到这一点，管理者必须在组织内部成员之间进行协调，组织科研队伍，建立全方位信息沟通渠道，使组织机构变成一个开放系统，成为一个完善的信息系统。对此，目标管理全员参与制订目标、目标被告知到每一个部门和个人的做法无疑能解决这些问题。

三、过程控制与目标管理的融合创新

1．过程控制理念及其在高校科研管理中的应用

过程控制原本是控制理论术语，强调实时控制和连续控制，其衍生出的管理思想被用于管理领域。山东电力研究院的杨平在对科研项目全过程进行分析的基础上，介绍了以试验研究为主的科研项目质量控制程序，将科研项目分为立项、研发、总结评价三阶段，给出了全过程质量控制流程，构建了包括人力、资金和知识在内的科研项目资源保证体系。

欧阳旻论述了对于高职院校课题管理从立项、实施到结题各个阶段进行过程控制的目的、内容和方法，重点提出从选题、设计论证对课题申报立项进行控制，再从开题论证、中期检查、结题验收对课题实施阶段进行控制。

张宝生在分析高校科研项目实施过程管理的特殊性的基础上，讨论了科研项目质量管理的组织形式和沟通机制，提出建立一种多维的质量控制管理模式，其包括目标责任制、定期报告考核、动态监督检查等基本制度模式。

综合以上，研究者对于高校科研管理的过程控制集中在立项、研发和总结阶段，采用的方法多是前期论证、定期检查等，对于科研项目的团队建设和成果转化则强调不够，而从实际管理情况来看，这些都是影响科研项目实施的重要因素。

2. 目标管理理念及其在高校科研管理中的应用

目标管理（management by objective，MBO）是由美国管理学家彼得·德鲁克针对企业管理提出的，其内涵是并不是有了工作才有目标，而是相反，有了目标才能确定每个人的工作，其特点是明确目标、参与决策、规定时限、评价绩效。由于该理论在管理工作中的科学性和突出成效，其已被引入到高校管理活动之中。2013年，董泽芳教授出版专著《高校目标管理的理论与实践》，为高校实行目标管理指明了方向。

谢为群对科研管理工作中的目标管理体系建立作了初步探索，指出实行目标管理的问题在于“在制订学校科研工作目标时科学论证不足、缺乏双向沟通”、“对实现既定科研目标的跟踪度、全程参与度不够”，文章还介绍了其具体实施经验，如“目标考核指标体系主要包括9个方面”“每个具体目标制订相应的具体时间表和实施路线”等。

朱晓明等学者，工作在青岛大学科研管理一线，结合实践著文提出“建立健全以二级单位为基本单元的科研目标管理和绩效考核体系”，文章系统介绍了青岛大学科研目标管理的考核办法和奖励办法，以及工作实效与保障措施。从其实效来看，目标管理作用明显。

饶莉著文指出“我国高校科研管理在发展过程中形成了‘纵向、树状’的管理模式，但行政化严重、创新不足”，解决之道是要“把传统管理和目标管理有机地结合起来”，重点是要在高校科研管理中“借鉴目标管理的思想”“简政放权”。

综合以上，研究者已经领会到了目标管理的内涵，如目标制订、目标分解、简政放权等，但其管理方式更多地倾向于用发文数量、论文等级等量化指标衡量，对科研全过程把控和成果应用性关注不够。

3. 先进目标管理方法及其在高校科研管理中的应用

MBO被提出迄今，经历了较大发展，产生一些新的管理方法，对于这些方法，专业的科研院所应用和研究的更具体和前沿。

浙江省农业科学院的黄帼等提出了基于Key Performance Indicators（KPI）模式的科技人员绩效评价体系，除了定量评价外，还引入了“团队贡献”这一非量化评价指标，以使绩效评价能更加科学地反映出团队建设、业绩产出和资源利用情况。这里的KPI即关键绩效指标，一般认为它与Balanced Score Card平衡记分卡（BSC）、Objectives and Key Results目标与关键成果（OKR）等都基于彼得·德鲁克的目标管理理念。

中国汽车技术研究中心的马建勇提出了将BSC和KPI综合应用于转制型科研院所，发挥前者侧重于战略目标制订、后者擅长于战术落实的优点，既解决转制院所业绩考核体系的难题，又维系持续增长的生命力。

中国电子产品可靠性与环境试验研究所的李沙金提出综合考虑OKR、KPI评估科研人员绩效，具体的做法是OKR方法总考核分数的80%，KPI考核权重占总考核分数的20%。

综合上述文献，即使在具备一些企业特质的专门科研机构，其对于科学研究这种创造性评价也是要全面考虑的，KPI作为一种管理工具更适合一些产出固定的场合，使用时应与其他方法配合。事实上，近年来一些知名企业已经在逐步转向OKR，预计这将是今后目标管理的总体趋势，高校科研管理应当对此充分关注和及时跟进。

4. 过程控制与目标管理的融合创新及其应用前景

综上所述，高职院校科研管理研究已开始向注重效益效能和过程控制转变，目标管理中也已被应用，这二者在实际应用中展现出不同的优势和不足：过程控制更面向具体项目的管理，在操作层面更加具体有力，但其在增加团队凝聚力和增加成果转化等方面仍需完善；目标管理是一种全方位的管理，明确目标、参与决策、规定时限、评价绩效，能覆盖科研管理工作的各个方面，但对于过程的控制相对较弱。将二者融合，实现过程控制中有明确目标、目标达成中有过程控制，逻辑上，明确的目标引领将使过程控制不偏离方向，过程控制将使目标达成过程更加注重效率、效能、效益，是自洽的；学术上，是一种全方位的融合创新，对于高职院校科研管理工作的规范化和高效化有较强的指导作用；实践应用上，可以从科研项目开发、科研团队打造和科研项目实施等方面全面展开，具有广阔的应用前景。

四、过程控制与目标管理在高职院校科研管理中的应用方向

1. 应用于科研项目开发

科研项目的开发决定了科研工作的方向，因此科研项目开发的目标应当是追求数量的同时兼顾效益，应当构建以项目效益为一级指标，实用性、先进性、市场前景等为二级指标的目标体系，做企业应用导向和前沿技术应用的“顶天立地”式应用型科学研究。

2. 应用于科研团队打造

高水平人才团队建设是科研项目开展的保证和核心竞争力的体现，团队建设应坚持人才与科技资源共享，以产业教授和科技副总为核心，树立愿景、明确角色、形成文化，提高团队凝聚力和创新力，并构建以效能为一级指标，团队构成合理性、团队文化和团队成果等为二级指标的目标体系。

3. 应用于科研项目实施

科研项目实施路径可参照OKR方法实施，在此过程中，学校应定期对其进行评估反馈，形成科研路径实施与动态调整机制，积极促成“校校、校企、国际”三元合作，并构建以效率为一级指标，科技引智成效、校企协同的广度和深度、阶段目标达成度等为二级指标的目标体系。

4. 应用于科研项目服务

项目服务按照产业关键技术研发平台、技术产品化加速器和产品产业化基地三位一体化模式，协调国有资产、财务、后勤、图书馆等部门，构建运行中的项目跟踪管理软件系统

App，并以构建效能为一级指标，研发产品的产出率、经费使用率、资源配置优化程度等为二级指标的目标体系。

5. *应用于科研成果转化*

科研成果转化机制的目标就是尽可能将成果转化落地，按照“机构实体化、运作市场化、队伍专业化、服务特色化、条件信息化和资源国际化”模式，构建转移转化中的项目评价模型，并构建以效益为一级指标，以企业产生经济效益、社会效益和生态效益等为二级指标的目标体系。

五、结语

高职院校面向企业开展应用型科研的定位目前已得到普遍认可。在此背景下，科研管理工作应积极结合现代管理理论，构建科学管理体系，全方位提高科研管理工作的效率、效益和效能。目标管理和过程控制，在高校和科研院所中已有应用，且各有优势，可互为补充，逻辑上可以进行融合创新，以实现过程控制中有明确目标、目标达成中有过程控制。具体实施时，可以从科研项目开发、科研团队打造和科研项目实施等方面开展规划和实施，从而实现全方位的科学管理。

参考文献

[1] 周书航.高职院校到底要不要搞科研？[J].教育与职业，2010（7）：86.

[2] 陈曦，孙海泉，刘金田，等.高职院校搞科研必要且可行[J].教育与职业，2010（10）：58-59.

[3] 汤爱丽.高职院校是否需要搞科研：2009年媒体关于高职院校科研问题的讨论综述[J].职教论坛，2010（27）：25-27.

[4] 皮晓燕.关于科研工作在高职教育中的作用及定位[J].职教论坛，2009（32）：14-15.

[5] 徐元俊.高职院校科研管理研究[M].成都：西南交通大学出版社，2011.

[6] 朱勤.高职院校科研管理现状分析与对策研究[J].职业教育研究，2012（4）：9-11.

[7] 刘兆媛，武少文.高职院校科研管理制度创新研究[J].教育与职业，2013（12）：29-30.

[8] 肖芳.构建高职院校科研管理多元化服务体系的思考[J].职业教育研究，2013（9）：47-48.

[9] 陆宪.高职院校科研管理的机制建设现状分析[J].辽宁经济管理干部学院，辽宁经济职业技术学院学报，2015（5）：25-27.

[10] 胡冬艳.高职院校科研管理的现状分析与对策[J].职教通讯，2016（14）：40-43.

[11] 缪立德.高职院校科研管理的实效性研究[J].湖北成人教育学院学报，2016，22（1）：1-4.

[12] 刘志宏.提高高校科研效益的几点设想[J].科技管理研究，2003（6）：60-61.

[13] 胡守忠，孔丽红，褚觉熙.地方高校科研效益评价指标及模型分析[J].上海工程技术大学学报，2007（3）：242-247.

[14] 马春庆.为何用“行政效能”取代“行政效率”：兼论行政效能建设的内容和意义[J].中国行政管

理，2003（4）：28–30.

［15］杨平.基于全过程的科研项目质量控制与资源保证体系［J］.山东电力技术，2006（1）：11–16.

［16］欧阳旻.高职院校教育科研课题全过程控制实践性研究［J］.职业时空，2011，7（10）：39–40.

［17］张宝生，吕宏迪.科研项目实施过程的质量控制研究［J］.未来与发展，2013，36（7）：13–17.

［18］董泽芳，何祥林.高校目标管理的理论与实践［M］.北京：中国社会科学出版社，2013.

［19］谢为群，施利毅.高校科研管理工作中目标管理体系建设初探：以上海大学试行全系统目标管理为例［J］.研究与发展管理，2014，26（5）：129–133.

［20］朱晓明，张贞齐，李凌云.地方高校二级单位科研工作目标管理：以青岛大学为例［J］.中国高校科技，2019（04）：32–35.

［21］饶莉，廖奕.目标管理在优化高校科研管理模式过程中的应用［J］.管理观察，2019（28）：114–115.

［22］黄帼，耿玮，蒋永清.基于KPI模式的农业科研单位科技人员绩效评价体系初探［J］.农业科技管理，2012，31（6）：87–89.

［23］马建勇，郑贺悦，曾小松.转制型科研院所应用平衡计分卡和KPI进行业绩考核初探［J］.管理观察，2014（7）：126–128.

［24］李沙金，姜中蛟.综合考虑OKR、KPI方法的科研人员绩效评估方法［J］.科技经济导刊，2018，26（24）：175–176.

［25］丁路遥. 华为、百度纷纷放弃KPI，引入OKR：为何大公司都推崇OKR［DB/OL］ https：//new.qq.com/omn/20190807/20190807A0B40L00.html，［2020–6–18］.

［26］况阳. 为什么华为放弃KPI，引入OKR？[DB/OL] http：//finance.sina.com.cn/money/fund/fundzmt/2019-04-22/doc-ihvhiewr7661650.shtml，［2020–6–18］.

工学结合人才培养模式下的“现代纺织技术”专业教学质量评价体系初探

摘 要：教学质量评价是提升教学管理水平和教学质量的重要手段，高职院校教学的根本任务是培养高素质技术技能型人才，为了达到这个目标，必须思考如何对教学质量进行评价的问题。盐城工业职业技术学院现代纺织技术专业构建了“工学结合”人才培养模式，探索了教学质量监控和评价体系，提出了科学完善的教学质量监控与评价方法。

关键词：工学结合；教学质量；监控与评价体系

教学质量是学校的生命线，提高人才培养质量是高职教育的根本任务。建立教学质量评价体系是保证人才培养质量的重要措施之一，随着以培养高素质技术技能型人才为目标的素质教育在高等职业学校的施行，“工学结合”的人才培养模式越来越多地被高职院校推广和应用。由于“工学结合”的人才培养模式符合高职高专素质教育的要求，是培养技术型人才的有效手段，因而高职高专院校应根据“工学结合”人才培养模式的内涵、理念、特点和实施方法，开展对其教学质量评估的研究，建立科学的教学质量评价体系，促进教育教学质量的不断提高。

本文以盐城工业职业技术学院“现代纺织技术”专业为例，探讨其教学质量评价指标体系的构建与实施。

盐城工业职业技术学院现代纺织技术专业是江苏省示范重点建设专业，以培养高素质技术技能型人才为目标，吸收行业和企业参与教学质量评价，将毕业生就业率，就业质量、企业满意度，创业成效等作为衡量人才培养质量的重要指标；建立了科学的、多元化的教学质量评价与保障体系，取得了较好的效果。

一、构建教学质量评价体系应考虑的问题

1. 评价体系的架构应以“工学结合”的人才培养模式为依据

为了使教学质量评价体系更具全面性、科学性和可操作性，首先应明确“工学结合”的含义。

工学结合就是要求学生把学校学习与企业实践结合起来，理论联系实际，从而促使学生工学相长，成为高素质技能型的人才。教高〔2006〕16号文件指出：要积极推行与生产劳动和社会实践相结合的学习模式，把工学结合作为高等职业教育人才培养模式改革的重要切入点，带动产业调整与建设，引导课程设置、教学内容和教学方法改革。

工学结合的育人模式强调学校和企业的“零距离”、重视学习和劳作的“双交叉”、强

化学生的生产实习和社会实践，体现了“以人为本，全面发展”的教育理念，强调学中做，做中学，有利于人的协调发展；体现了“以服务为宗旨，以就业为导向”的职业教育思想，从封闭的学校教育走向开放的社会教育，从学科学历本位走向职业能力本位，从理论学习过程为主走向真实工作情境为主；使得学校和企业、职业院校和实习企业共同担当起“顶岗实习”中的内容、形式、纪律、考核、评价等职能。

2. 盐城工业职业技术学院整体教学工作评价体系的构建和实施

根据高职高专院校人才培养工作评估指标体系的标准，结合盐城工业职业技术学院的特点，将教学质量评价和考核标准覆盖各个教学环节，制订了相关教学质量标准并进行全程监控。如专业建设管理办法、课程建设实施办法、课程标准制订办法、教学质量考核办法等，这些标准的制订，保证了教学工作有序开展，有据可依，使教师的教学工作能按标准执行，教学工作卓有成效。

在教学质量评价指标体系中，确定了办学指导思想、教学建设与改革、教学投入与利用、教学管理、教风和学风、师资队伍、人才培养质量、特色等20余项评价指标和具体评分标准。评价主体有校领导、质量管理与评估办公室、教务处、学生处、教师、学生、行业专家、用人单位等，构建了全方位多层次的整体教学工作质量评价体系。同时与行业企业共同制订用人单位对毕业生的评价体系和毕业生跟踪调查制度，对学校整体的教育教学水平进行评价，以便有效地促进学校的持续发展。还引入了麦可思评价系统，从第三方的角度促进了高校的质量意识和质量监控，也为学校提高人才培养质量提供了信息参考。

二、现代纺织技术专业质量评价指标体系的构建与实施

为了全面提高教学质量，现代纺织技术专业成立了由行业、企业专家参与的专业教学指导委员会和教学督导委员会，全面负责本专业基于校企合作、工学结合人才培养模式教学管理过程的决策、实施、质量监控与评价。在培养方向、专业建设、课程设置、教学管理、实践教学等各个环节都有企业的全面参与，建立了科学的教学质量监控体系。

1. 建立了完善的专业建设质量评价制度

高职院校的可持续发展能力如何，很大程度上取决于专业建设水平，作为示范专业和特色专业、现代纺织技术专业建立了完善的专业建设质量评价制度，对于强化专业建设起到了一定的保障作用。

依托盐城工业职业技术学院中央财政支持的国家级“纺织实训中心”和国家劳动保障部“特有工种职业技能鉴定站”以及“江苏省生态纺织技术研究开发中心”。现代纺织技术专业推行了“双证融通，产学合作”的人才培养模式，积极探索与之相配套的质量监控方法，转变质量监控的理念，从专业定位与规划、专业人才培养方案、教学建设与改革、师资队伍、教学管理、人才培养质量、特色或创新等，重点围绕专业发展定位、校企合作、师资队伍建设、人才培养质量等方面进行分析和评价。评价考核包含三个方面：首先是社会满意

度，用人单位对本专业毕业生的工作态度、操作技能、知识掌握、解决问题等各方面的满意度；其次是学生满意度，在校生和毕业生对专业的评价；还有政府部门满意度，政府主管部门对本专业的评价。

2. 开发了一批“课证结合”的专业课程

经过近几年的市场调研发现，入世后国内和国际纺织品市场已经相互融合，市场的主要的竞争集中在产品质量上，因此，无论是纺织企业、贸易公司，还是国内、国外的纺织品专门的检测机构都需要一大批既具有丰富的纺织品生产、质量与检测的专业知识，又熟知国际纺织品市场法令、法规、动手能力较强的高级技术应用人才。依托盐城工业职业技术学院的国家职业技能鉴定站的有利条件，现代纺织技术专业教师与企业一线技术人员和基层管理人员共同进行课程的开发、建设和改革。经过全面、深入的社会需求调研，明晰专业培养目标定位，确定毕业生就业岗位和发展岗位，按照技术领域和企业对岗位胜任能力的基本要求，参照纺织职业技能鉴定标准，根据实际工作中典型生产任务的工作流程，开展工作任务分析会，开发了一批“课证结合”的课程，如：“纺织品检测”“纺织设备检测与维护”“纺织设备操作与管理”“纺织品设计”等课程，根据学生获证率来考核相关课程的教学质量。现代纺织技术专业近几届学生设备维护高级工和纺织设备操作初级工获得率均为100%，3位同学以国家“职业技能竞赛”方式获得“针纺织品检验工”技师证书；5位同学获得“针纺织品检验工”高级工证书。

3. 完善了课堂教学质量评价体系

课堂教学质量评价主要是对教师及教师教学过程的考核，突出对教学活动教的方面质量的评价。目的在于优化教学过程，促进教师自身素质及其教学质量的提高。不管什么样的课程类型，课堂教学质量评价应该遵循的基本规律和要求应该大体相同，其评价的一级指标有“教学能力”“教学内容”“教学方法与手段”“教学态度”“教学效果”五个指标，二级指标包括基础能力、职业能力、教学文件、教学态度、教学内容、教学方法、教学效果等内涵，并且由于理论课、专业实践课、实验实训课、教学做一体化课程等不同课程类型的教学内容和组织方式等有一定的差异，所以评价指标的内涵也有所区别。评价主体为学院教学管理人员、教学督导员、同行教师及学生。评价载体为《教师课堂教学质量评议表》《任课教师满意度调查表》《学期教学常规检查情况表》等。评价时间为每学期一次。为了更好地实施课堂条件教学评价体系，一是建立了主讲教师负责制，明确了专任教师、兼职教师的责任分工，并且对教学新手“传、帮、带”，以保证教学一线师资队伍质量的稳定与提高。二是建立了“院—专业系—教研室—课程团队”四级教学督导机制，对教学过程中的各个环节进行全方位、多角度的监控，形成教学质量的良性循环，促进了教师教学水平的不断提高。三是建立了学生评教和信息员制度，成立了学生评教委员会，开通了网络信息系统，充分体现了学生在教学活动中的主体地位，学生的评价在总评结果中占30%以上。

4. 构建了实践教学质量评价体系

高职院校要加强实践教学的监控和评价，其目的在于对实践教学环节进行全面的考察，聘请了纺织企业专家到校，对课程实习实训、顶岗实习、社会实践等各类实践教学环节，进行规范管理，制订了运用于各种实践教学环节的质量评价标准，学院和企业都要对实习生的表现进行全面的监控和评价，建立了实习生档案，从实习生进入企业的第一天起开始记录，完成实习后，企业给予正确的评价，学校要将实习生在企业的实习档案，进入毕业成绩的考核之中，保证实习的实效性。同时还借助学校的数字化教学平台资源库的“顶岗实习与毕业论文管理子系统”，加强了对毕业论文与顶岗实习的评价与管理。评价的主要内容包括实验实训教学质量评价、实习质量评价、毕业论文和毕业设计质量评价、实践教学管理制度的实施情况等。评价的侧重点为专业课专任教师的实践能力、行业企业专家参与专业实践课教学的程度、学生实习岗位与专业的相关性、实习过程中学生职业道德和职业能力的提升情况、专任教师和行业专家对实习的指导管理情况等。评价的主体为学院教学管理人员、教学督导、行业企业专家及学生。评价载体有《毕业设计情况评价表》《顶岗实习教学评价表》《学生顶岗实习综合成绩评定表》《学生顶岗实习企业鉴定表》等。评价时间为每学期一次。

5. 构建了学生质量评价指标体系

要全面、科学地反映高职高专院校毕业生的质量，确定较为完善的评价指标体系是关键。在指标体系构建的过程中，既要考虑毕业生具备的素质与技能及其在社会上的表现，又要考虑用人单位、社会对毕业生的客观评价。

现代纺织技术专业采取学生自评、教师评学、辅导员评学、用人单位评价毕业生质量等多方结合的方式。评价载体有《学生学习效果自评表》《教师评学表》《毕业生质量跟踪调查表》等。学生质量评价每学期一次。对学生质量的评价指标内容为知识、技能、素质三方面，既评学习过程，又评学习效果。针对高职教育的特点，为了更准确更客观地评价学生的学习质量，还对考试制度进行改革，实行教考分离，将形成性考核与终结性考核相结合，允许根据专业、课程特点，采用多种形式的考核方式，如笔试、口试、技能测试、开卷、闭卷、操作、作品设计、项目作业等。还把职业资格证书考试通过率，作为社会评价学校人才培养质量的一个重要手段之一。学生学习质量评价工作在主管教学与学生工作的副院长的领导下，由各学院负责实施落实，同时充分发挥了辅导员的作用，保证了评学工作的质量。

三、结语

现代纺织技术专业建立的工学结合人才培养模式下的专业教学质量评价体系，对学生职业能力的科学评价，提高了学校培养人才的针对性，避免了人才培养资源的浪费；还能为用人单位招聘人才提供可靠的依据，用人单位可以利用考核评价体系正确评价本专业毕业生的职业素质能力，从而科学地选择适合本单位的人才。

参考文献

[1] 廖志林，程君青，沈晓蕙.高职高专毕业生质量评估体系的构建［J］.职业技术教育，2008，11：71–72.

[2] 蔡敏燕，邹寄燕.高职院校教学质量监控信息化系统的构建［J］.职业技术教育，2013，11：57–61.

[3] 史国栋，张春平.构建教学质量监控体系的研究和实践［J］.常州信息职业技术学院学报，2005，6：1–2.

[4] 袁利华.纺织品检测“课证结合”人才培养模式的研究［J］.教育理论研究，2011，2：196–197.

[5] 刘忠和.树立正确的高等教育质量观［J］.中国高等教育，2002（8）.

高职项目化课程教学质量评价体系的研究与实践

——以“新型纱线产品开发与工艺设计”课程为例

摘　要：文章以高职院校现代纺织技术专业典型项目化课程为例，探讨课程教学质量评价标准体系的构建，认为评价标准体系的核心要素包括课程标准、课程资源、课堂教学和课业展示等四个部分。在此基础上，构建了多元教学质量评价体系，并用于“新型纱线产品开发与工艺设计”课程的教学质量评价，取得了良好的使用效果。

关键词：教学质量；评价体系；校企合作；高职；课程

近年来，“校企合作”已成为高职院校最基础的办学模式，从校企合作共建实训基地、企业兼职教师的引入与培养，到以真实产品案例的项目化课堂，“校企合作”渗透到高职教育的每个点面。高职院校以就业为导向的人才培养目标决定其教学质量评价必须符合企业的标准要求。高职教育发展改革至今，形成了多种有价值的教学模式和教学方法，但对于实训和理实一体化类含实践课程的教学质量评价标准和评价机制尚未形成共识。此类课程通常实施项目化教学，它也是高职院校最主要的课程类型，承载着学生职业能力、职业素养的培养重任，是学生实践动手能力、技术应用与创新能力培养的核心途径。其在人才培养方案中的作用举足轻重，在“校企合作”背景下，构建恰当的教学质量评价标准和评价体系刻不容缓。

本文以“新型纱线产品开发与工艺设计”课程为研究对象，对高职项目化课程的教学质量评价标准和评价体系进行了研究与实践，以期对相似项目化课程的教学质量评价提供有价值的参考。

一、案例课程概况

“新型纱线产品开发与工艺设计”课程为现代纺织技术专业（纺织工艺与贸易）方向拓展课程和专业核心课程。课程对已掌握的纺纱领域专业基本操作技能、技术技能和专业基础理论知识进行综合运用和提升，使学生具备新型纱线产品开发及工艺设计与实施的综合能力。通过本课程的学习学生应具备纺纱行业主要技术岗位基本入职要求，准备就业。

课程参考课时为90课时，以一个订单生产项目（40课时）、一个流行产品设计项目（30课时）和一个创新设计项目（20课时）开展教学。项目一选取企业典型新型纱线案例——色纺紧密纺系列纱线作为项目素材，模拟纺纱企业工艺技术部门接受客户色纺紧密纺系列纱线订单。项目二模拟纺纱企业产品研发部门适应市场需求进行流行纱线产品开发与生产。项目三模拟纺纱企业产品研发部门开辟空白市场，研发新型纱线产品。

二、案例课程教学质量评价要素的构建

“新型纱线产品开发与工艺设计”课程将传统课堂的理论教学内容与实践教学有机结合，在充分培养学生职业素养的同时，显著提高了学生的综合素质。课程注重实践性、自主性、发展性、综合性和开放性，与传统教学法相比，课程评价的落脚点有着显著差异。

课程评价的要素在重视教学常规的同时，更需关注教学质量和效果。据此，教师归纳教学活动的整个流程，拟定课程标准、课程资源、课堂教学、课业展示4个大方面作为课程教学质量评价的核心要素，如图1所示。

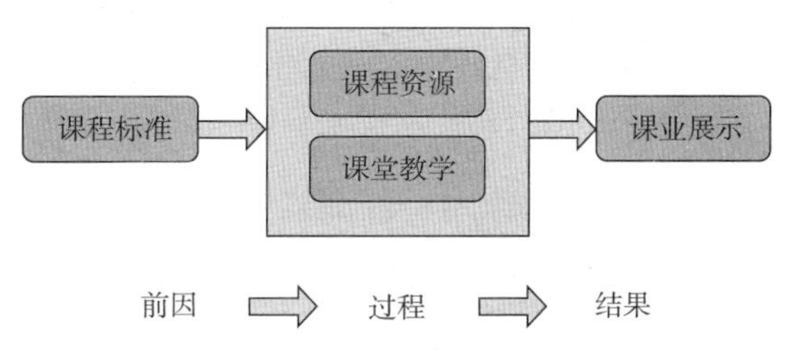

图1　案例课程教学质量评价核心要素

1. 课程标准

课程标准是规范课程教学的指导性文件，是教学计划制订与实施的纲领。课程标准的制订是必须符合专业人才培养方案中对相关知识、技术技能和素质培养的目标要求。课程标准的制订必须规范、科学。其重点考核指标可包括编制规范性、课程定位、课程教学目标、课程教学内容与要求、教学方法与手段、教材选用、课程考核与评价7个方面。

2. 课程资源

课程的教学资源对于课堂教学以及课后自主学习来说都至关重要，课程使用的教材、实验实训指导书、工作任务书等，以及状态良好的实验实训设备、仪器等，是实践类课程必不可少的学习资料；另一方面，在新的网络时代背景下，人们更加热爱随时随地的学习模式，课程资源网络化，是整个高等教育的发展需求，更是高职教育的必然趋势。课程教学资源的评价可以包括教材与指导书、课程资源库（含网络版）、课程实验实训设备3个方面。

3. 课堂教学

相比传统高等教育，高职教育的教师在课堂中的作用发生了根本转变，从知识的传授者转变为咨询和指导者，从学习单元的按部就班到学习方案或项目的策划导演。课堂教学是整个教学活动的关键点，更是教学成果的形成点。课堂教学的评价可包括教学规范、教学准备、教学方法、教学内容、巡查与指导、成果点评与总结、课后整理7个方面。

4. 课业展示

高职项目化课程通常以某种类型的产品为目标，本课程要求学生通过项目实施完成相应品种纱线的开发生产任务，达到将相应知识技能融会贯通的目的。学生是否良好完成项目产品要求，很大程度上检验了教学的实际效果。课业展示的评价可包括项目实施的规范性、任

务分工、技术资料、产品展现、性能测评、问题反馈与质量改进6个方面。

解析以上四个要素，制订相应的评价标准细则，确定评价的权重，作为教学质量评定的依据。

三、案例课程教学质量评价的体系

1. 评价主体的确定

本课程评价采用“教师自我、教研组、督导、企业专家、学生”等主体相结合的多元评价方法。在实际教学中，多元评价能够培养学生的学习兴趣，纠正学习动机，促进创新教育，同时增强学生职业信心，引导学生自我总结和改进，增强责任心和使命感。

传统课程评价中不太注重教师自我评价以及企业实践专家评价。事实上，教师自我评价对提升教师的执教水平具有很大的帮助作用。任课老师是课堂教学的主导，其对教学实施的各个环节最为了解，自我评价的结果往往更加客观和深入，能够以较为轻松的方式促使教师正确认识自我，并做出改进。另外，企业实践专家的评价与建议往往更受学生关注，他们迫切希望得到社会对自己工作能力的认可，可以最大限度地提升学习兴趣。

2. 评价机制的构建

通过上述课程教学质量评价核心要素，构建“新型纱线产品开发与工艺设计”课程教学质量评价标准体系，并用于各评价主体对课程教学质量实施评价。评价权重偏重教学过程，其中，课程标准20%，课程资源30%，课堂教学30%，课业展示20%。教学质量评价结果充分考虑各级督导的评分信度，赋予30%权重；充分重视企业专家的评分和建议，作为教学要求和教学改革的努力风向标，赋予30%权重；关注教师自我评价和教研组评价，赋予各15%权重；考虑学生对教学的直观感受，赋予10%权重。教学督导将最终的教学质量评价结果与教师沟通反馈，教师认真自省修正教学。案例课程的教学质量评价机制见图2。

四、案例课程教学质量评价体系的实践与思考

将上述教学质量评价体系用于案例课程的教学质量评价，取得了一定成果。相对于传统教学质量评价体系，其主要成效在于：

1. 促进了就业为导向的人才培养

将企业评价标准融入课程教学质量评价，受到学生的普遍关注和欢迎，促使师生对课程所属专业领域的行业发展动态增添新的认识，有助于学生更快了解和适应未来工作，有助于教师及时获取行业发展动态，修正和改进教学内容。以此促进高职院校以就业为导向的人才培养。

2. 促进了教学质量的根本改善

新的教学质量评价体系注重课程标准的合理制订以及课程资源的建设，促使教师深入领会所授课程在专业人才培养方案中的地位与作用，教师课程改革与建设的方向和目标更加明

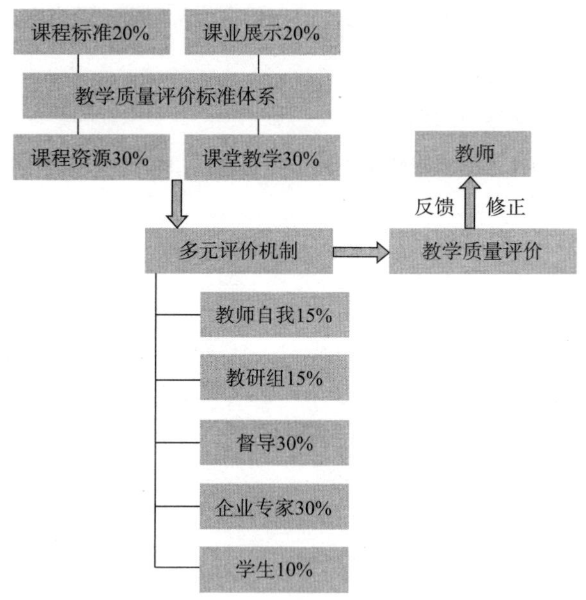

图2 案例课程教学质量评价机制

确。此外，注重课业展示的评价权重，很大程度上提升了学生学习兴趣与动力，从根本上改善了课程的教学质量。

3. **促进了学生素质的全面提升**

教学质量评价体系的变革，促使教师对学生课业成绩的评价改革，与普通类课程相比，项目化课程教师更加关注学生掌握了哪些知识和技能，即学生的课业成果。学生为了完成项目产品的生产需求，小组内通力合作，共同发现和解决难题，在应用中学习并内化专业知识和技能，显著提升了自身的综合素质。

五、结语

高职教育发展改革至今，发展形成了多种有价值的教学模式和教学方法，但对于项目化课程的教学质量评价方法和体系尚未形成共识，笔者考虑了当前高职教育的现状，对高职项目化课程的教学质量评价标准和评价体系进行了初步的研究与实践，取得了一定的成效。然而，作为高职教育的一线执教者，我们更应该从关注学生成长的角度去考虑提升教学质量的方法，对自己的教学活动进行及时的反思与调整，力求培养的人才符合人才培养方案的要求。

参考文献

[1] 王林军，吴海华. 构建应用型本科课程教学质量评价体系改革探索［J］. 中国电力教育，2014（23）：11-12.

[2] 徐桂明. 项目化课程的教学质量评价体系改革［J］. 学园，2013（5）：63-64.

[3] 赵菊梅，高小亮. 高职“新型纱线产品开发与工艺设计”课程的教学内容设计 [J]. 纺织服装教育，2013，28（1）：49–51.
[4] 赵菊梅. 角色扮演法在高职纺纱专业课程教学中的运用 [J]. 纺织服装教育，2013，28（5）：388–390.
[5] 孙乃谦. 构建以职业活动为导向的项目化课程评价体系 [J]. 职业，2009（2）：18–19.